Op het scherp van de snede

Op het scherp van de snede

Verhandelingen over Spiritualiteit

door

Swami Ramakrishnananda Puri

Mata Amritanandamayi Center, San Ramon
Californië, Verenigde Staten

Op het scherp van de snede

Verhandelingen over Spiritualiteit
door Swami Ramakrishnananda Puri

Uitgegeven door:
Mata Amritanandamayi Center
P.O. Box 613
San Ramon, CA 94583
Verenigde Staten

————————— *Racing Along the Razor's Edge (Dutch)* —————————

Eerste uitgave door het MA Center: mei 2016

In Nederland:
www.amma.nl
info@amma.nl

In België:
www.vriendenvanamma.be

In India:
www.amritapuri.org
inform@amritapuri.org

sarva śruti śiroratna
virājita padāmbujaḥ
vedāntāmbuja sūryo yaḥ
tasmai śrī gurave namaḥ

De lotusvoeten van de Guru schitteren als juwelen die
openbaringen van de geschriften zijn.
De Guru is de Zon die de lotus van Vedantische
wijsheid laat bloeien. Voor die Guru kniel ik neer.

— Guru Gita, vers 68

Mijn nederige offergaven aan de lotusvoeten van mijn
geliefde Satguru, Mata Amritanandamayi Devi.

Inhoud

Voorwoord

uttiṣṭhata jāgrata
prāpya varānnibodhata
ksurasya dhārā niśitā duratyayā
durgaṁ pathastat kavayo vadanti

Sta op, word wakker, benader de Grote Meesters en
word verlicht.
Moeilijk is het pad, even moeilijk om over te lopen als
over de scherpe snede van een scheermes,
zo zeggen de wijzen.

Katha Upanishad, hoofdstuk 1, canto 3, vers 14

Dit vers uit de hindoegeschriften is een passende omschrijving van ieder spiritueel pad. Hoewel er miljoenen zoekers over de gehele wereld zijn, weten we van slechts een paar dat zij het doel bereikt hebben. Het is heel moeilijk voor iemand in de moderne samenleving om de oceaan van zintuiglijke genietingen en materiële verlangens over te zwemmen. Zich hals over kop op spiritualiteit storten na een paar boeken gelezen te hebben komt overeen met een kind dat zichzelf met een scherp mes probeert te opereren. Er is echter geen reden om ontmoedigd te zijn, want de groei die we op dit pad doormaken is altijd waardevol, ongeacht hoe ver we reizen.

Gelukkig is Gods genade op aarde geïncarneerd in een moederlijke vorm om ons door de duisternis te leiden. Sri Mata Amritanandamayi Devi, die onder Haar kinderen bekend is als Amma of Moeder, leert ons de techniek om over het scherp van de snede (het spirituele pad) te lopen zonder ons te snijden of eraf te vallen. Met de hulp en liefdevolle leiding van zo'n meedogende

11

en allerhoogste Meester als Amma kunnen we zelfs over het spirituele pad rennen.

De grondbeginselen van de delicate kunst om het evenwicht te bewaren tussen spiritualiteit en werelds leven worden in dit deel uiteengezet. Of dit boek een gevorderde zoeker in een klooster of iemand die helemaal niet in spiritualiteit geïnteresseerd is aanspreekt, hangt van de persoon in kwestie af. Dit boek is hoofdzakelijk gericht tot degenen die innerlijke rust en vreugde willen genieten terwijl ze volledig in de samenleving leven.

Mogen jullie van dit boek genieten en gezegend worden met een intens verlangen naar de innerlijke aanwezigheid van de eeuwige Moeder.

– Swami Ramakrishnananda Puri
Amritapuri, 27 september 2003

Sri Mata Amritanandamayi: een inleiding

"Een ononderbroken stroom van Liefde stroomt van Mij naar alle wezens in de kosmos. Dat is Mijn ingeboren aard."

– Amma

In de staat Kerala in Zuid India, verscholen op een schiereiland tussen de Arabische Zee en de Kayamkulam backwaters, ligt de Amritapuri Ashram. Amritapuri is geheiligd door de aanwezigheid van Sri Mata Amritanandamayi Devi, de Goddelijke Moeder en gerespecteerde Satguru van miljoenen over de hele wereld.

Voor de mensen van deze tijd, die verstoken zijn van een levend geloof en van wie de harten dorsten naar zuivere liefde, is Amma als een stortregen van goddelijke liefde gekomen. Zij is altijd gevestigd in de ononderbroken ervaring van de Hoogste Waarheid en accepteert iedereen als Haar eigen Zelf. Ze neemt de lijdende mensheid op Haar schoot, verzacht onze pijn en geeft ons hoop. Ze verdrijft de duisternis uit ons hart en leidt ons op het pad naar volmaaktheid en eeuwige vreugde.

In bijna dertig jaar van onvermoeibare dienstbaarheid heeft Amma miljoenen mensen van alle rangen en standen en uit iedere uithoek van de wereld persoonlijk advies gegeven en getroost. Amma veegt de tranen van iedereen met Haar eigen handen af en verwijdert de last van hun verdriet. Het mededogen, de tederheid en de diepe bezorgdheid die Ze iedereen toont, het spirituele charisma, de onschuld en Haar natuurlijke charme zijn allemaal onmiskenbaar uniek.

Amma, die een belichaming is van alles wat Ze onderwijst, wijdt ieder moment van Haar leven aan het verlichten van de last van de lijdende mensheid. Door middel van devotionele liederen, door eenvoudige lezingen vol levendige illustraties en opvallend duidelijke voorbeelden en door het voorbeeld van Haar eigen onvergelijkbare leven verovert Amma overal het hart van de mensen.

Een korte levensschets

Op 27 september 1953 werd er 's morgens in het dorp Alappad aan de westkust van Kerala een meisje geboren. Haar ouders gaven Haar de naam Sudhamani. Ze kwam niet huilend ter wereld, wat baby's gewoonlijk doen, maar met een stralende glimlach op Haar gezicht alsof Ze de vreugde en gelukzaligheid, die Ze de wereld zou gaan brengen, voorspelde. Vanaf Haar vroegste kinderjaren was Ze zich volledig van Haar ware aard bewust, maar net als de speelse Krishna gaf Ze er de voorkeur aan om zich als een ondeugend kind te gedragen. Ze zou later Haar ouders verrassen door zich ieder onbeduidend detail te herinneren dat in de eerste maanden van Haar leven plaatsvond.

Hoewel Sudhamani vanaf Haar geboorte goddelijk was, besteedde Zij Haar jeugdjaren en tienertijd aan intense spirituele oefeningen om de wereld een levend voorbeeld te geven. Zelfs toen Ze nog een klein kind was, kon men Haar vaak verzonken in diepe meditatie aantreffen, volledig onbewust van Haar omgeving. Op vijfjarige leeftijd begon Ze al devotionele liederen gericht tot Heer Krishna te componeren, liederen vol ontroerend verlangen en vaak met diep mystiek inzicht. Zij vergat zichzelf in Haar liefde voor de Heer en stortte Haar hart en ziel uit in deze liederen. Haar lieve stem werd een bron van grote vreugde voor de dorpelingen.

14

Toen Sudhamani negen was, werd Haar moeder ziek en de hele werklast van koken en het huishouden kwam op Sudhamani's schouders terecht, wat Haar dwong om van school af te gaan. Sudhamani deed Haar zware werk zonder ook maar ooit te klagen. Ze bood blij ieder moment van Haar lange uren hard werken als gebeden aan de Heer aan. Ze accepteerde gewillig iedere hindernis, iedere slechte behandeling die Ze van Haar familie ontving en vond Haar enige troost en steun in het voortdurend denken aan Haar geliefde Heer Krishna. Als Haar werkdag om middernacht eindigde, bracht Sudhamani een groot deel van de rest van de nacht door met mediteren, zingen en bidden tot de Heer in plaats van te gaan slapen.

Een andere eigenschap die in Sudhamani duidelijk zichtbaar was vanaf deze prille leeftijd, was Haar liefde voor en mededogen met Haar medemensen. Als onderdeel van Haar huishoudelijke taken bezocht Sudhamani vaak de huizen in de buurt om voedsel voor de koeien van het gezin te verzamelen. Daar luisterde Ze geduldig naar de vele pijnlijke verhalen, vooral van de ouderen, die Haar vaak vertelden hoe ze veronachtzaamd en slecht behandeld werden door hun volwassen kinderen en kleinkinderen. Door hun verhalen merkte Sudhamani op dat dezelfde mensen die als kind om de gezondheid en een lang leven van hun ouders gebeden hadden, nu hun ouders vervloekten nu ze oud en zwak werden. Ze zag dat wereldse liefde altijd een onderliggend egoïstisch motief heeft. Hoewel Sudhamani nog maar een kind was, deed Ze wat Ze kon om het lijden van Haar oudere buren te verzachten. Ze waste hun kleren, baadde hen en gaf hun zelfs voedsel en kleding uit Haar eigen huis. Deze gewoonte om dingen uit het huis van Haar eigen familie weg te geven bracht Sudhamani vaak in grote moeilijkheden. Maar geen enkele straf kon de uiting van Haar aangeboren mededogen tegenhouden. Sudhamani zei tegen Haar ouders: "Het doel waarvoor Ik dit lichaam aangenomen heb is te lijden voor de onwetendheid van anderen."

Toen Sudhamani in Haar tienerjaren kwam, groeide Haar liefde voor de Heer tot onbeschrijflijke omvang. Haar extatische stemmingen kwamen steeds vaker voor. Ze danste en zong in gelukzaligheid, dronken van God en totaal onbewust van de wereld. In Sudhamani's ogen was het hele Universum alleen van Krishna doordrongen. Het duurde niet lang voor Sudhamani een diepgaande mystieke eenheid met Haar Heer bereikte, een eenheid die zo volledig was dat Ze geen onderscheid meer kon maken tussen Krishna en zichzelf.

Op zekere dag had Ze een schitterend visioen van de Goddelijke Moeder van het Universum. Deze ervaring werd gevolgd door een ononderbroken toestand van Godsextase. Dag en nacht was Sudhamani overweldigd door het verlangen naar eenheid met de Goddelijke Moeder. Haar familieleden en veel dorpelingen waren totaal niet in staat Sudhamani's verheven stemmingen te begrijpen en begonnen Haar op alle mogelijke manieren te treiteren. Ze werd uiteindelijk gedwongen om thuis weg te gaan en Haar dagen en nachten buiten in de open lucht door te brengen. De hemel werd Haar dak, de aarde Haar bed, de maan Haar lamp en de oceaanwind Haar waaier.

Toen Sudhamani's eigen familie en de dorpelingen Haar verstootten, waren het de vogels en dieren die Haar gezelschap hielden en Haar loyale vrienden werden. De dieren brachten Haar voedsel en bewezen Haar liefdevol iedere dienst waartoe zij in staat waren.

Sudhamani verdiepte zich maanden achtereen in de meest rigoureuze en ascetische spirituele praktijken. Haar hele wezen stond in vuur en vlam van liefde voor en verlangen naar de Godin. Ze kuste de aarde en omhelsde de bomen, omdat ze de Goddelijke Moeder overal daarin zag. Ze huilde bij de aanraking door de wind, omdat Ze die als de liefkozing van de Goddelijke Moeder voelde. Men vond Haar vaak urenlang of zelfs dagenlang aan een stuk in samadhi, waarbij Ze geen teken van bewustzijn van de buitenwereld vertoonde. Haar spirituele oefeningen bereikten hun hoogtepunt toen Haar persoonlijke zelf totaal oploste in de Goddelijke Moeder van het Universum. In Haar lied "Ananda Viti" schildert Amma deze ervaring als volgt:

"Glimlachend werd de Goddelijke Moeder een stralende massa en ging in Mij op. Mijn geest ging open en werd gebaad in het veelkleurige licht van Goddelijkheid...Vanaf toen zag Ik niets als gescheiden van Mijn eigen Zelf..."

Zij was zich ervan bewust dat "het hele Universum als een nietig belletje in Mijn Zelf bestaat." De allesdoordringende oerklank "Aum" ontstond spontaan vanuit Haar wezen. Sudhamani ervoer nu dat alle vormen van God manifestaties van de ene Atman zijn.

Toen men Amma later vroeg naar Haar aangrijpende devotionele liederen en de noodzaak van de intense ascese die Ze tijdens Haar jongere jaren had ondergaan, antwoordde Ze: "Aanbaden Rama en Krishna Heer Shiva en Devi niet, hoewel zij zelf avatars waren? Niemand die met volledig bewustzijn geboren is, verklaart vanaf zijn jeugd 'Ik ben Brahman,' want dat zou inhouden dat de ander niet Brahman is. Wanneer men de Absolute Eenheid gerealiseerd heeft, tot wie kan men dan spreken en waarover? Die toestand is voorbij alle woorden en omschrijvingen. Als je wilt communiceren met iemand die doofstom is, kun je niet in je eigen taal met hem spreken. Om de boodschap over te brengen moet je in gebarentaal communiceren. Dat je gebarentaal gebruikt, betekent echter niet dat je zelf doofstom bent. Op dezelfde manier kunnen avatars strenge ascese ondergaan of je kunt hen zien mediteren, maar dat betekent niet dat ze dat werkelijk moeten doen. Ze doen het alleen om een voorbeeld voor de wereld te stellen."

De Amritapuri ashram

Na deze beginperiode van intense ascese wijdde Amma zich volledig aan Haar missie om de arme en lijdende mensen te dienen en de boodschap van spiritualiteit te verspreiden. Ze begon grote aantallen mensen te ontvangen die naar Haar toestroomden voor Haar zegen. Het huis waar Ze geboren was veranderde in een ashram. Vele jonge leerlingen verzamelden zich spoedig rondom Haar en Ze begon hen op te leiden volgens de sannyasa-traditie in India. Men verleende Haar de spirituele naam "Mata Amritanandamayi," hoewel Ze gewoon als Amma bekend bleef. De eens zo kleine ashram heeft zich nu ontwikkeld tot de hoofdzetel van Haar internationale missie. Iedere dag stromen er duizenden toegewijden de ashram binnen voor Haar darshan en meer dan tweeduizend spirituele aspiranten verblijven er permanent. Zij houden zich met spirituele oefeningen bezig en met onbaatzuchtige dienstverlening onder Amma's directe leiding.

Amma's wereldreizen

Amma is sinds 1987 regelmatig naar vele verschillende landen gereisd. Om de boodschap van liefde en spiritualiteit te verspreiden heeft Ze duizenden spirituele programma's over de hele wereld geleid. Ieder jaar bezoekt Ze ongeveer twintig landen. In het Westen beschrijven de media Amma vaak als de "Knuffelheilige." Amma's programma's krijgen uitgebreide publiciteit van de tv en de kranten in ieder land dat Ze bezoekt.

Bij het Eeuwfeest van het Parlement van Wereldreligies in 1993 werd Amma tot een van de drie voorzitters van het hindoegeloof verkozen. In datzelfde jaar verleende *Hinduism Today,* een internationaal tijdschrift over Indiase cultuur, de Hindu Renaissance Award aan Amma. In 1995 werd Amma uitgenodigd om te spreken bij de Interfaith Celebrations in New York om de vijftigste verjaardag van de Verenigde Naties te herdenken. In 2000 gaf Amma een belangrijke presentatie voor de Millennium Wereldvrede Conferentie in de Algemene Vergaderzaal van de VN over het onderwerp "De rol van Religies bij het Oplossen van Conflicten." In een gedenkwaardige toespraak over de positie en capaciteiten van vrouwen, "Het Ontwaken van Universeel Moederschap," sprak Amma tot het Wereldomvattende Vredesinitiatief van Vrouwelijke Religieuze en Spirituele Leiders in de vergaderzaal van de Verenigde Naties in Genève in oktober 2002. Bij deze gelegenheid werd Haar de Gandhi King Prijs voor Geweldloosheid aangeboden. Eerdere ontvangers van deze prijs zijn ondermeer de voormalige President van Zuid Afrika, Nelson Mandela, VN Secretaris Generaal Kofi Anan en de vermaarde primatoloog en VN vredeskoerier Dr. Jane Goodall.

Amma's darshan

De Sanskriet term darshan betekent "zien" of "zicht" en wordt gebruikt om de ontmoeting met een heilige te omschrijven, met name een Gerealiseerde Meester. Amma's darshan is uniek. Als de belichaming van het Hoogste Moederschap verwelkomt Ze iedereen die naar Haar toe komt, luistert naar zijn problemen, geeft advies en leiding en stelt de bedroefden gerust. Bij speciale gelegenheden toont Amma Haar eenheid met Devi (de Goddelijke Moeder) en wordt de darshan Devi Bhava genoemd. Vroeger gaf Amma ook darshan in Krishna Bhava.

Over de betekenis en het belang van bhava darshan zegt Amma: "Alle godheden van het hindoegodendom, die de ontelbare aspecten van het Ene Hoogste Wezen vertegenwoordigen, bestaan in ons. Iemand die in God gevestigd is, kan Ieder van hen enkel door Zijn wil manifesteren voor het welzijn van de wereld.

Krishna Bhava is de manifestatie van het Zuiver-Zijn aspect en Devi Bhava is de manifestatie van het Eeuwige Vrouwelijke, de Schepster, het actieve principe van het Onpersoonlijke Absolute. Men moet echter niet vergeten dat alle namen en vormen slechts mentale projecties zijn. Waarom hoort een advocaat een zwart kleed te dragen en een politieagent een uniform met een pet? Dit zijn allemaal slechts uiterlijke hulpmiddelen die bedoeld zijn om een bepaald gevoel of een bepaalde indruk te maken. Op dezelfde manier trekt Amma het gewaad van Devi aan om de devotionele houding van de mensen die voor darshan komen te versterken. Amma's bedoeling is de mensen te helpen de Waarheid te bereiken. De Atman of het Zelf dat in Mij is, is ook in jullie. Als je het Ondeelbare Principe kunt realiseren dat altijd in je schijnt, zul je Dat worden."

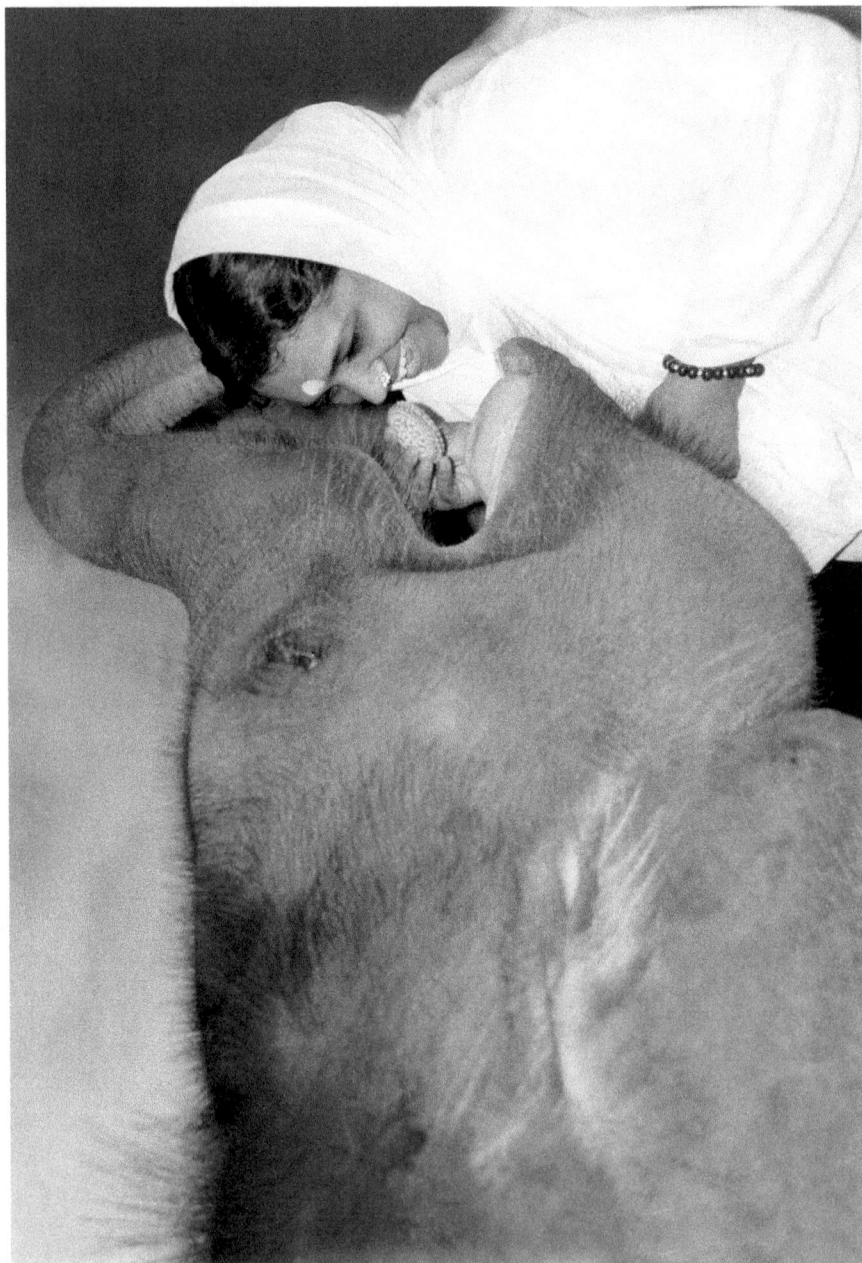

Hoofdstuk 1

De oorzaak van alle leed

Het fundamentele probleem

Het leven is voor veel mensen een voortdurend gevecht om oplossingen te vinden voor de ontelbare problemen die lijden veroorzaken. Volgens de hindoegeschriften is onwetendheid over het eigen Zelf de oorzaak van alle leed. Wij zijn het Hoogste Bewustzijn, maar we beschouwen onszelf als een geheel van lichaam, geest en intellect. Wat er ook met het lichaam, de geest en het intellect gebeurt, in werkelijkheid wordt het eeuwige Bewustzijn dat deze drie verlevendigt, helemaal niet beïnvloed. In de Bhagavad Gita wordt het eeuwige Bewustzijn, de Atman of het Zelf omschreven als:

nai'naṁ chindanti śastrāṇi nai'naṁ dahati pāvakaḥ
na cai'naṁ kledayanty āpo na śoṣayati mārutaḥ
acchedyo'yam adāhyo'yam akledyo'śoṣya eva ca
nityaḥ sarvagataḥ sthāṇuḥ acalo'yaṁ sanātanaḥ

*Wapens klieven het niet, vuur verbrandt het niet,
water maakt het niet nat, wind droogt het niet.
Dit (Zelf) is eeuwig, allesdoordringend, stabiel,
onbeweeglijk en fundamenteel.*

Bhagavad Gita, hoofdstuk 2, vers 23-24

We concentreren ons op het voorzien in de behoeften van dit geheel door onze foutieve identificatie met het lichaam en de geest. Deze identificatie creëert veel verlangens in ons. We kunnen onmogelijk al onze verlangens vervullen, maar deze hunkering is altijd aanwezig. Deze niet verwezenlijkte verlangens veroorzaken vaak leed.

We ontwikkelen ook verwachtingen over de manier waarop ons leven zich gaat ontplooien. Helaas komt de uitkomst niet altijd overeen met het door ons verwachte resultaat. We kunnen verwachten dat we een buitengewoon iemand trouwen, dat we succes op het werk hebben of dat ons kind op school een uitblinker zal worden. Wanneer onze verwachtingen niet uitkomen zijn we ongelukkig.

Gehechtheid speelt ook een rol bij verdriet. Als wij bijvoorbeeld het vergaren van geld en materiële objecten te veel waarderen, raken we aan die dingen gehecht en zullen we zeker bedroefd zijn als onze auto gestolen wordt, het slecht gaat met onze beleggingen of als wij een ander materieel verlies lijden.

Negatieve eigenschappen zoals egoïsme, lust, kwaadheid, hebzucht en jaloezie beïnvloeden onze beslissingen en handelingen en vermeerderen daardoor de kans op leed en ellende.

Alsof dat niet genoeg reden voor verdriet is, kunnen onzorgvuldige beslissingen en de daaruit voortkomende verkeerde handelingen (mentaal, verbaal en fysiek) negatief karma geven, wat uiteindelijk in lijden resulteert in dit leven of in het volgende.

Wij zijn dus degenen die verdriet voor onszelf creëren. God creëert geen lijden. In feite creëert God een prachtige wereld. Het is onze geest die het anders maakt. Amma vertelt hierover een verhaal.

Twee mannen zaten in een tuin bij een rozenstruik. Eén man, die naar de rozen die helemaal in bloei stonden keek, begon te denken: "Wat een mooie rozen! Als ik er een aan mijn vriendin geef, zal ze heel gelukkig zijn. Er zal zo'n mooie glimlach op haar gezicht komen." Verdiept in zulke gedachten zat de man daar naar de rozenstruik te staren en vergat al het overige.

Maar de andere man die daar zat, raakte van streek door naar diezelfde rozen te kijken. Hij dacht bij zichzelf: "Ik heb zoveel van zulke bloemen aan mijn vriendin gegeven. Ondanks dat heeft ze me verraden en is er met een andere man vandoor gegaan. Ik kan haar dit nooit vergeven." Door zulke bittere gedachten werd hij zelfs kwaad op de bloemen, stampte erop en verpletterde ze onder zijn voeten. Toen ging hij in de hoop wat innerlijke rust te vinden op zoek naar een drankwinkel.

Alleen de geest is de oorzaak van onze gebondenheid en gebrek aan vrijheid. We moeten de geest discipline bijbrengen om vrede, vreugde en vrijheid te vinden.

Van verdriet naar vreugde gaan is moeilijk door onze eigen inspanning tot stand te brengen, maar een Satguru (Echte Meester) kan ons helpen om de negativiteit die lijden veroorzaakt te overwinnen.

Verlangens

We hebben allemaal verlangens maar ze kunnen wel of niet vervuld worden. In antwoord op de vraag: "Waarom worden al onze wensen niet vervuld?" zegt Amma: "Als alles zou gebeuren zoals wij het wilden, dan zou de harmonie in de schepping verloren gaan."

Dokters willen meer patiënten, maar niemand van ons wil ziek worden. Als advocaten meer cliënten willen, moeten er meer misdaden, ongelukken en gevechten plaatsvinden. Maar wij willen allemaal vrede en eenheid in de samenleving. Eigenaren van drankwinkels willen dat steeds meer mensen drinken zodat zij een groeiende omzet hebben, maar ouders willen niet dat hun kinderen drinken.

Niemand wil sterven. Sommige mensen willen zelfs dat hun dode lichaam cryogeen bevroren wordt zodat zij in de toekomst, wanneer de wetenschap geleerd heeft om de doden weer tot leven te brengen, hun leven weer voort zullen kunnen zetten. Maar toch bidden lijkkistenmakers om meer omzet.

Als alle wensen vervuld zouden worden, zou er geen orde op de planeet zijn, alleen chaos en disharmonie. Het komt alleen doordat sommige verlangens niet vervuld worden, dat er ten minste wat harmonie in de wereld bestaat.

Er moet ook op gewezen worden dat al het geluk dat we door uiterlijke objecten krijgen, niets meer dan geleend geluk is: geluk behoort niet toe aan de objecten zelf. In feite is het geluk waarvan we denken dat we het aan deze voorwerpen ontlenen, alleen een weerspiegeling van het geluk in ons. Daarom zijn kinderen over het algemeen gelukkig met onbeduidende dingen.

Verwachtingen

Verwachtingen kunnen om verschillende redenen leed veroorzaken. Als onze verwachtingen niet vervuld worden, leidt dat tot teleurstelling. Bij sommige mensen leidt teleurstelling gewoonlijk tot kwaadheid, bij anderen leidt het tot frustratie of depressie.

Zelfs als onze verwachtingen vervuld worden, kunnen ze toch lijden veroorzaken. Als één verwachting vervuld is, groeien onze verlangens en rekenen we erop dat andere verwachtingen ook vervuld zullen worden. Op deze manier nemen onze hebzucht en verlangens toe en winnen aan kracht. De hoeveelheid lijden die we ervaren is evenredig aan de sterkte van onze verlangens en verwachtingen.

Dit betekent niet dat we geen verwachtingen mogen hebben, maar we moeten onaangedaan kunnen blijven wanneer onze verwachtingen niet uitkomen.

Een handeling kan verschillende soorten resultaten opleveren. Stel bijvoorbeeld dat we een ziekte hebben. We kunnen daarvoor medicijnen innemen. In plaats van eenvoudigweg te geloven dat het medicijn ons weer gezond zal maken, moeten we volledig voorbereid zijn op een van de volgende resultaten:

1. De ziekte geneest volledig.
2. De ziekte geneest gedeeltelijk.
3. De ziekte geneest helemaal niet.
4. Er ontwikkelt zich een allergie, complicatie of neveneffect door het innemen van de medicijnen.

Met andere woorden het resultaat van een handeling kan zijn:

1. zoals we verwachtten.
2. meer dan we verwachtten.
3. minder dan we verwachtten.
4. helemaal geen resultaat.
5. iets totaal anders dan we verwachtten.

Als we verwachtingen hebben, moeten we op alle bovengenoemde mogelijkheden rekenen. We moeten erop voorbereid zijn om ieder van deze resultaten onder ogen te zien. Het zich eigen maken van dit denkbeeld is echte volwassenheid. Het is onvolwassen er niet op voorbereid te zijn alles te accepteren wat er kan gebeuren.

We zijn allemaal wel op bepaalde manieren volwassen, maar we moeten ook mentaal en emotioneel volwassen worden. Amma zegt dat ons lichaam groter en langer wordt, maar dat onze geest niet groeit. We moeten ons inspannen om deze mentale en emotionele volwassenheid te ontwikkelen.

Negatieve eigenschappen

We vertonen van tijd tot tijd allemaal negatieve eigenschappen. Eigenschappen als ongeduld, hebzucht, jaloezie, kwaadheid, koppigheid, wrok, angst en arrogantie komen naar boven, hoe hard we ook proberen om ons liefdevol te gedragen. Deze eigenschappen brengen aan ons gevoel van welzijn en onze relaties grote schade toe. Als de geest eenmaal in beroering gebracht wordt door deze negatieve eigenschappen, komt de helderheid voor het nemen van beslissingen vaak in gevaar.

Er zijn in het algemeen vier soorten mensen:

1. Degenen in wie veel onrust en negativiteit zit, maar die zich daar niet van bewust zijn. Zo iemand gelooft dat er niets met hem aan de hand is. Zoals het gezegde luidt: "Wat niet weet, wat niet deert."

2. Degenen die weten dat er negativiteit in hen zit, maar die geen reden of noodzaak zien om die te verwijderen. Hoewel zij kunnen leren ermee te leven, zullen ze blijven lijden en woede, wrok en veel andere negatieve eigenschappen ervaren. Deze emoties zijn zowel voor henzelf als voor de mensen om hen heen een probleem.

3. Degenen die weten dat er veel negativiteit in hun geest zit en die het willen verwijderen. Zij willen niet met deze problemen leven. Zij willen innerlijke rust, kalmte en stilte genieten. Dus proberen zij hun negativiteit kwijt te raken. Alleen deze groep probeert met spirituele oefeningen te beginnen zoals meditatie, gebed en studie van de geschriften of benadert een Meester.

4. Dit zijn de paar uitzonderingen, de Mahatma's[1] zoals Amma, die alle negatieve eigenschappen van de geest volledig getranscendeerd hebben. In feite hebben zij geen egocentrische geest. Hun geest is één met de Universele Geest. Voor hen zijn er geen problemen.

---

[1] Een Mahatma is iemand die God of zijn Zelf gerealiseerd heeft. Hij kan er al dan niet in geïnteresseerd zijn om anderen over het spirituele pad te leiden zoals een Satguru dat doet. Alle Satgurus zijn Mahatma's maar niet alle Mahatma's kiezen ervoor een Satguru te zijn.

We weten allemaal dat het schadelijk voor onszelf en anderen is wanneer we kwaadheid, wrok of angst ervaren. Intellectueel weten we dat het destructief is, maar we hebben niet de geestkracht of de training om deze negatieve eigenschappen te overwinnen.

Alle spirituele oefeningen die we doen, zijn om onze geest te trainen om onze negatieve eigenschappen te boven te komen. Helaas trainen de meesten van ons onze geest niet. Onze geest heeft ons getraind en onze negatieve eigenschappen hebben ons onder controle.

Zelfs wanneer we in Amma's krachtige aanwezigheid zijn, ontdekken we vaak dat er iets is wat ons stoort. Ik heb toegewijden tegen Amma horen zeggen: "Amma, in Uw aanwezigheid zijn is de beste mogelijkheid om te mediteren, maar zelfs in Uw aanwezigheid kan ik niet altijd goed mediteren."

Gebrek aan bewustzijn over de veranderende wereld

Stel dat je een telefoontje krijgt. Zodra je de telefoon opneemt en naar de eerste woorden van degene die opbelt luistert, weet je wie er aan de andere kant van de lijn is. Als het je partner of echtgenoot is, zeg je misschien zoiets als: "Dag lieveling, hoe gaat het ermee? Ik mis je zo!" Maar als het je baas is aan de andere kant, zul je zoiets niet zeggen. Als je dat zou doen, zou je zelfs ontslagen kunnen worden.

Hetzelfde geldt voor verschillende voorwerpen en situaties in de wereld. Om er goed mee om te kunnen gaan moeten we de aard van objecten, mensen, en situaties waar we mee te maken hebben kennen.

Om de zaak nog ingewikkelder te maken veranderen houdingen, objecten en situaties altijd. Vandaag kunnen we een heel leuke auto of computer hebben, maar morgen is die misschien alleen geschikt voor de vuilnisbelt. Op dezelfde manier hebben mensen geen consistente houding. Vandaag kan iemand onze beste vriend zijn, morgen kan hij onze ergste vijand blijken te zijn.

Geluk op de verkeerde plaats zoeken

Niemand zegt: "Ik wil alleen 's morgens gelukkig zijn. Ik heb er geen bezwaar tegen om 's avonds ongelukkig te zijn." En niemand zegt ook: "Ik wil alleen op het werk gelukkig zijn. Ik wil niet gelukkig zijn wanneer ik thuis ben." Of: "Ik wil alleen gelukkig zijn wanneer ik autorijd." Met andere woorden, we willen geluk dat onbeperkt en onvoorwaardelijk is, onafhankelijk van tijd, plaats of objecten. Desondanks zoeken we altijd naar geluk in mensen, objecten en omstandigheden, die veranderlijk en vergankelijk van aard zijn. Het is totaal onlogisch om onveranderlijk en blijvend geluk te verwachten van iets wat verandert.

Niet dat objecten ons geen geluk kunnen schenken. Ze kunnen ons geluk schenken, maar het geluk dat we ervan krijgen is incidenteel en niet intrinsiek. Een voorwerp kan iemand gelukkig maken op een bepaalde tijd of in een bepaalde situatie, maar niet voor eeuwig en altijd. Als we een splinternieuwe Mercedes Benz kopen, zullen we ons daarover waarschijnlijk gelukkig voelen. Steeds wanneer we in de auto rijden of er alleen maar aan denken, kunnen we ons gelukkig voelen. Aan de andere kant, als een naaste verwant of iemand van wie we houden sterft, zullen we erg bedroefd zijn. Hoe vaak we in die situatie ook aan onze Mercedes denken of erin rijden, het zal ons niet gelukkig maken. Dit komt doordat het geluk dat we aan de auto ontleenden bijkomstig en niet intrinsiek was. Als het geluk dat we door de auto kregen wezenlijk geweest zou zijn, zou het ons altijd gelukkig gemaakt hebben. We worden teleurgesteld als we voor ons geluk en onze steun van zulke voorwerpen afhankelijk zijn.

Amma zegt dat we allemaal als een vogel moeten zijn die op een droge tak zit. Een vogeltje dat op een dunne, droge tak zit weet dat zelfs een zacht briesje genoeg is om zijn fragiele zitplaats te breken. De vogel zal dus altijd alert en voorzichtig zijn en klaar om op ieder moment op te vliegen.

Wanneer we de objecten waar we belangstelling voor hebben of naar verlangen, verliezen of wanneer zij ons verlaten, moeten we zonder bedroefd te zijn naar ons doel verder kunnen gaan net zoals de vogel op de tak die wegvliegt op het moment dat de tak breekt.

Voorwerpen hebben slechts een beperkt vermogen om ons gelukkig te maken, maar zij hebben een onbeperkt vermogen om ons ongelukkig te maken. Probeer geen overdreven belang of waarde aan objecten te hechten en niet te veel van iemand te verwachten.

Amma zegt dat onveranderlijk geluk zoeken bij veranderlijke objecten als het verwachten van koud water in een woestijn is. We moeten onze geest voor rust en geluk niet van mensen of voorwerpen afhankelijk laten zijn, omdat wij er geen controle over hebben. In plaats daarvan moeten we leren om ons aan te passen aan de situatie. Dit is wat Amma bedoelt wanneer Ze zegt dat we moeten leren om onze geest te "airconditionen." Amma vertelt een verhaal om dit punt te illustreren.

Op een dag wilde een koning door zijn hoofdstad lopen. Toen hij over straat liep, stootte hij zijn teen tegen een steentje dat uit de grond stak. Zij teen begon te bloeden. Hij werd boos op zijn dienaren en bewakers en schreeuwde: "Hoe kunnen jullie mij dit laten overkomen!" Hij gaf opdracht dat er de volgende dag op alle wegen in de stad tapijt gelegd moest worden voordat hij 's avonds ging wandelen. De ministers krabden zich achter de oren omdat ze niet wisten hoe ze deze taak moesten volbrengen. Ze vroegen zich af waar ze zulke lange tapijten konden vinden. Onder hen was een oude en wijze minister die nogal dapper was. Hij zei tegen de koning: "Uwe majesteit, zou het niet wijzer zijn als U een paar goede schoenen zou dragen in plaats van op alle wegen tapijten te leggen?"

Op dezelfde manier moeten wij proberen ons aan de uiterlijke omstandigheden aan te passen in plaats van alles aan ons comfort aan te passen. Dit is mogelijk door spirituele principes te begrijpen en spirituele oefeningen te doen. Als we spirituele kracht kunnen krijgen, zal dat voor ons werken zoals een schokdemper voor een voertuig. De schokdemper helpt het voertuig de schokken en stoten op te vangen op ongelijke en slechte wegen. Op dezelfde manier is ons leven vol ups en downs en deze spirituele kracht helpt ons de tegenslagen in ons leven op te vangen.

De verkeerde waarde aan iets hechten

Als we verkeerde beslissingen nemen zonder het juiste onderscheid over wat echt waarde heeft, zal leed het gevolg zijn. Veel studenten plegen zelfmoord wanneer zij niet slagen of niet het verwachte cijfer voor hun examens halen. Tijdens een levendige sportwedstrijd vechten fans soms met elkaar over een beslissing van de scheidsrechter. Een breder perspectief zou leiden tot een reactie die meer in overeenstemming is met het betrekkelijke belang en de waarde van deze situaties.

Soms geven we dingen wel de juiste waarde. Stel bijvoorbeeld dat we een paar gloednieuwe dure schoenen hebben. Hoewel ze erg duur zijn bewaren we ze niet in onze aktetas of in onze kast. We dragen ze aan onze voeten en wandelen zelfs op vuile wegen zonder ons druk te maken. Het zijn gewoon schoenen en we hebben ze gekocht om ze te dragen. Helaas zijn we niet in staat

32

deze benadering van het juiste onderscheid op alle situaties in het leven toe te passen.

Ik wil graag een voorval vertellen dat duidelijk toont dat Amma alleen de juiste waarde aan ieder voorwerp in de wereld hecht. In de begintijd van de ashram hadden we vaak niet voldoende te eten. We hadden zelfs niet voldoende goede kleren. Steeds wanneer we programma's buiten de ashram verzorgden, deelden de brahmachari's (ongehuwde leerlingen) de weinige goede kleren die we hadden. In die tijd stond Amma er ook erg op dat iedereen die naar de ashram kwam, te eten moest krijgen. Pas nadat iedereen te eten had gekregen, mochten de brahmachari's eten. Op veel dagen was er geen voedsel voor ons over. Bij die gelegenheid ging Amma naar de huizen in de buurt om aalmoezen te vragen.

Op een dag kwam er een arme vrouw uit de buurt naar Amma en zei dat haar dochter ging trouwen. Omdat ze erg arm was, had ze Amma's hulp nodig. Hoewel de ashram worstelde met de financiën, verzekerde Amma haar dat Ze zou helpen. Ik zat naast Amma toen Ze een bewoner riep en hem vroeg om iets uit Haar kamer te halen. Hij bracht een doosje mee en overhandigde het aan Amma. Ze opende het en er zat een nieuwe, dure gouden ketting in, misschien een recente donatie van een toegewijde. Ik vroeg me af wat Amma ging doen.

Zonder te aarzelen overhandigde Amma de dure gouden ketting aan de vrouw. Die was heel blij en bedankte Amma uitgebreid. Ik was erg geërgerd omdat wijzelf financieel zo moesten worstelen. Hoe kon Amma dit doen? Voor ik iets kon zeggen was de vrouw vertrokken. Ik kon mijn emoties niet beheersen. Ik vroeg Amma: "Hoe kon U dat doen?"

Ik las Amma uitgebreid de les. "Weet U hoe duur die ketting is?" Ik werkte toen bij een bank, dus ik wist de marktwaarde van goud. Ik zei Haar: "Ik had het voor U naar de bank kunnen

33

brengen en er veel geld voor kunnen krijgen. Ik denk niet dat wat U deed juist was."

"Is dat zo?" antwoordde Amma. "Waarom heb je me dit niet eerder verteld? Breng die vrouw meteen terug! Schiet op!"

Ik was erg trots op mezelf dat ik zo'n helder inzicht had gehad om zelfs Amma's fout te corrigeren. In die tijd had ik geen idee van Amma's grootheid als gerealiseerde Meester. Mijn spiritueel inzicht was erbarmelijk. Net als veel pseudo-intellectuelen dacht ook ik dat ik meer kennis en ervaring van de gang van zaken in de wereld had. Ik was ervan overtuigd dat Amma de ketting van de vrouw terug wilde krijgen en dus ging ik weg om haar terug te halen Ze vroeg zich af wat er aan de hand was. Amma zei tegen haar terwijl ze naar mij wees: "Deze brahmachari zegt dat het een zeer dure ketting is." Ik was zo ongeduldig dat ik tegen de vrouw wilde zeggen: "Geef hem dus aan ons terug." Amma voelde mijn ongeduld en zei dat ik mijn mond moest houden. Amma ging verder: "Omdat de halsketting zo duur is, moet je hem niet verpanden of verkopen voor een lagere prijs dan hij waard is. Zorg ervoor dat je er een goede prijs voor krijgt."

Ik schaamde me plotseling diep dat ik zo onwetend was geweest over Amma's mededogen.

Dit is slechts één voorbeeld hoe Amma geen overdreven belang of waarde hecht aan de dingen van de wereld. Het betekent niet dat materiële rijkdom niet belangrijk is, maar we moeten ons de beperkingen ervan realiseren. Materiële rijkdom is niet alles. Als dat zo was zouden alle rijke mensen gelukkig en blij zijn. Ik heb veel rijke families gezien die bij Amma om verschillende redenen huilden. Spirituele rijkdom is veel belangrijker. Met spirituele rijkdom bedoel ik spirituele kracht en volwassenheid die voortkomen uit het begrip van de voorbijgaande aard van de wereld en zijn objecten. Spirituele rijkdom stelt ons zelfs in staat te glimlachen wanneer we tegenover de dood komen te staan.

Spoedig nadat de mensen Amma in grote getale begonnen te bezoeken, waren er mensen die fel gekant waren tegen de bhava darshans. Er waren zelfs verscheidene aanslagen op Haar leven, waaronder één door Haar neef die dacht dat Amma's gedrag de naam van de familie zou bezoedelen. Toen hij Haar met een groot mes bedreigde, was Amma helemaal niet van streek. Amma lachte eenvoudig en zei: "Ik ben helemaal niet bang voor de dood. Het lichaam komt vroeg of laat aan zijn einde, maar het is onmogelijk dat je het Zelf doodt. Nu je vastbesloten bent om een eind aan Mijn fysieke bestaan te maken, laat Me een tijdje mediteren en dan mag je Me doden terwijl Ik in meditatie ben." Door Haar begrip van de aard van Haar ware Zelf en van de wereld kon Amma zelfs een bedreiging van Haar leven rustig onder ogen zien. Ze was zelfs niet kwaad op of geërgerd over de man die Haar aanviel.

De wet van karma

Wetenschappers zijn onlangs begonnen te bevestigen dat dit niet ons enige leven is. Het is nog niet mogelijk om met de bestaande wetenschappelijke en technische ontwikkelingen de waarheid van hergeboorte en levens in het verleden met absolute zekerheid te bewijzen. Maar het is alleen maar redelijk om je af te vragen: als iedere actie een gelijke maar tegenovergestelde reactie heeft, wat is dan de actie die veroorzaakt dat een kind mismaakt geboren wordt, of in een arm gezin, of als wonderkind? Dat kind heeft niets gedaan om dat in dit leven te verdienen. Het is logisch om te concluderen dat er een vorig leven geweest moet zijn waarin die persoon dit resultaat "verdiende." In sommige gezinnen is het ene kind erg intelligent, terwijl het andere dat niet is. Wat is de reden hiervoor? Het kind moet in een vorig leven iets gedaan hebben om het te verdienen. Kinderen die uit dezelfde ouders geboren worden hebben vaak veel opvallende verschillen.

Ook zien we veel tirannen als Hitler of Mussolini die miljoenen mensen massaal vermoord hebben. Wanneer en hoe gaan zij de gevolgen van zulke wreedheden ervaren? Zij zullen zeker in veel toekomstige levens moeten lijden.

Volgens de wet van karma heeft iedere handeling zijn onveranderlijke effect op degene die handelt. Er is geen ontsnapping mogelijk aan de keten van karma zolang men het ego heeft. Ook zijn de gevolgen van iemands handelen niet alleen tot hemzelf beperkt. Het beïnvloedt ook andere leden van de samenleving. Als wij iets goeds doen, worden niet alleen wij maar de hele wereld positief beïnvloed. Als we iets egoïstisch of schadelijks doen zal ook dat zijn effect op anderen hebben. Stel dat we de gewoonte hebben om te veel alcohol te drinken. Als we dan dronken zijn en in onze auto rijden, botsen we tegen iemand die misschien heel voorzichtig de weg probeert over te steken. Dat heeft tot gevolg dat wij voor de rechtbank moeten verschijnen en dat die ander naar het ziekenhuis gaat. Het zal ook gevolgen hebben voor het gezin van beide partijen. Zo kan één verkeerde of onzorgvuldige handeling van een enkele persoon het leven van velen nadelig beïnvloeden.

Daarom zegt Amma dat we geen geïsoleerde eilanden zijn, maar met elkaar verbonden als de schakels van een ketting. Of we het weten of niet, de handelingen die we verrichten hebben altijd een effect op anderen.

Twee geharde misdadigers werden naar een afgelegen, verlaten eiland verbannen. Vele jaren gingen voorbij. Op een dag zaten ze op het strand tranen met tuiten te huilen om hun lot. Plotseling spoelde er een fles aan. Een van hen pakte de fles op en opende hem. Er kwam onmiddellijk een geest uit. Die was zo blij dat hij uit de fles bevrijd was dat hij hun allebei een gunst verleende in ruil voor hun hulp. De eerste man zei tegen de geest: "Ik heb zoveel jaren op dit eiland geleden, gescheiden van mijn dierbare kinderen en familie. Ik wil bij mijn gezin zijn." Ogenblikkelijk was de eerste misdadiger terug bij zijn gezin in een ver land. Toen hij weg was, was de tweede misdadiger nog bedroefder omdat hij alleen was. Hij zei tegen de geest: "Ik heb nooit een gezin of een vriend in mijn leven gehad. Hij was mijn enige vriend die echt van me hield. Ik mis hem heel erg. Het enige wat ik wil is dat mijn vriend hier teruggebracht wordt." In minder dan geen tijd kwam de eerste man terug naar het eiland en de geest verdween.

Karma, zowel dat van ons als dat van anderen, is een belangrijke factor bij het bepalen of we wel of niet zullen slagen bij een bepaalde poging. Om onnodig lijden te vermijden is het belangrijk dat wij de rol die karma in ons leven speelt begrijpen.

Ik was voor mijn eindexamen opgekomen en verwachtte met goede cijfers te slagen. Toen de uitslagen kwamen, was ik verrast toen ik zag dat ik voor één test gezakt was. Ik was geschokt, want ik had die test heel goed gemaakt. Ik vroeg bij de universiteit om een herwaardering van die test. Toen de uitslag kwam, maakte men bekend dat ik er met de hoogste cijfers voor geslaagd was. Later onderzoek bracht aan het licht dat de professor die mijn test in eerste instantie evalueerde, door een moeilijke periode in zijn leven ging. Het leek erop dat hij ruzie met zijn vrouw gehad had en dat zijn vrouw er vandoor was gegaan met de buurman die vrachtwagenchauffeur was. De professor was hierover zeer geërgerd. Steeds wanneer hij het lawaai van een vrachtwagen hoorde, werd hij uiterst rusteloos en geprikkeld, soms zelfs hysterisch omdat het hem herinnerde aan de vrachtwagenchauffeur met wie zijn vrouw weggegaan was. Er kwamen veel vrachtwagens voorbij zijn huis en dit maakte hem steeds onrustiger. Hierdoor was hij niet in staat de juiste aandacht te schenken aan zijn academische plicht om de tests goed te evalueren. Zo had zijn karma ook op mijn leven een ongunstige uitwerking.

Deze voorbeelden laten ons zien dat er veel factoren zijn die een rol kunnen spelen tussen onze inspanning en de resultaten.

We kunnen tot God bidden om een verlangen te vervullen, maar of het vervuld wordt hangt van zoveel dingen af: de intensiteit en oprechtheid van onze gebeden, de moeite die we doen, ons karma uit het verleden en soms ook het karma van anderen. Over veel van deze factoren hebben we geen controle. Als de factoren waar we geen controle over hebben gunstig moeten worden, hebben we Gods genade nodig. Enkel onze inspanning kan niet het gewenste resultaat tot stand brengen.

De aard van lijden en verdriet

Iedereen die op aarde geboren wordt heeft zijn portie vreugde en verdriet. Alles van het in het verleden verzamelde karma wat men voorbestemd is om in dit leven te ervaren, goed of slecht, wordt prarabdha genoemd.

We kunnen verschillende soorten prarabdha hebben:

1. Prarabdha dat volledig overwonnen kan worden door positieve activiteit. Dit is als goedaardige of onschadelijke kanker, die voor eens en voor altijd verwijderd kan worden door een eenvoudige operatie.

2. Prarabdha dat door onze inspanning verminderd of gedeeltelijk verwijderd kan worden. Dit soort prarabdha is als kwaadaardige kanker die verwijderd kan worden, maar mogelijk terug kan komen.

3. Prarabdha waarvoor geen medische behandeling mogelijk is. We zullen dat moeten ondergaan. Amma geeft het voorbeeld van terminale kanker. Dit soort prarabdha kan niet vermeden worden. Men moet het ondergaan.

Men kan zich afvragen wat Grote Meesters als Amma de wereld leren door het voorbeeld dat zij door hun leven geven. Ze tonen de wereld hoe we moeilijke situaties tegemoet kunnen treden met innerlijke volwassenheid. Zij inspireren ons om hun voorbeeld te volgen. Velen van ons hebben misschien folterende pijn en verdriet in ons leven ondergaan. Wanneer we horen hoe Jezus Zijn vijanden vergaf toen Hij gekruisigd werd, kunnen wij ook de moed opbrengen om iedere situatie tegemoet te treden zonder gevoelens van haat, zonder iemand iets kwalijk te nemen.

Amma maakte in Haar vroege leven veel problemen mee ondanks Haar geweldige devotie en liefde voor God. Ze was niet teleurgesteld dat God Haar zo'n hard leven gaf. Amma zag Haar ontberingen als gelegenheden om te leren dat er achter de liefde van mensen altijd egoïstische belangen zitten. Als aan deze belangen niet tegemoet gekomen wordt, verandert wereldse liefde meteen in haat. Alleen God houdt onvoorwaardelijk van ons, zonder enige verwachting. Amma begreep dit en begon zelfs van die mensen te houden die Haar alleen maar verdriet bezorgden en moeilijkheden gaven. Helaas is het erg moeilijk voor ons om onze vijanden te vergeven, laat staan om van ze te houden. Als we dit kunnen doen, veranderen we ons hart in Gods woonplaats.

Door Haar antwoord op zulke ontberingen liet Amma zien hoe men zelfs onder zulke moeilijke omstandigheden op God gericht kan blijven en de uitdagingen moedig tegemoet kan treden. Amma was niet bedroefd of van streek dat Haar ouders Haar geen liefde en affectie gaven. Ze dacht: "Waarom zou ik bij iemand liefde zoeken? Laat mij in plaats daarvan liefde aan iedereen geven."

Amma verwacht van niemand iets. Amma doet Haar taak zonder bezorgd te zijn om het resultaat. Dat is echte spiritualiteit.

Het ego

Volgens de hindoegeschriften is het ego het eerste resultaat van onze onwetendheid over de aard van ons ware Zelf. In het Sanskriet wordt het ego "ahamkara" genoemd. Ahamkara kan ook vertaald worden met "het besef van een bestaan gescheiden van de rest van het universum." Al onze verlangens, verwachtingen, gehechtheden, negatieve eigenschappen en zelfs ons karma komen uit het ego voort.

Ego is het gevoel van "ik," d.w.z. "ik doe," "ik geniet" of "ik lijd." Wanneer we wakker worden wat is dan de eerste gedachte die in ons opkomt? Het is "ik." Alle andere gedachten komen na deze eerste gedachte.

Dit gevoel van "ik" geeft aanleiding tot al onze problemen. Wanneer we geïdentificeerd zijn met het ego, zullen we verlangens, verwachtingen en gehechtheden hebben die verband houden met het verschaffen van veiligheid, zekerheid en comfort aan het ego. Wanneer deze verlangens, verwachtingen en gehechtheden tegengewerkt worden of wanneer ons ego gekwetst wordt, reageren we met woede, haat, angst, depressie, enzovoorts. Amma zegt dat het ego en de negatieve eigenschappen die eruit voortkomen, verhinderen dat Gods genade ons bereikt.

We kunnen denken dat we het ego getranscendeerd hebben door veel spirituele oefeningen en veel seva (onbaatzuchtige dienstverlening) te doen. We kunnen zelfs denken: "Kijk eens hoeveel meer seva ik doe dan die persoon. Ik ben veel onbaatzuchtiger dan hij."

Het is belangrijk dat we niet vergeten dat het ego heel subtiel en pienter is. Er is een verhaal in het grote epos Mahabharata (het boek dat de Mahabharata-oorlog beschrijft) dat laat zien hoe zelfs gevorderde spirituele zoekers en grote toegewijden in de val van het ego kunnen lopen.

Toen het gevecht van die dag over was, keerden Arjuna met Heer Krishna als zijn wagenmenner en de rechtschapen Pandava's naar hun kamp terug. Zodra de strijdwagen het kamp bereikte, bracht Krishna de wagen tot stilstand en zei: "Arjuna, stap alsjeblieft uit."

Arjuna dacht bij zichzelf: "Ik heb gevochten en de strijd gewonnen. Krishna was slechts mijn wagenmenner. Eigenlijk zou hij het eerst uit moeten stappen." Zo denkend vroeg hij Krishna om eerst uit te stappen. Krishna weigerde en zei Arjuna dat hij echt het eerst uit moest stappen. Ook al had Krishna aan Arjuna op het slagveld Zijn goddelijke vorm al geopenbaard, de hele *Bhagavad Gita* aan hem onthuld en hem van een gewisse dood tijdens de oorlog gered, Arjuna luisterde toch niet naar Krishna en wilde dat Krishna vóór hem uitstapte.

Hoewel Arjuna Krishna's goddelijkheid bij zoveel gelegenheden ervaren had, praatte zijn ego hem aan dat hij groter dan God was. Maar omdat Krishna op dit punt onbuigzaam was, stapte Arjuna vóór de Heer uit de strijdwagen. Krishna wachtte rustig tot Arjuna enige afstand gelopen had voordat Hij zelf uitstapte. Op het moment dat Hij uitstapte, vloog de wagen in brand. Tijdens de strijd overdag waren er zoveel krachtige wapens tegen de strijdwagen gebruikt. Het kwam alleen maar door Krishna's aanwezigheid dat de strijdwagen intact was gebleven en Arjuna de strijd had kunnen winnen. Arjuna viel aan Krishna's voeten en realiseerde zich uiteindelijk dat hij alleen door de kracht van de Heer de strijd gestreden en gewonnen had.

In werkelijkheid kunnen we het ego niet zelf verwijderen, wat we ook mogen doen. Amma zegt dat het ego het enige in de schepping is dat niet door God geschapen is. Het ego is onze schepping en we kunnen onze eigen schepping niet ongedaan maken. Daarvoor hebben we de hulp van een Satguru nodig. Het verwijderen van het ego is het voornaamste werk van een Satguru.

Hoofdstuk 2

De ketenen van conditionering

Het begrijpen van conditionering

We zijn altijd op zoek naar de juiste baan, de juiste baas, de juiste echtgenoot, de juiste vriend, enzovoorts. We vergeten dat wij ook de juiste persoon moeten zijn. Mannen willen wel een kuise vrouw zoals Sita (de heilige echtgenote van Heer Rama), maar zij vergeten dat zij dan ook deugdzaam en rechtschapen als Heer Rama moeten zijn.

Er bestaat nauwelijks een volmaakt mens (behalve Mahatma's en Satgurus), een perfecte baan of perfecte echtgenoot. Wanneer we naar perfectie zoeken, dan verliezen we een goede kans of worden we teleurgesteld. Door naar perfecte dingen te zoeken verwisselen we soms het ene probleem voor het andere.

We hopen het probleem op te lossen door de ene situatie of persoon door de andere te vervangen. Deze denkwijze is het resultaat van gewoontes en conditionering uit het verleden. Als het veranderen van uitwendige factoren in het verleden voor ons werkte, nemen we aan dat deze strategie zal blijven werken. We hebben misschien meer potentieel vermogen om zelf ten goede te veranderen, maar we beperken ons door vroegere conditionering.

Amma gaf het volgende voorbeeld van conditionering in Haar toespraak tijdens het Mondiale Vredesinitiatief van Vrouwelijke Religieuze en Spirituele Leiders in Genève. Wanneer een olifant heel jong is, is hij eraan gewend om vrij in de bossen rond te zwerven. Nadat hij gevangen is, wordt hij met een stevige ketting

43

aan een dikke boom of paal gebonden. Hij zal aan de ketting blijven rukken en trekken, maar zonder resultaat.

Na enige tijd realiseert de jonge olifant zich dat al het rukken en trekken niet helpt. Daarom houdt hij op met trekken en blijft rustig staan. Nu is hij geconditioneerd. Wanneer de jonge olifant volwassen wordt, kan hij met een dun touwtje aan een zwak paaltje of boompje gebonden worden.

De volwassen olifant kan het touw gemakkelijk doortrekken en vrij weglopen, maar hij doet dat niet, omdat hij geconditioneerd is te denken dat het onmogelijk is om de ketting te breken. Op dezelfde manier worden wij voortdurend geconditioneerd, bewust of onbewust, door onze omgeving, onze ouders, onze vrienden, de films en tv-programma's waar we naar kijken, enzovoorts.

Er was eens een gepensioneerde legerofficier die de kinderen in de buurt niet mochten vanwege zijn opvliegendheid. Op een dag wilden ze hem een poets bakken. Toen hij van de markt met een mand eieren in zijn hand naar huis liep, schreeuwde een van de jongens: "Geef acht!" Zodra de officier de woorden "geef acht" hoorde, liet hij de mand eieren uit zijn handen vallen en stond in de houding zonder zich te bewegen. Dit kwam door zijn eerdere conditionering.

Amma zegt dat vrij zijn van de conditionering van het verleden absoluut noodzakelijk is om volledig van het leven te genieten. We hebben veel keuzemogelijkheden in iedere moeilijke situatie in het leven. Wanneer we met een kritische situatie geconfronteerd worden, wordt ons vermogen om de juiste beslissing te nemen geblokkeerd. Onze conditionering uit het verleden belemmert ons vermogen om een goed gebruik te maken van de keuzes die we hebben.

Door onze conditionering hebben we de neiging op een bepaalde manier of volgens een specifiek patroon te reageren. Meestal zijn we ons niet bewust van wat we doen of wat we zeggen. Dus komen we op de proppen met mechanische reacties in plaats van bewust op de situaties in het leven te reageren. Wanneer iemand ons prijst, maakt ons dat gelukkig en kunnen we zelfs zeggen: "Dat is zo'n aardig iemand." Wanneer iemand kritiek op ons heeft, worden we afwerend. Wanneer iemand ons beledigt of kwaad op ons wordt, kunnen wij als reactie geërgerd zijn of kwaad worden.

Het ontwikkelen van positieve conditionering

Positieve conditionering helpt ons om goede eigenschappen spontaan tot uitdrukking te brengen. Laten we het voorbeeld nemen van het herhalen van een mantra.

Aanvankelijk weten we niets over een mantra. We zijn ons zelfs niet bewust van onze onwetendheid over de mantra. Dan komen we te weten dat er iets is wat "mantra" genoemd wordt. Van een Guru[2] kunnen we leren wat een mantra is, mantra-initiatie ontvangen en de methode van het herhalen en oefenen begrijpen. In de beginfasen zullen we regelmatig vergeten om de mantra te herhalen, omdat we niet gewend zijn een mantra te herhalen. We moeten dus een bewuste en opzettelijke poging doen om de mantra te herhalen.

Nadat we de mantra lange tijd regelmatig herhaald hebben, wordt het herhalen even natuurlijk als ademhalen. We hoeven er zelfs niet aan te denken dat we de mantra moeten herhalen. Hij gaat ononderbroken door zonder enige inspanning of doelbewust denken van onze kant, waar we ook zijn of wat we ook doen. Het is een automatisch proces geworden. Zo ontwikkelen we een gewoonte of discipline in ons leven.

Bij de meesten van ons komen eigenschappen als woede, ongeduld en jaloezie spontaan, zonder inspanning tot uitdrukking.

---

[2] Meester. In dit boek is Guru verwisselbaar met Satguru (Echte Meester).

In plaats daarvan moeten we leren om bewonderenswaardige eigenschappen als liefde, mededogen, geduld, vriendelijkheid, enzovoorts tot uitdrukking te brengen. We moeten ons voortdurend en regelmatig inspannen en oefenen om dit te doen. In een Meester als Amma manifesteren deze positieve eigenschappen zich spontaan.

Veel van Amma's toegewijden vertonen reeds spontaan goed gedrag zoals het zeggen van de mantra "Om Namah Shivaya" bij het groeten van andere toegewijden. Sommige toegewijden groeten zelfs hun collega's op kantoor en andere vrienden met "Om Namah Shivaya."

Men kan toegewijden zien knielen voordat ze voor Amma gaan zitten. Deze gewoonte is zo natuurlijk geworden dat ze knielen voor ze gaan zitten, zelfs wanneer Amma niet in de zaal is of wanneer ze gaan zitten om te eten, praten of lezen, enzovoorts.

Mahatma's staan er bekend om dat ze spontaan alle goddelijke eigenschappen tot uiting brengen. Vele jaren geleden zag ik Amma deze goddelijke spontaniteit op een opmerkelijke manier vertonen. Tegen het eind van Devi Bhava kwam Dattan, een melaatse man met een huid die over zijn hele lichaam gesprongen was en met bloed en pus dat uit zijn vele wonden sijpelde, de tempel binnen. Zodra ik hem zag kwam er een plotseling gevoel van afkeer en angst voor besmetting in mij op. Mijn onmiddellijke reactie was om op te staan en de tempel uit te rennen. Amma's spontane antwoord was om van Haar plaats op te staan en zich naar Dattan te haasten om hem te omhelzen. Ze gaf zich geen tijd om na te denken of Ze handschoenen moest dragen of een masker voordat Ze hem omhelsde. Dit was de spontane uitdrukking van Haar goddelijke eigenschappen.

46

Hoofdstuk 3

Het verbreken van de ketenen van conditionering

Leren van tegenslagen

Als we onze negatieve conditionering overwinnen, kunnen tegenslagen ons sterker maken. Toen Amma een moeilijke periode doormaakte door toedoen van Haar ouders, de dorpelingen en Haar verwanten, stortte Ze niet in. In plaats daarvan maakte Ze gebruik van deze tegenslagen om de aard van de wereld en de oppervlakkigheid van wereldse liefde te begrijpen. Haar ouders en verwanten zagen Haar gedrag en Haar voortdurend prijzen van de Heer als excentriek en zij gedroegen zich dienovereenkomstig. Hoewel Ze tegen iedereen vriendelijk was, kreeg Ze zelden van iemand een vriendelijk woord of lof. In plaats van liefde en affectie bij iemand te zoeken richtte Amma Haar hart en ziel op God. Ze leerde om van niemand iets te verwachten. Ze ging door met Haar taak en liet God voor het overige zorgen. Dankzij Amma's helder begrip van de zelfzuchtige en egoïstische aard van de mensen verminderde Haar liefde voor anderen niet ondanks de ontberingen die Ze door hun toedoen onderging.

Amma weet dat de vriend van vandaag morgen een vijand kan worden en een vijand kan een vriend blijken te zijn. Vandaar dat Amma's liefde en mededogen hetzelfde blijven voor degenen die Haar prijzen en degenen die Haar bekritiseren

In feite profiteren veel mensen die in de beginjaren problemen schiepen voor de ashram en voor Amma, nu van Amma's verschillende charitatieve projecten. Ook helpen veel van deze mensen Amma nu om Haar dienstverlenende activiteiten uit te voeren.

Men zegt dat ervaring de beste leermeester is. Hoelang we ook in de aanwezigheid van de Guru blijven, we kunnen geen spirituele vooruitgang maken als we niet van onze ervaringen leren. Amma geeft het voorbeeld van een zwemleraar. Als we leren zwemmen zal onze leraar ons op een bepaald moment loslaten en ons dwingen om zelfstandig te zwemmen. Dit is om ons vertrouwen en moed bij te brengen zodat we leren om alleen te zwemmen. Op dezelfde manier kan God of de Guru ons soms beproevingen en problemen geven zodat we onze eigen bekwaamheden en kracht ontwikkelen en leren om de juiste keuzes te maken.

Niet de juiste beslissing nemen of de juiste keuze maken ontneemt ons niet alleen de beste kansen in het leven, maar creeert ook negatieve emoties die in de loop der tijd veel stress en spanning opbouwen. Ik wil dit punt graag illustreren met een klein voorval uit mijn begintijd bij Amma. Het was in de tijd dat Amma in Krishna Bhava verscheen en daarna in Devi Bhava. Eén groep brahmachari's zong tijdens Krishna Bhava en de andere groep tijdens Devi Bhava.

Twee van ons hadden net geleerd om de tabla (een soort trommel die vaak bij Indiase muziek gebruikt wordt) te bespelen. In dit beginstadium van het leren bespelen van de tabla wilden we allebei de trommels graag zo veel mogelijk bespelen en we speelden om de beurt voor Amma.

In die tijd waren er slechts een paar brahmachari's en Amma riep vaak een of twee van ons om ons de gelegenheid te geven naast Haar te zitten mediteren tijdens Devi Bhava. Op een dag tijdens Devi Bhava was het mijn beurt om op de tabla te spelen. Voordat ik ging spelen, ging ik voor darshan en dacht onmiddellijk terug te keren om de tabla te bespelen. Maar toen ik Amma's darshan ontving, vroeg Zij mij om naast Haar te zitten en te mediteren. Ik stond voor een dilemma. Ik was erop gebrand om op de tabla's te spelen maar toch was hier een gelegenheid om bij Amma te zitten mediteren. Ik wilde niet ongehoorzaam zijn en dus ging ik zitten.

Toen ik begon te mediteren, begonnen de bhajans (devotionele liederen) ook. De brahmachari die al aan de beurt geweest was, begon weer op de tabla te spelen. Ik was zo kwaad en van streek. Ik werd heel boos op hem. Hoe durfde hij mijn beurt af te nemen? Maar ik kon niet opstaan en hem de waarheid eens goed zeggen omdat Amma mij gevraagd had naast Haar te zitten.

In plaats van te mediteren was ik in gedachten in een waar gevecht gewikkeld met de andere brahmachari. Er ging bijna een half uur voorbij. Hoewel mijn ogen dicht waren, mediteerde ik niet. Plotseling voelde ik iemand op mijn hoofd tikken zoals bij het bespelen van een tabla. Ik opende mijn ogen en het was Amma. Amma vroeg mij wat ik deed. Voordat ik Haar vraag kon beantwoorden, vroeg Ze mij om op de tabla te gaan spelen. Ze wist dat ik alleen maar aan de tabla dacht en me aan de andere brahmachari ergerde. Er is geen betere atmosfeer om te mediteren dan naast Amma te zitten in Devi Bhava, maar door mijn negatieve emoties verspilde ik de gelegenheid.

Als Amma in dezelfde situatie was geweest, zou de zaak heel anders gelopen zijn. Amma zou een andere keuze gemaakt hebben. Zij zou zich op de meditatie geconcentreerd hebben in plaats van te piekeren over het spelen op de tabla of kwaad op iemand te worden.

Er is altijd iets te leren van iedere ervaring in ons leven, of het een aangename ervaring is of een onaangename. Dat is het voordeel van een menselijk leven, dat begiftigd is met de aangeboren menselijke eigenschappen van intelligentie en onderscheidingsvermogen. Als we naar Amma's leven kijken zien we dat

Amma, steeds wanneer er een droevig of schijnbaar ongelukkig voorval was, er niet alleen een les uit leerde, maar het ook zag als een gelegenheid om dichter bij God te komen.

Zelfs in de tijd vóór de ashram stond Amma algemeen bekend om Haar hard werken. Ze werkte aan een stuk door van vier uur 's morgens tot elf uur 's avonds of zelfs middernacht. Naast de zware werklast bij Haar thuis werd Amma op veel dagen naar de huizen van Haar familieleden gestuurd om hen ook met het huishoudelijke werk te helpen. Sommige van deze huizen lagen ver weg van Amma's huis. Een korte tijd gaven Haar ouders Haar geld om met de boot over de backwaters te reizen. Ze genoot erg van het reizen per boot. Ze herhaalde "Om" tegelijk met het geluid van de motor. Kijkend naar de rimpels op het oppervlak van het water vergat Ze zichzelf helemaal. Ieder moment in Haar leven werd gebruikt om met God in contact te komen.

Later besloten Amma's ouders Haar geen geld meer te geven. Ze zeiden tegen Amma: "Je moet lopen. We kunnen de boot niet langer betalen." Amma was niet verdrietig. Ze zei: "Prima, dan ga ik te voet." Ze moest acht of tien kilometer lopen, maar Ze genoot van de wandeling nog meer dan van de boottocht. Ze had er minstens drie keer zoveel tijd voor nodig als voor het reizen per boot. Amma was blij omdat Ze zo lang alleen kon zijn. Ze kon in eenzaamheid over het strand of langs de backwaters lopen, en Ze kon meer mantra's en meer gebeden herhalen. Zo gebruikte Ze deze ogenschijnlijk negatieve situatie in Haar leven in Haar voordeel.

Er doen zich veel van zulke situaties in ons leven voor en als we echt ons onderscheidingsvermogen gebruiken, kunnen we die in ons voordeel gebruiken. Het is ons niet mogelijk te bepalen welke ervaringen we wel of niet moeten hebben. Daar hebben wij geen zeggenschap over. Onze wijsheid of ons vermogen ligt in het veranderen van iedere situatie in ons voordeel.

Een vrouw had veel problemen zowel op het werk als thuis. Telkens wanneer er iets op het werk misging, haalde ze onmiddellijk een foto uit haar tas en staarde daar een tijdje naar. Nadat ze haar kalmte teruggekregen had, hervatte ze rustig haar werk. Een van haar collega's die dit een paar dagen gadegeslagen had vroeg haar: "Wie zijn foto is dat? Hoe kan jou dat zoveel kracht en kalmte geven? Is het je spirituele leraar, je favoriete filmster of een baseballspeler?"

"Nee, nee. Het is de foto van mijn man," antwoordde de vrouw.

"O, dat is echt fantastisch. Ik wist niet dat je zoveel van je man hield," antwoordde de collega.

"Dat doe ik niet," zei de vrouw. "Iedere keer dat er een probleem ontstaat en ik mijn zelfbeheersing begin te verliezen, hoef ik alleen maar naar deze foto te kijken en dan lijken alle andere problemen onbeduidend. Vergeleken met hem is ieder probleem hanteerbaar." Kort gezegd, deze vrouw kon de dingen in perspectief blijven zien en kracht ontlenen aan een ongunstige situatie.

Het temmen van de wilde olifant

In de begintijd, toen we voor het eerst naar Amma kwamen, wisten we niet hoe je je tegenover een Guru hoort te gedragen of hoe je de Guru moet respecteren. Pas toen we de geschriften begonnen te bestuderen, begonnen we de grootheid van de Guru te begrijpen en de gedragscode die van ons verlangd werd met betrekking tot de Guru. Daarvoor konden we de grootheid van de Guru onmogelijk weten omdat Amma het ons nooit vertelde.

Ze zei nooit: "Jullie moeten respect voor me hebben," of "Jullie moeten voor mij knielen," of "Jullie moeten je op die en die manier voor mij gedragen." Ook al hadden we het nodig dat te horen, Ze zei het niet. Soms gehoorzaamden we Haar niet en

51

gedroegen ons oneerbiedig tegenover Haar. We lieten zelfs een beetje onze kwaadheid tegenover Haar blijken. Maar Amma accepteerde ons door Haar mededogen en door Haar begrip met al onze negatieve eigenschappen. Zelfs als we een fout maakten of Haar niet gehoorzaamden, glimlachte Ze eenvoudig of hield Haar mond. Ze probeerde niet om ons discipline op te leggen. Later, toen we ons onze fouten realiseerden, gingen we Haar onze verontschuldigingen aanbieden.

Op een keer zei Amma iets wat ik niet wilde accepteren en ik begon te argumenteren. Wanneer iemand met Amma argumenteerde of Haar niet gehoorzaamde, maakte Ze gewoonlijk geen bezwaar. Maar op die bepaalde dag begon Amma met mij te argumenteren, wat me overrompelde. Ze zei: "Nee, wat je zei was niet correct." Maar ik was niet in de stemming om toe te geven. Op het laatst schreeuwde ik uit alle macht. Toen stond Amma plotseling op en ging naar Haar kamer. Ik wilde niet ophouden met de discussie omdat ik er zeker van wilde zijn dat ik gewonnen had. Dus stond ik op en volgde Amma. Ze ging naar Haar kamer en sloot de deur, maar hij was niet helemaal dicht. Ze ging zitten en begon te mediteren. Ik kon niet doorgaan met mijn woordenwisseling. Ik wachtte buiten denkend dat Amma weldra uit Haar kamer zou komen en ik verder kon gaan waar ik gebleven was. Ik wachtte een kwartier maar er gebeurde niets. Drie kwartier later was Amma nog niet naar buiten gekomen. Ze zat nog steeds te mediteren. Ik had niet het geduld om nog langer te wachten. Ik wilde Amma ook niet storen terwijl Ze zat te mediteren, dus dacht ik er later op door te gaan.

Pas na twee en een half uur kwam Amma uit Haar kamer. Tegen die tijd was ik met een bepaald karwei bezig en moest naar een stad in de buurt gaan. Toch bleef ik denken dat wat ik tegen Amma gezegd had, juist was en dat ik het zou bewijzen. Ook al zat ik vol kwaadheid en arrogantie, ik was toch verrast dat Amma zelfs na zo'n krachtige woordenwisseling kon mediteren alsof er niets gebeurd was.

Langzaam maar zeker won de liefde met zijn oneindige geduld het van mijn kwaadheid en mijn geest koelde af. Het duurde bijna twee weken voor ik weer een kans had om bij Amma te zijn. Ik verontschuldigde me voor de manier waarop ik me gedragen had en zei: "Amma, na die verhitte discussie ging U naar Uw kamer en raakte verdiept in meditatie. Van de andere kant worstelde ik tien dagen om weer te kunnen mediteren. Zodra ik mijn ogen sloot was het enige waar ik aan kon denken hoe ik U in die discussie kon verslaan. Ik mediteerde hier tien dagen over. Ik kon zelfs niet één mantra rustig herhalen. Hoe kon U onmiddellijk na dat gevecht mediteren alsof er niets gebeurd was?"

Amma antwoordde: "Zodra ik wist dat het een verspilling van tijd was om te argumenteren met een waardeloze kerel zoals jij, keerde mijn geest zich naar binnen. Een fractie van een seconde was voor mij genoeg om naar binnen te gaan."

Wat mij betreft, zelfs na tien dagen realiseerde ik me nog niet dat mijn meditatie werd verstoord door mijn eigen negativiteit. Soms zijn er vele jaren nodig om je dit te realiseren, soms vele levens. Een Meester laat ons dat in korte tijd realiseren.

Amma zegt dat kwaadheid als een mes zonder handvat is. Het verwondt zowel degene die aangevallen wordt als de aanvaller. We kennen heel goed de slechte effecten van kwaadheid op ons lichaam en onze geest en ook op ons gezin en de samenleving als geheel. Kwaadheid maakt veel destructieve hormonen in ons lichaam vrij. Het hele lichaam brandt alsof het in vuur en vlam staat en het vernielt ons afweersysteem. Wat we misschien niet weten is hoe kwaadheid onze keten van karma kan verlengen en Gods genade tegen kan houden. Wanneer het ego gekwetst wordt, is onze onmiddellijke reactie kwaad worden. Uit kwaadheid zeggen en doen we veel dingen zonder na te denken. Door zulke woorden en daden kunnen we zelfs een onschuldig iemand pijn doen. Amma zegt dat wanneer we kwaad worden op een onschuldig iemand, die persoon bij God uit kan huilen: "O God, ik heb niets verkeerds gedaan. Waarom word ik op deze manier behandeld?" De trillingen van deze pijnlijke gevoelens zullen ons zeker bereiken en onze aura donker maken zoals roet een glas zwart maakt. Zoals zonlicht niet door glas kan gaan dat door rook zwart geworden is, zullen deze indrukken Gods genade verhinderen ons te bereiken. Amma zegt ook dat wanneer we kwaad worden we energie verliezen door iedere porie in ons lichaam. Op deze manier verdwijnt veel hard verdiende spirituele energie onnodig.

Stel dat we de gewoonte hebben om kwaad op mensen te worden. Wanneer de gelegenheid zich voordoet, laten we dan proberen om niet kwaad te worden. Door bewustzijn en geduld te ontwikkelen kunnen we langzaam kwaadheid overwinnen.

Wanneer we proberen kwaadheid te overstijgen, moeten we ons eerst oefenen om de negatieve aspecten van kwaadheid in te zien. Neem dan de kwaadheid waar wanneer die zich in verschillende situaties manifesteert. Door er gewoon naar te kijken, als een op zich zelf staande en afzonderlijke waarnemer, raken we van zijn grip op ons af. Zolang we geïdentificeerd zijn met onze emoties als kwaadheid, lust en angst zullen we nooit in staat zijn om ze onder controle te krijgen. We moeten afstand creëren tussen de emoties in onze geest en onszelf.

Net zoals we een wilde olifant of een jong paard temmen, kunnen we eerst proberen om de uitdrukking van kwaadheid in onze woorden en activiteiten in te tomen. Later kunnen we de kwaadheid gadeslaan als hij in onze geest opkomt, en als een getuige het opkomen en verdwijnen van kwaadheid in ons gadeslaan. We nemen woede waar net als iemand op het strand die de opkomst en het verdwijnen van de golven in de oceaan waarneemt. Uiteindelijk zullen we helemaal vrij worden van de schadelijke invloeden ervan.

Veranderende emoties, onveranderlijke Liefde

Vaak toont Amma menselijke emoties om zodat wij ons dicht bij Haar kunnen voelen. Het ene moment kan Amma tranen storten als Ze naar het probleem van een toegewijde luistert. Het volgende moment lacht Amma als Ze de vreugde van een andere toegewijde deelt. Stel dat Amma huilt terwijl Ze naar de narigheden van een toegewijde luistert. De volgende toegewijde die voor darshan komt vertelt Amma: "Vandaag ben ik jarig." Als Amma blijft huilen, hoe zou de toegewijde die jarig is zich dan voelen? Dus voor iedereen die naar Haar darshan komt, fungeert Amma als een spiegel die de toestand van zijn geest weerspiegelt. Amma kan tegenover iemand kwaadheid tonen vanwege zijn fouten, maar het volgende moment kan Ze dezelfde persoon omhelzen, terwijl het ons dagen kan kosten om iemand te omhelzen op wie we echt kwaad zijn. Amma kan de emoties in Haar geest uitwissen en vervangen zoals en wanneer Zij dat wil. Ze heeft het potlood om iets in Haar geest te schrijven en het gum om het uit te vlakken.

We denken misschien dat Amma ons niet mag wanneer Ze boos of geërgerd is. Dat is niet waar. Ze zegt eenvoudig wat gezegd moet worden voor onze eigen spirituele groei, en gaat dan verder. Ze houdt Haar kwaadheid helemaal niet vast. Amma's emoties zijn als een lijn die in het water getrokken wordt. Hoelang blijft een lijn in het water bestaan? Ik wil het echter duidelijk maken dat het feit dat Amma niet aan Haar emoties gehecht is, niet betekent dat Ze niet van ons houdt of om ons geeft.

Zodra iemand Haar darshan ontvangen heeft, is Amma klaar om de emoties van de volgende persoon te ontvangen. Amma's liefde is als de oceaan en alle emoties die Ze uitdrukt zijn alleen golven, schuim en opspattend water. In wezen is dit allemaal water maar in een verschillende vorm en gedaante. Op dezelfde manier ligt aan iedere handeling van Amma pure liefde ten grondslag. Het is voor ons mogelijk om die toestand ook te bereiken, maar het vereist een enorme oefening, alertheid en een enorm bewustzijn.

Als we door onze eigen emoties overweldigd worden, kunnen we niemand helpen, we kunnen zelfs onszelf niet helpen. Wanneer we onze emoties en onze negativiteit kunnen transcenderen, dan kunnen we vele anderen helpen.

Hoofdstuk 4

Amma's Liefde

Het doel van Amma's leven

Toen Amma erg jong was, ging Ze naar de huizen in de omgeving om overgebleven beetjes voedsel (voornamelijk tapiocaschillen) te verzamelen voor de koeien van het gezin. Ze zag dat in veel huizen de kinderen niet voldoende te eten hadden. De kinderen sliepen in een foetale houding vanwege hun honger. In andere huizen ontdekte Ze dat de ouderen totaal verwaarloosd werden door hun kinderen. Veel mensen waren ziek en hadden geen geld voor een goede behandeling.

Toen Amma deze ellende zag, werd Ze heel kwaad op de Natuur. Uit wraak voor al het lijden in de wereld wilde Ze zich heel langzaam levend verbranden.

Toen vertelde een stem in Haar dat als mensen lijden, het hun lot is, wat het gevolg is van hun handelingen in het verleden. De stem ging verder: "Het doel van Je geboorte is niet om Je lichaam zo op te geven. Er zijn miljoenen mensen die Je hulp en leiding nodig hebben. Je leven is om hen te dienen. Door hen te dienen dien je Mij (de Hoogste Waarheid)."

Amma erkende: "Als het hun lot is om te lijden, is het Mijn plicht om hen te helpen."

Gods liefde in een menselijk lichaam

"Ze staat hier voor ons,
Gods liefde in een menselijk lichaam."

Dr. Jane Goodall, die Amma de Gandhi King Prijs
voor Geweldloosheid in 2002 overhandigde.

Vele jaren geleden, kort nadat ik in de ashram was gaan wonen, werd een van de ashrambewoners betrapt op stelen. We lichtten Amma hierover in, maar Ze nam geen maatregelen. Een paar maanden later werd dezelfde persoon weer op stelen betrapt en opnieuw negeerde Amma de zaak. Sommigen van ons werden hierover kwaad en wilden de zaak met Amma bespreken.

Ik was uiterst geërgerd over het vooruitzicht dat deze jongen nog langer in de ashram zou blijven. Ik wist dat als ik met Amma over deze jongen zou praten, Amma hem uit liefde en mededogen zou verdedigen, en dan zou ik met Amma kunnen redetwisten omdat ik het niet met Haar eens was. Dus schreef ik Amma een brief waarin ik Haar zei dat als Zij de jongen niet uit de ashram wegstuurde, ik de ashram misschien zou moeten verlaten.

Toen Amma de brief gelezen had, riep Ze mij en zei: "Jij mag dan een goed iemand zijn, jij mag dan weten wat juist en wat verkeerd is en jij mag dan naar een andere ashram gaan en je spirituele oefeningen doen als je dat wenst, maar deze arme jongen weet niet wat juist en verkeerd is. Als ik hem niet voldoende liefde en de juiste leiding geef en hem liefdevol corrigeer, wie gaat hem dan helpen? Hij kan zelfs in de gevangenis terechtkomen. Ik houd hem hier zelfs als jullie allemaal de ashram verlaten."

Toen de jongen die op stelen betrapt was, dit hoorde, rolden de tranen over zijn wangen. Vanaf dat moment was hij veranderd en stal nooit meer.

Amma's goddelijke liefde en mededogen versterken en voeden ons en geven ons helderheid van geest als we ons in Haar aanwezigheid ontspannen. Velen kunnen hun verslavingen, gehechtheden, zorgen en problemen overwinnen door de kracht van Haar liefde. Echte liefde verwerpt niemand. Hij accepteert iedereen. Amma zegt: "Als Ik iemand zou verwerpen, zou dat als het verwerpen van Mijn eigen Zelf zijn, omdat Ik van niemand gescheiden ben en niemand gescheiden van Mij is." Dus kan Amma alleen maar van iedereen houden. Ze kan nooit iemand haten.

Zoals licht en warmte de aard van de zon zijn, zijn liefde en mededogen de aard van alle Grote Meesters. Hoe we van deze liefde gebruik maken is onze zaak. Het is de aard van een rivier om te stromen. We kunnen het rivierwater drinken, ons erin wassen, op de oever van de rivier zitten en van de koele bries genieten of zelfs in de rivier spugen. De rivier stoort er zich niet aan. Hij blijft gewoon stromen. Op dezelfde manier blijft Amma gewoon alsmaar geven.

Men zegt dat in de aanwezigheid van iemand die in de hoogste liefde gevestigd is, zelfs dieren die vijandig en woest zijn tegenover andere dieren en mensen, hun vijandigheid verliezen en kalm blijven.

Vele jaren geleden kreeg een van de honden die vaak bij Amma was, hondsdolheid. Hij rende de ashram uit en beet verscheidene mensen. Toen de mensen hem begonnen te achtervolgen om hem te doden, kwam hij op de een of andere manier de ashram binnen. Hij schuimbekte, zoals dat bij een dolle hond gebeurt. De mensen schreeuwden: "Het is een dolle hond, dood hem, dood hem!" Een paar mensen renden weg tot ze op veilige afstand waren.

Ik schreeuwde: "Niet rennen, niet weglopen! Maak je geen zorgen! Amma zorgt voor ons!" Maar omdat ik bang was voor mijn eigen veiligheid, was ik een van de mensen die wegrende en ik ging door met rennen zover ik kon.

Toen Amma het rumoer hoorde, kwam Ze uit Haar hut. Ogenblikkelijk realiseerde Ze wat er gebeurde. Ze liep naar de hond toe en riep hem: "Mon, mon!" wat betekent: "Mijn zoon, mijn zoon!"

Sommigen van ons schreeuwden naar Amma: "Ga alstublieft weg, Amma. Deze hond is dol. Hij zal U bijten." Amma sloeg geen acht op onze waarschuwingen. Amma liep verder naar de hond. Tegen onze verwachtingen in stond de hond als verlamd stil. Amma begon de hond te strelen. Ze vroeg om wat eten uit de keuken te brengen. Degene die het voedsel bracht was bang om dicht bij de hond te komen. Hij bracht het voedsel en reikte het vanaf een afstand Amma aan. Amma nam het voedsel aan en gaf de hond met Haar eigen handen te eten. Toen at Ze het overgebleven voedsel op dat doordrenkt was met het speeksel van de hond.

Wij schrokken allemaal toen we keken naar wat Amma deed. We waren bang dat Amma met hondsdolheid besmet zou worden. Amma negeerde onze waarschuwingen en bezorgdheid. We drongen er allemaal op aan dat Ze een rabiësinenting zou krijgen, maar Ze wilde er niets van weten. Tot onze verbazing gebeurde er niets met Amma, hoewel de hond binnen een paar minuten stierf, wat duidelijk bewees dat hij hondsdol was.

Ik was helemaal overweldigd door wat ik zag. Ik was heel nieuwsgierig waarom Amma de etensrestjes van de hond opgegeten had. Toen ik Haar hiernaar vroeg, kreeg ik tranen in mijn ogen van Haar antwoord. Ze zei dat Ze door het overgebleven voedsel van de hond te eten aan het resterende karma van de hond voor eens en altijd een einde maakte—Zij nam het op zich. Zo was de ziel van de hond bevrijd van toekomstige levens. De dolle hond had Amma's liefde kunnen voelen en bleef rustig staan.

Zelfs onze zogenaamde vrienden en familie kunnen niet van ons houden zoals Amma. Amma legt uit: "Als we honderd goede dingen doen en één ding verkeerd, zullen de mensen ons de rug toekeren. Maar Amma zal je accepteren zelfs als je honderd slechte dingen doet en helemaal niets goeds."

Om de beperkte liefde van onze vrienden en verwanten te illustreren is er een verhaal over twee rugzaktrekkers die hele dikke vrienden zijn. Als ze aan het trekken zijn, zien ze een enorme beer die op het punt staat hen aan te vallen. Eén trekker opent snel zijn rugzak en neemt er een paar hardloopschoenen uit. Wanneer hij zijn laarzen begint uit te trekken om zijn schoenen te verwisselen, zegt zijn makker: "Hé, je kunt nooit sneller lopen dan die beer. Wat heeft het voor zin om hardloopschoenen te dragen?" De trekker met de sportschoenen antwoordt: "Wie zegt dat ik sneller dan die beer moet zijn? Ik moet gewoon sneller lopen dan jij."

Dit is een voorbeeld van wereldse liefde. Wanneer ons leven in gevaar is, geven we niet meer om onze familie en vrienden. Niemand van ons is bereid om zijn leven te geven voor het leven van een stervende vriend.

Daarom zegt Amma: "Verwacht niets van de wereld en de mensen in de wereld omdat onbaatzuchtige liefde heel zeldzaam is." Verwachting leidt tot teleurstelling en frustratie. Onveranderlijke en zuivere liefde verwachten van een veranderlijke en egoïstische wereld is dwaas.

Vriendelijkheid

adveṣṭā sarva bhūtānāṁ maitraḥ karuṇa eva ca
nirmamo nirahaṁkāraḥ samaduḥkhasukhaḥ kṣamī

Vriendelijk en mededogend voor allen
en zonder een spoor van haat,
zonder hebzucht en verwaandheid,
altijd tevreden en contemplatief,

hetzelfde in geluk en ellende,
iemand met zulke eigenschappen is Mij dierbaar.

Bhagavad Gita, hoofdstuk 12, verse 13

Op een dag benaderde een nieuwe toegewijde Amma met een probleem. Ze zei tegen Amma: "Amma, U zegt altijd dat we van iedereen moeten houden. Helaas kan ik dat niet. Ik kan niemand van ganser harte liefhebben. Wat moet ik doen?"

Amma antwoordde rustig: "Dochter, maak je geen zorgen als je niet van iedereen kunt houden. Probeer in ieder geval geen haat tegen iemand te koesteren. Dat zal je langzaam naar de toestand leiden waarin je van iedereen houdt."

De toegewijde riep later uit: "Ik heb deze vraag aan veel mensen gesteld, zelfs aan enkele psychologen. Niemand kon mij een bevredigend en praktisch antwoord geven. Toen Amma mij Haar antwoord gaf, was mijn hart onmiddellijk bevrijd van een grote last."

"Maitri" of vriendelijkheid tegenover alle wezens is een belangrijk kenmerk van een echte toegewijde. We hebben al gezien dat een echte toegewijde tegenover geen enkel wezen in de wereld haat koestert. Door het woord "maitri" maakt Heer Krishna het duidelijk dat het kenmerk van een ware toegewijde niet alleen de afwezigheid van haat is, maar ook een positief en levendig gevoel van vriendelijkheid en broederschap tegenover alle wezens, want zo'n toegewijde ziet de Heer werkelijk in de hele schepping.

De *Srimad Bhagavatam*[3] zegt dat degene die de Heer alleen in de vorm van een beeld van de Heer aanbidt, een primitieve toegewijde is. Een echte toegewijde aanbidt en dient de Heer door

[3] De Srimad Bhagavatam beschrijft in detail het leven van de tien incarnaties van Heer Vishnu, vooral Krishna en zijn jeugdfratsen. Het benadrukt de superioriteit van devotie. Srimad betekent "gunstig, voorspoedig."

Hem in de hele schepping te zien. De vriendelijke instelling van een toegewijde tegenover alle wezens komt voort uit echte liefde. Het is spontaan en komt vanzelf in hem op.

Aan de andere kant is de vriendelijkheid die we gewoonlijk in de wereld zien, beïnvloed door voorkeur en afkeer en is gewoonlijk beperkt door overwegingen van kaste, geloof, rijkdom, maatschappelijke status, enzovoorts. Het is meestal gebaseerd op egoïsme en wederzijdse belangen. Gedachten aan persoonlijk voordeel zijn de motieven achter wereldse vriendelijkheid. Hoewel de meeste zakenlieden vriendelijk zijn en zich liefdevol gedragen tegenover hun klanten, is het alleen een uiterlijke show. Ze gedragen zich op deze manier omdat ze de opbrengst die ze van hun klanten zullen krijgen, voor ogen houden. Zodra ze denken dat er niet veel voordeel te behalen valt door vriendelijk te zijn tegenover een bepaalde klant, verslapt hun enthousiasme en alle vriendelijkheid verdwijnt.

Ik herinner me een verhaal dat de aard van het soort vriendschap, dat we gewoonlijk in de wereld zien, onthult. Een jongen kreeg eens een mand tomaten van zijn moeder, die hem vroeg om ze op de markt te verkopen. Zij vertelde hem ook de prijs waarvoor hij ze moest verkopen. Toen hij de tomaten verkocht, kwamen zijn vrienden die bij hem kopen en hij gaf ze een speciale korting. 's Avonds ging de jongen naar huis terug. Hij had een goede winst gemaakt. Zijn moeder, die erachter gekomen was dat haar zoon een speciale korting aan zijn vrienden gegeven had, vroeg hem: "Hoe heb je het klaar gespeeld om toch zoveel winst te maken?"

De jongen antwoordde: "Ik heb ze tomaten gegeven tegen een lagere prijs dan normaal omdat ze mijn vrienden zijn en ik, op mijn beurt, heb wat tomaten van de weegschaal genomen omdat ik hun vriend ben."

De vriendelijkheid die een toegewijde voor anderen voelt is universeel en niet aangetast door egoïstische overwegingen. In een van zijn gedichten werkt de Grote Meester Adi Sankaracharya[4] dit als volgt uit: "Shiva en Parvati zijn mijn ouders, alle toegewijden van de Heer mijn verwanten en de drie werelden mijn geboorteland." Tulsidas, die algemeen bekend is om zijn vertaling van de Ramayana in het Hindi, heeft ook gezegd: "Onder toegewijden zijn geen hoge en lage kasten. Een toegewijde van de Heer is werkelijk een brahmaan, zelfs als hij in een lage kaste geboren is." Er bestond een sterke vriendschap tussen de grote koning Rama en de bootjesman Guha. Heer Krishna, die in een koninklijk gezin geboren was, en Sudama, een arme brahmaan, waren ook dikke vrienden. Deze voorbeelden tonen ons dat de vriendelijkheid van Mahatma's bekrompen indelingen doorbreekt.

Een ware toegewijde van de Heer verspreidt alleen al door zijn aanwezigheid overal vibraties van liefde en vriendelijkheid. Die vriendelijkheid is niet beperkt tot mensen maar omhelst de hele schepping.

Een van de ashrams die Adi Sankaracharya opgericht heeft, ligt in Zuid India in een plaats die Sringeri heet, aan de oever van de rivier de Tunga. Er is een legende aan deze ashram verbonden. Op een keer kwam Adi Sankaracharya in Sringeri aan op één van zijn reizen door het hele land. Toen hij langs de oever van de rivier de Tunga liep, werd hij plotseling verrast door een ongebruikelijk schouwspel.

Een cobra gebruikte zijn uitgespreide schild om een drachtige kikker tegen de verzengende hitte van de zon te beschermen. Adi Sankaracharya ging onmiddellijk zitten mediteren om de oorzaak van dit verrassende schouwspel te begrijpen. Hij werd er zich van bewust dat er eens een groot heilige in die plaats gewoond had. De heilige hield van alle wezens. Hij hield van wilde dieren, slangen

---

[4] Adi Sankaracharya was een Mahatma die de superioriteit van de Advaita-filosofie van non-dualiteit opnieuw vestigde in een tijd dat Sanatana Dharma tanend was.

en vogels als van zijn eigen kinderen. Door de invloed van zijn heilige aanwezigheid verdween de vijandigheid tussen dieren die natuurlijke vijanden waren, en werd vervangen door een gevoel van liefde en vriendelijkheid. De grootheid van de rishi (heilige) was zodanig dat eeuwen later deze vriendelijkheid nog steeds de overhand had.

Hoe juist zijn de aforismen van de wijze Patanjali:

ahimsā pratiṣṭhāyām tat
saññidhau vairatyāgaḥ

In de aanwezigheid van iemand die in ahimsa (geweldloosheid) gevestigd is, verdwijnt alle vijandigheid.

Amma's leven is een lichtend voorbeeld van deze universele maitri. Als de belichaming van universeel moederschap is Ze volmaakt liefdevol voor iedereen: rijk en arm, jong en oud, ziek en gezond, absoluut zonder enig onderscheid. Amma's liefde is zo spontaan en natuurlijk dat iedereen het gevoel heeft dat Amma van hem of haar is. Niemand is een vreemdeling voor Haar. Zelfs de ergste zondaar en mensen met een hart van steen worden geraakt door Amma's alomvattende liefde en vriendelijkheid.

Een paar jaar geleden werd er een festival gehouden in een beroemde tempel in Kerala. Plotseling brak er een gevecht uit tussen twee groepen mensen en het hele tempelgebouw en terrein werd één groot slagveld. Er werd een avondklok ingesteld. De politie moest komen en de menigte met geweld verdrijven. Bij dat gebeuren raakten vele mensen gewond.

Er was één oudere politieagent bij die erg hardhandig en agressief was. Hij sloeg veel mensen genadeloos. Bij een latere gelegenheid was hij in functie voor de veiligheid tijdens de inauguratie van het Amrita Instituut voor Medische Wetenschappen en Researchcentrum (AIMS), Amma's ziekenhuis in Kochi,

Kerala. Omdat de minister-president van India, de gouverneur van Kerala en vele andere hoogwaardigheidsbekleders die gebeurtenis bijwoonden, waren er uitgebreide veiligheidsmaatregelen van kracht. Deze politieagent had Amma nooit persoonlijk ontmoet en hij was ook geen toegewijde. Hij was daar gewoon in functie.

Zodra hij Amma zag, vergat hij alle protocol. Hij wierp zijn pet weg, trok zijn schoenen uit en viel aan Amma's voeten. Gewoonlijk doet een politieagent zoiets niet in de aanwezigheid van zijn meerderen zonder hun toestemming te krijgen. Deze man week helemaal van het protocol af. Zo sterk was de invloed van Amma's aanwezigheid op hem. Hij had geen spirituele achtergrond en stond algemeen bekend om zijn wrede gedrag. Als zo'n bikkelharde politieman Amma's liefde en mededogen op het eerste gezicht kan voelen en een verandering kan ondergaan, moet het voor ons makkelijker zijn.

Amma's liefde is niet beperkt tot mensen, maar omvat alle levende wezens. Tijdens de periode van Haar intensieve sadhana (spirituele oefening) zochten honden, katten, koeien, geiten, slangen, eekhoorns en vogels allemaal Haar gezelschap en werden Haar intieme vrienden. In de tijd dat Amma's eigen vrienden en verwanten Haar in de steek gelaten hadden en vierkant tegen Haar spirituele leven waren, waren het deze dieren die Haar, ongeacht het weer, altijd trouw bleven en Haar hun diensten aanboden.

Wanneer Amma honger had, bracht een hond Haar iets te eten of de adelaars lieten vis vallen op de plaats waar Zij zat. Op een dag na een lange meditatie had Amma veel dorst. Toen Zij Haar ogen opendeed, stond er een koe naast Haar in zo'n positie dat Ze gemakkelijk melk uit haar uiers kon drinken. Men had de koe weg zien lopen van een huis op een afstand van ongeveer zes kilometer. Als Amma in langdurige samadhi[5] was, kronkelden

---

[5] Een transcendente toestand waarin men alle besef van individuele identiteit verliest.

slangen zich om Haar lichaam om Haar bewustzijn terug te brengen naar het normale niveau. Wanneer Amma bewusteloos neerviel als ze vurig tot Devi bad, wreef een hond zich tegen Haar lichaam en likte Haar gezicht en ledematen om Haar weer tot leven te brengen.

Wanneer men Amma naar zulke voorvallen vroeg, zei Ze: "Wanneer je vrij van alle gehechtheid en afkeer bent en een gelijkmatige visie verkrijgt, dan zullen zelfs vijandige dieren vriendelijk tegen je zijn."

Ook tegenwoordig zien we vaak dieren en vogels die hun gevoelens van vriendschap en intimiteit met Amma tonen.

Amma's alomvattende maitri en totale identificatie met de hele schepping wordt duidelijk gedemonstreerd door Haar uitspraak tot Haar kinderen: "Echt van Amma houden is evenveel houden van alle wezens in de wereld."

Waarheid tegenover liefde

Veel dorpen in de buurt van de ashram hebben veel overtuigde communisten en atheïsten. Zij wilden absoluut niet dat er een ashram in de buurt kwam. In de begintijd van de ashram deden ze hun uiterste best om hem op iedere mogelijke manier te gronde te richten. Ze kwamen in een groep en protesteerden, schreeuwden slogans en wierpen soms zelfs stenen de ashram in. Er was één zo'n incident waarbij er een klein groepje herrieschoppers kwam en stenen naar het ashramgebouw begon te gooien. Wij waren erg kwaad en wilden met hen vechten, maar Amma zei: "Nee, nee, houd je rustig. Alles komt in orde."

Maar toen een brahmachari door een kleine steen geraakt werd, werd Amma kwaad. Het deed Haar hart pijn om te zien dat deze onschuldige jongen, die zijn toevlucht aan Haar voeten had gezocht, iets kwaads zonder reden overkwam.

In de grote Mahabharata-oorlog vond een interessant voorval van een conflict tussen waarheid en liefde plaats. Bhishma, de krachtige militaire bevelvoerder van de Kaurava's, was een groot toegewijde van Krishna. Omstandigheden dwongen hem tegen Arjuna te vechten die ook aan Krishna toegewijd was en onder de bescherming van de Heer stond. Krishna had verklaard dat Hij in de oorlog geen wapens op zou nemen maar alleen de wagenmenner van Arjuna zou zijn. Toen Bhishma de gelofte van de Heer hoorde, legde hij een andere gelofte af. Hij zwoer dat hij de Heer de wapens zou laten opnemen. Dus vocht hij heftig met Arjuna en Krishna. Toen Bhishma pijlen op Krishna afschoot, stoorde Hem dat helemaal niet. Hij verdroeg de wonden met een lieve glimlach. Toen Bhishma de Heer niet kon verleiden om de wapens voor een gevecht op te nemen, veranderde hij zijn strategie. Hij begon een regen van pijlen op Arjuna af te schieten die, hoewel hij een krachtige strijder was, niet op kon tegen de bekwaamheid en ervaring van de oude bevelvoerder.

Toen Arjuna niet in staat was om zich te beschermen tegen de regen van pijlen, zocht hij bescherming bij Krishna. Nu kon Krishna niet langer een getuige blijven. De Heer, die de belichaming van Waarheid is, was bereid om Zijn gelofte te verbreken. Krishna sprong van de strijdwagen en viel Bhishma met Zijn wapen aan. Bhishma was blij de kwade stemming van de Heer te zien die bereid was zich de schande en slechte naam van het breken van Zijn eigen gelofte op de hals te halen om de ene toegewijde te helpen zich aan zijn gelofte te houden en om het leven van de andere te redden. Zodra Krishna naar Bhishma begon te rennen, liet Bhishma al zijn wapens vallen en knielde voor Krishna. De liefde van een Meester voor Zijn leerling is zo groot dat de Meester alles zal doen om de leerling te redden. Op dezelfde manier kan het Amma niets schelen wanneer iemand Haar pijn doet, maar wanneer Amma's toegewijden kwaad gedaan wordt, kan Amma het niet tolereren.

Hetzelfde gebeurde in het geval van de stenen gooiende vijand van de ashram. Binnen enkele dagen na het incident werd het huis van die man volledig door de bliksem vernield. Hij moest voor zijn levensonderhoud verhuizen. Het is niet zo dat Amma die mensen schade toebrengt, Ze laat hen gewoon hun karma ervaren. Hun ego en kwade wil houden Amma's genade tegen. Zo heeft hun karma zijn eigen beloop. Ze lijden door hun eigen daden. Amma legt uit: "Ik straf nooit iemand. Als ik uitgescholden of getreiterd word, kan me dat niets schelen, maar wanneer een toegewijde zo'n mishandeling ondergaat, zal zelfs God het niet vergeven. Iedereen moet de vruchten van zijn eigen handelingen ervaren. Er is geen andere manier."

Er zijn mensen die zo egoïstisch, arrogant en verdorven zijn dat zij de grootheid van Mahatma's niet zullen toegeven of inzien. Dit is altijd zo geweest. Er waren mensen die tegen Rama, Krishna, Jezus en ook andere Meesters waren.

Maar er zijn ook honderdduizenden mensen die veranderd zijn door Amma's onvoorwaardelijke liefde en mededogen. Er was een pas getrouwd echtpaar dat naar de ashram kwam om bij Amma te verblijven. Iemand vroeg het stel: "Waarom willen jullie naar Amma toe? Jullie zijn pas getrouwd en zouden op huwelijksreis kunnen gaan."

Zij zeiden: "We willen Amma's liefde ervaren." Over het algemeen voelt een echtpaar de meeste liefde voor elkaar in de beginperiode van hun huwelijk en in de wittebroodsweken. Zelfs toen wilde dit echtpaar Amma's liefde ervaren. Er is dus iets verhevens, iets goddelijks in Amma's liefde dat niet geëvenaard kan worden door de liefde die we uit een andere bron krijgen. Daarom kan Amma's liefde zulke geweldige veranderingen in ons leven tot stand brengen. Zelfs de dieren en planten reageren op deze stralende zonneschijn van Haar liefde.

Een paar jaar geleden bood een toegewijde uit Chennai Amma een babyolifant aan. De olifant was pas anderhalf jaar oud toen hij naar de ashram kwam. Amma noemde hem Ram. De eerste weken huilde hij vaak, vooral 's nachts. Wanneer alle anderen diep in slaap waren, huilde Ram omdat hij zijn moeder miste. (Hij was al gescheiden van zijn moeder en het was onmogelijk om hem weer met haar te verenigen.) Zijn huilen maakte ons vaak wakker.

Op een nacht huilde hij meer dan gewoonlijk en hij at niet goed. Enkelen van ons stelden Amma hiervan op de hoogte. Amma zei: "Als hij blijft huilen, breng hem dan naar mij." Ram begon weer te huilen. Een van de brahmachari's die verantwoordelijk waren voor de verzorging van Ram, wilde Amma niet storen door Ram naar Haar toe te brengen, ook al had Amma hem opgedragen dit te doen. Toen Ram bleef huilen, kwam Amma uit Haar kamer en vroeg enkele brahmachari's om hem naar het plaatsje voor Haar kamer te brengen. Ram werd naar Amma gebracht en Zij begon liefdevol zijn slurf en voorhoofd te strelen. Ze voerde hem ook wat bananen en koekjes. Amma bleef hem vragen stellen zoals "Ram, ben je bedroefd? Vind je de ashram leuk? Mag je Amma graag? Mag je je broers en zussen hier?" Ze stelde zulke vragen alsof Ram die kon begrijpen. Amma bleef hem minstens een half uur met veel liefde en zorg strelen. Toen zei Ze de brahmachari's dat ze Ram moesten vastmaken aan de boom die naast Haar kamer stond.

Het leek erop dat Amma's liefde en affectie hem zo gelukkig maakten dat hij niet langer zijn eigen moeder miste. Hij huilde nog een paar nachten, maar dan vroeg Amma om hem naar Haar toe te brengen en bracht wat tijd met hem door, waarbij Ze hem aaide en te eten gaf. Na een paar dagen hield hij helemaal op met huilen. Ik weet zeker dat hij de liefde en aanwezigheid van zijn eigen moeder door Amma voelde.

Nu is Ram bijna vier jaar oud. Na de avondbhajans neemt Amma regelmatig wat tijd om met hem te spelen, hem eten te geven en met hem te praten. Als Amma dat niet doet, wordt Ram erg bedroefd. Soms is hij ondeugend en kunnen de mahoets (verzorgers) hem niet tot bedaren brengen, maar Amma kan hem altijd tot rust brengen.

Subtiele gevoeligheid

Wanneer negatieve eigenschappen in mensen toenemen, zullen hun activiteiten vanzelfsprekend schadelijk zijn voor de universele harmonie. Wanneer deze harmonie verstoord wordt, kunnen er zich rampen voordoen.

Wij kunnen deze disharmonie niet voelen omdat onze geest niet subtiel genoeg is. Maar we kunnen de effecten herkennen. Aardbevingen, cyclonen, overstromingen en andere natuurrampen zijn allemaal symptomen van deze disharmonie. Vroeger was er meer harmonie en waren er minder rampen. Nu is de situatie anders. Natuurrampen zijn een veel voorkomende gebeurtenis geworden. Hoewel wij de disharmonie in de kosmos niet kunnen voelen, kunnen Mahatma's als Amma die wel voelen.

Toen Amma besloot een ashram in Madurai te bouwen, vroeg Ze mij naar land te zoeken om op te bouwen. Met de hulp van de plaatselijke toegewijden vond ik een naar mijn mening goed stuk land voor een goede prijs. Op de terugweg van Amma's programma's in Chennai (dat toen Madras heette) besloot Amma te stoppen en het land te zegenen zoals ik verzocht had. Maar toen ik Amma erheen bracht om het te zien, hief Ze Haar armen in de lucht en riep uit: "O God, het geld van mijn kinderen in Madurai zal in de modder wegzinken!" De andere toegewijden die aanwezig waren en ik waren geschokt toen we Amma's reactie hoorden. Mijn geest was niet subtiel genoeg om de negatieve vibraties daar te voelen, maar Amma kon het meteen voelen.

Na onderzoek kwamen we erachter dat niemand dit stuk land wilde. Daarom konden we het voor zo'n lage prijs kopen. Het land lag direct naast een van de belangrijkste verkeerswegen in Tamil Nadu. Juist dat stuk van de weg was berucht om het abnormaal hoge aantal dodelijke ongelukken dat er gebeurde. Frontale botsingen en gekantelde auto's waren gewoon. Bussen waren daar zelfs gekanteld en veel mensen hadden het leven verloren. Bovendien hadden verscheidene mensen zich aan een bepaalde boom daar dichtbij opgehangen.

Vanaf het begin werd de bouw getroffen door geheimzinnige moeilijkheden. Op een keer vatte de tent vlam waarin de hele cement- en verfvoorraad stond en de hele voorraad ging verloren. Vele malen ontdekten we dat een muur of een ander onderdeel niet volgens het ontwerp gebouwd was. Het moest dan afgebroken en opnieuw gebouwd worden. Hele arbeidersploegen gingen ervandoor na slechts een week werken en zeiden eenvoudig dat ze niet naar die plaats terug wilden keren. We hadden deze problemen nooit ervaren bij de bouw van een andere ashram. Gewoonlijk hadden we zes maanden nodig om een dochterashram te bouwen. Voor de ashram in Madurai was drie jaar nodig en hij kostte drie keer zoveel. Amma's voorspelling was 100% correct.

Na drie jaar bouwen zei Amma dat Ze de tempel in wilde wijden, ook al was het werk niet af. Nadat Amma de tempel ingewijd had, verliep de rest van de bouw zonder problemen en sindsdien zijn er geen problemen meer geweest. Het eens beruchte stuk weg langs de ashram is nu bekend om een andere reden: er is geen enkel ongeluk meer gebeurd in dezelfde bocht waar zoveel dodelijke ongelukken plaatsvonden. De boom in de buurt waar mensen zich aan opgehangen hadden, waaide in een storm om.

De eens lege en verlaten omgeving staat nu vol huizen, winkels en andere ondernemingen. Door Haar sankalpa (goddelijk besluit) veranderde Amma een vloek in een zegen. Iemand vroeg Amma waarom Ze zo'n vervloekte en ongewenste plek gekozen had om Haar tempel te bouwen. Amma antwoordde dat Ze zulke plaatsen kiest, opdat de negatieve vibraties op die plaats omgezet kunnen worden in positieve vibraties.

Het zijn niet alleen negatieve vibraties waar Amma zo gevoelig voor is. Eens vroegen we Amma om ons mee te nemen naar Tiruvannamalai, een heilige graftombe in Tamil Nadu. In het busje op weg daarheen vertelde Amma grappen en verhalen. Eén brahmachari viel in slaap en Amma goot wat water in zijn mond en stopte iets in zijn neus. Zo was Ze met ons aan het spelen toen het voertuig door een dorp reed. Plotseling werd Ze heel serieus. Ze sloot Haar ogen en hield Haar handen in mudra's (gebaren met een spirituele betekenis). Ongeveer tien of vijftien minuten zat Ze in een meditatieve stemming. Iedereen was stil. Toen opende Ze Haar ogen en begon na een paar minuten weer te praten. We wisten niet waarom Ze dit gedaan had. Kort daarop stopten we voor de thee. Sommige mensen, die langs de kant van de weg stonden en onze groep in witte kleren en met lang haar en baard voorbij zagen komen, vroegen ons of we van de ashram van een swami in een dorp vlakbij waren. We hadden nog nooit van die swami gehoord.

Sommigen van ons werden nieuwsgierig naar die swami en informeerden naar hem en zijn ashram. Ze zeiden dat ongeveer dertig kilometer van het dorp waar we waren een avadhuta[6] woonde, die er als een bedelaar uitzag en in eenzaamheid woonde en nauwelijks praatte behalve om vreemde woorden en geluiden te uiten. Toen herinnerden wij ons dat dat bijna dezelfde plaats

---

[6] Een heilige wiens gedrag niet conform de sociale normen is.

was waar Amma plotseling in een meditatieve stemming was overgegaan.

Later zei Amma dat Ze sterke vibraties van compassie rond die plaats gevoeld had.

Deze voorvallen laten ons zien hoe gevoelig Amma is. Ik was niet in staat geweest om de negatieve vibraties van het land dat ik gekozen had te voelen, noch de positieve vibraties die van de avadhuta en zijn ashram kwamen. Maar Amma ervoer allebei zonder dat Haar iets over die plaatsen verteld was. Op dezelfde manier kent Amma iedere verstoring in de wereld. Ze kan alles in het universum voelen en waarnemen zonder daar fysiek te zijn.

Hoofdstuk 5

Het belang van een Guru

Waarom we een Guru nodig hebben

Hoewel de wind overal waait,
genieten we alleen van koelte
in de schaduw van een boom.
Op dezelfde manier is een Guru
noodzakelijk voor ons,
die leven in de verzengende hitte
van het wereldse bestaan.

Amma

Veel mensen vragen zich af waarom we eigenlijk een guru nodig hebben. Zelfs als we zoiets simpels als het alfabet willen leren, hebben we de hulp van een leraar nodig. Als we een leraar nodig hebben om slechts 26 symbolen te leren, wat als we dan het gecompliceerde spirituele leven meester willen worden?

Neem het voorbeeld van iemand die naar een plaats reist waar hij nooit eerder is geweest. Hij heeft misschien een wegenkaart om de bestemming te bereiken, maar de wegen op de route kunnen in een slechte conditie zijn, er kan een gedeelte zijn dat vaak door struikrovers bezocht wordt, er kan een omleiding zijn of er kunnen wilde beesten zijn. Zulke details staan niet op de kaart aangegeven. Om de bestemming veilig te bereiken heeft onze reiziger de leiding nodig van iemand die deze weg al begaan heeft.

Op dezelfde manier hebben wij om op het spirituele pad te reizen een gids nodig die het doel kent, die alle kronkels, bochten en valkuilen onderweg kent en die onze sterke en zwakke punten kent. In Amma hebben we de hoogste gids op het spirituele pad. Ze weet niet alleen de weg, Ze is bereid om naast ons te lopen, onze hand bij iedere stap op de weg vast te houden en het pad vóór ons te verlichten.

Spirituele oefeningen kunnen met een tonicum vergeleken worden. Als we het in de juiste dosis innemen, zal het goed voor onze gezondheid zijn. Maar als we te veel nemen, kan het onverwachte problemen veroorzaken. Op dezelfde manier zullen spirituele oefeningen, die op de juiste manier en in de juiste verhouding tot onze constitutie gedaan worden, onze mentale en fysieke gezondheid versterken. Maar als we ze te veel doen, kan dat tot problemen leiden. Alleen een Satguru kan goed beoordelen wat het beste spirituele voorschrift voor iedereen is.

Een vrouw die veel te dik was kocht een boek over vermageren. Het boek suggereerde verschillende soorten medicijnen. Ze nam er een waarvoor de gebruiksaanwijzing was: "Neem één pil, sla dan een dag over, neem er de dag daarop weer één, sla een dag over. Ga zes maanden door."

Na slechts drie maanden was de vrouw al 45 kilo kwijt. Maar ze had hoofdpijn gekregen, spierzwakte en dehydratie. Dit verontrustte haar en ze besloot uiteindelijk naar een dokter te gaan. De dokter was geschokt toen hij hoorde hoeveel zij afgevallen was in zo'n korte tijd. "Het is duidelijk dat de behandeling werkt," zei hij. "Maar misschien zijn deze symptomen neveneffecten van de pillen die u neemt."

"O nee, de pillen zijn prima," zei de vrouw. "Het is het overslaan dat fataal is!"

We kunnen ook het belang van een Guru zien door te kijken naar het leven van Avatars[7] zoals Rama en Krishna. Hoewel zij geboren werden met de kennis van het Allerhoogste en als zodanig geen Guru nodig hadden, werden zij leerling om de wereld de grootheid van de Guru te laten zien.

De betekenis van "Guru"

De Veda's, de oudste teksten en meest subtiele spirituele rijkdom van de mensheid, beginnen met de aanroeping van vuur: *"Agnimile purohitam..."* Het woord "agni" (vuur) in dat vers verwijst naar het zuivere Bewustzijn dat alles verlicht. Het vertegenwoordigt ook de Guru omdat de lettergreep "gu" duisternis betekent en "ru" verwijderen. Het woord Guru heeft dus de betekenis "vuur dat de duisternis binnenin verdrijft." De duisternis van binnen is de duisternis van onwetendheid.

Ik heb Amma ook horen zeggen dat gerealiseerde zielen het karma van anderen op zich kunnen nemen en het verbranden in het vuur van hun eigen Zelfkennis.

"Guru" heeft nog een andere prachtige betekenis: "zwaar." Niet zwaar in gewicht, want als dat zo zou zijn, zouden er veel mensen geschikt zijn om Guru te zijn. Een echte meester is zwaar door Zijn spirituele glorie en grootheid. In de Indiase astrologie wordt de grootste en zwaarste planeet, Jupiter, de Guru-planeet genoemd. Hoewel Heer Krishna slechts een koeienherder was, werd Hij als de universele Guru beschouwd vanwege Zijn spirituele grootheid. In de *Srimad Bhagavatam* wordt verteld dat slechts zeven mensen tijdens Krishna's leven echt wisten wie Hij was. Pas na hun leven werden vele groten zoals Krishna, Rama en Jezus algemeen geaccepteerd als Avatar. We moeten inzien hoeveel geluk

---

[7] Goddelijke incarnaties die naar de wereld terugkomen alleen om anderen te helpen.

we hebben dat we weten dat onze Amma goddelijk is, terwijl Ze nog in het lichaam is. Het getuigt van Amma's mededogen dat Ze zo velen van ons Haar goddelijkheid en grootheid laat ervaren.

De meesten van ons kunnen zeggen dat we veel prachtige ervaringen met Amma gehad hebben. Maar als een van onze verlangens niet verwezenlijkt wordt, vergeten we al onze vorige ervaringen. Als Amma geen antwoord lijkt te geven wanneer wij onze devotie tonen, denken we soms dat Amma niets meer om ons geeft of dat Ze onze liefde voor Haar niet kent. In feite wil Amma dat we ons vertrouwen en onze innerlijke kracht ontwikkelen. Ze kan niet voor altijd blijven inspelen op onze grillen en voorkeuren. Amma zegt: "Steeds wanneer je twijfels hebt, denk dan aan je eerdere ervaringen met de Guru en herinner je de manier waarop je de grootheid en compassie van de Guru ervaren hebt. Denk aan die ervaringen en probeer je vertrouwen te versterken." Door zulke ervaringen en voorvallen vast te houden moeten we proberen op het spirituele pad vooruit te gaan.

Een bron van spiritueel begrip

De wetenschap en techniek hebben een enorme invloed op ons leven. De uitvindingen, apparaten en het comfort waarvan we vandaag de dag genieten, kon men zich enkele tientallen jaren geleden niet eens voorstellen. Maar de rusteloosheid en ellende van de menselijke geest is ook naar verhouding toegenomen.

Statistieken tonen aan dat ieder jaar duizenden mensen zelfmoord plegen. Dit is geen klein aantal. De mensen weten niet hoe ze voldoening in het leven moeten vinden. Ze proberen troost te zoeken in materieel bezit, relaties, vermaak, alcohol en drugs, enzovoorts en wanneer dit allemaal niet lukt, plegen sommigen zelfmoord. Voor zulke mensen is het leven ellendig omdat ze nergens blijvend geluk kunnen vinden. Nu is de levensstandaard in veel delen van de wereld omhooggegaan, maar hoe zit het met de kwaliteit van het leven? De toename van zelfmoord, misdaad en rellen is een symptoom van de achteruitgang in psychologisch welzijn.

Twee generaties geleden waren zelfmoord, drugverslaving en psychiatrische problemen veel minder algemeen. Geloof in God of een goddelijke kracht die ons leven leidt was veel gangbaarder. Dat geloof in God en de daaruit voortvloeiende verbintenis aan een op waarden gebaseerd leven hielpen die vorige generaties om tegenslagen te overwinnen en evenwicht te vinden.

Wanneer we gelukkig, rijk en gezond zijn, denken we dat we God niet nodig hebben. Die zienswijze is verkeerd. God is geen EHBO-kist. Denken aan God is noodzakelijk voor ons mentaal en emotioneel welzijn. Dit principe wordt weergegeven door de rust en het geluk die we al kunnen voelen na slechts een beetje spirituele oefening.

Amma zegt dat het leven een mengsel van vreugde en pijn is en dat spiritualiteit ons leert om onder alle omstandigheden gelijkmoedig te blijven. Alleen dan kunnen we een vredig leven leiden. Zonder spiritualiteit die onze gedachten en daden leidt, kan ieder probleempje ons diep raken. Wat kunnen we doen om niet beïnvloed te worden? Amma geeft een voorbeeld:

Er is een plaats waar mensen vuurwerk afschieten. Als iemand die dit weet toevallig door dat gebied loopt, zal hij niet schrikken van het geluid van een explosie. Aan de andere kant zal iemand die niet weet wat er gebeurt en er niet op voorbereid is, geschokt worden wanneer het vuurwerk plotseling vlakbij afgaat. Op dezelfde manier zal iemand die de aard van de wereld begrijpt, niet geschokt worden door plotselinge calamiteiten.

Voor alles in het leven is een spirituele basis nodig. Mededogen, liefde en onbaatzuchtigheid moeten er in alle relaties zijn. Tenzij mensen een innerlijke grondslag van spiritualiteit en de daarmee verbonden waarden hebben, kunnen ze geen liefdevolle relatie handhaven. In de moderne tijd vallen zoveel huwelijken uiteen. Wat zou het een verschil maken als iedere man en vrouw elkaars fouten zouden vergeven en vergeten.

Wanneer iemand naar een therapeut of psychiater gaat voor een probleem als depressie, zal de deskundige de patiënt adviseren om zich te ontspannen en positief denken, meditatie, enzovoorts te beoefenen om de depressie te boven te komen. Sommige psychiaters verwijzen niet naar de behandeling als meditatie maar gebruiken een andere naam zoals "creatieve visualisatie."

Zoals heiligen en wijzen duizenden jaren lang gezegd hebben, kunnen we door ons tot God te wenden en spirituele oefeningen te verrichten waarden ontwikkelen die ons innerlijke rust geven ondanks onze complexe en veranderlijke wereld. Men hoeft alleen het advies van de Meesters op te volgen om depressie te voorkomen en te vermijden dat men een psychiatrische patiënt wordt.

Een voorbeeld van onbaatzuchtige liefde

De geschriften zeggen: "*Atmanastu kamaya sarvam priyam bhavati*," wat betekent: "Het is voor ons eigen geluk dat we van voorwerpen en andere mensen houden." We houden van andere mensen en voorwerpen zolang zij ons gelukkig maken. De betreurenswaardige grond voor deze waarheid is dat we meer van onszelf houden dan van anderen. Bijna iedereen zoekt naar liefde terwijl er heel weinig mensen bereid zijn om liefde te geven zonder iets terug te verwachten. Als we iets verwachten wanneer we onze liefde geven, kunnen we het geen zuivere liefde noemen. Het is eerder een zakelijke transactie gemotiveerd door voordeel. Dit is jammer omdat liefde geen consumptieartikel is met een bepaalde marktwaarde. Wat er in naam van de liefde verhandeld wordt, is helemaal geen liefde. Het is als een plastic vrucht die leuk is om te zien, maar die ons lichaam en onze ziel niet kan voeden.

Een man die ongelukkig is denkt dat hij vreugde zal vinden als hij trouwt, en een vrouw gelooft dat haar verdriet zal verdwijnen als ze trouwt. Dus de ene ongelukkige persoon trouwt met de andere. Er zullen gewoon twee ongelukkige mensen zijn die samenleven. Ze kunnen een beperkte tijd gelukkig zijn, maar er zullen problemen opduiken.

Veel echtparen maken ruzie en gaan uit elkaar. In het begin hielden ze zoveel van elkaar. Tijdens de wittebroodsweken zeggen ze allebei: "Ik kan zelfs geen moment zonder je leven." Na een paar jaar is het gevoel omgekeerd: "Ik kan zelfs geen moment met je leven."

Dit is de aard van wereldse liefde. Die is altijd gebaseerd op verwachtingen en wanneer die verwachtingen niet uitkomen, houdt de liefde op. Hij kan zelfs in haat omslaan. Onvoorwaardelijke liefde is wat we allemaal willen, maar we krijgen slechts voorwaardelijke liefde. De man en vrouw houden in het begin van elkaar, maar uiteindelijk bekoelt de liefde omdat hij op egoïstische motieven gebaseerd was. Als de aantrekkelijkheid van het nieuwe eraf is, ontdekken beiden dat ze niet tevreden zijn met de liefde die zij van de ander krijgen.

Amma zegt altijd: "Wanneer er wederzijdse liefde, begrip en vertrouwen zijn, zullen onze problemen en zorgen minder worden. Wanneer deze eigenschappen afwezig zijn, zullen de problemen toenemen. Liefde is de basis van een gelukkig leven. Bewust of onbewust slaan we geen acht op deze waarheid. Zoals ons lichaam goed voedsel nodig heeft om te leven en groeien, heeft onze ziel liefde nodig om goed te groeien. De kracht en voeding die liefde aan onze ziel kan geven, zijn zelfs krachtiger dan de voedingskracht van moedermelk voor een baby."

Amma zegt dat we van anderen moeten houden, maar dat we er niets voor terug moeten verwachten, en dat we naar dat doel toe moeten werken. We kunnen deze onbaatzuchtige liefde in een gerealiseerde Meester zien. Zo iemand verwacht van niemand iets.

Helende aanwezigheid

We kunnen veel problemen in ons persoonlijke leven hebben, maar wanneer we in de aanwezigheid van een Satguru als Amma zijn, komen we tot rust en smelten onze zorgen weg. Ik heb veel mensen met vragen en twijfels naar Amma zien komen, maar zodra zij in Haar schoot rusten of door Haar worden omhelsd, verdwijnt alles uit hun gedachten. Na de darshan realiseren zij zich dat ze vergeten hebben hun vragen te stellen. Ze ervaren vaak dat hun eens zo cruciale problemen hen helemaal niet meer storen. Op een bepaald niveau heeft er een verandering plaatsgevonden. Dat is de weldaad van Amma's aanwezigheid.

Toen Amma in 1993 in Chicago was voor het Eeuwfeest van het Parlement van Wereldreligies, werd Haar gevraagd om de slotgebeden en boodschap te geven. De toegewijden brachten de auto dicht bij de deur naar het podium zodat Amma zo snel mogelijk naar de auto kon gaan wanneer de plechtigheid voorbij was. Anders zouden de mensen zich om haar heen verdringen. Omdat de Dalai Lama en enkele andere belangrijke beroemdheden ook bij Amma op het podium waren, waren er strenge veiligheidsmaatregelen getroffen. Daarom was het moeilijk om toestemming te krijgen om de auto bij de deur naar het podium te parkeren. Amma beëindigde Haar gebed en boodschap en liep door de podiumdeur naar de auto toen ze een veiligheidsagent met een toegewijde zag argumenteren. Het hoofd van de veiligheidsagent was rood van woede en zijn stem werd steeds luider. Amma liep recht op de agent af, streelde hem over zijn borst en gaf hem een omhelzing. Hij was helemaal verrast door deze onverwachte, liefdevolle en kalmerende omhelzing.

De bewaker, die erop gestaan had dat ze om veiligheids-redenen de auto moesten verplaatsen en Amma alleen door de aangewezen uitgang moesten laten gaan en niet door een andere deur, begeleidde Amma nu naar de auto en opende de deur voor Haar. Slechts één aanraking was genoeg om hem te veranderen. Toen Amma het jaar daarop naar Chicago kwam, stond hij voor-aan in de darshanrij.

Wanneer een bloem in volle bloei staat, ontvangt iedereen die erlangs loopt de gift van de geur van die bloem. Op dezelfde manier stroomt Amma over van liefde, mededogen en genade. Iedereen die dichtbij Haar komt, zal daar vanzelf baat bij vinden.

Eens bezocht ik het huis van één van Amma's toegewijden. Er was een tienermeisje in dat huis van wie de kamer vol met obscene foto's hing. Haar ouders waren trouwe toegewijden van Amma, maar het meisje weigerde Amma te ontmoeten. De moeder van het meisje was hierover erg verdrietig. Het jaar daarop knielde ditzelfde meisje voor Amma en huilde tranen met tuiten. Zodra ze weer thuis was, verwijderde ze alle obscene foto's uit haar kamer. Toen ik niet lang daarna hun huis bezocht, zag ik slechts twee foto's in de kamer van het meisje. De een was een foto van Amma en de ander was een foto van het meisje met Amma. Niemand had haar ooit gezegd dat ze de andere foto's moest verwijderen. Ze deed het uit zichzelf.

Het overwinnen van onze voorkeur en afkeer en negatieve neigingen is erg moeilijk, maar in de aanwezigheid van een Grote Meester als Amma wordt het veel gemakkelijker. Het kan zelfs spontaan gebeuren.

Een uitdrukking van Gods mededogen

na me pārthā'sti kartavyaṁ triṣu lokeṣu kiṁcana
nā'navāptam avāptavyaṁ varta eva ca karmaṇi

Ik heb geen plicht te vervullen,
noch is er iets in de drie werelden
dat niet verkregen is
en dat verkregen moet worden,
en toch ben ik actief bezig.

Bhagavad Gita, hoofdstuk 3, vers 22

Amma zegt dat Mahatma's de dragers van Gods mededogen zijn en de voertuigen van Gods genade. Sommige geschriften zeggen zelfs dat Mahatma's meedogender zijn dan God, omdat zij uitsluitend naar de wereld komen om ons te helpen en te verheffen. Zij hebben al bereikt wat er in het menselijk leven bereikt hoort te worden. Ze zijn volledig en compleet. Zij willen niets dan geven. Zij zouden voortdurend in een toestand van oneindige gelukzaligheid kunnen verkeren, maar in plaats daarvan besluiten zij die toestand van gelukzaligheid te verlaten en naar ons niveau van bewustzijn af te dalen om ons te helpen.

Amma zegt: "Mijn enige doel is Mijn kinderen gelukkig te maken in dit leven en in alle toekomstige levens." Amma luistert naar de problemen van duizenden mensen, dag en nacht. Ze heeft dit de afgelopen dertig jaar gedaan. Tot nu toe heeft Amma persoonlijk meer dan dertig miljoen mensen ontmoet, omhelsd en naar hun problemen en moeilijkheden geluisterd. We hoeven geen ander voorbeeld te noemen om de omvang van Haar mededogen te bewijzen. Amma hoeft dit niet te doen. Ze doet het voor ons.

Hoewel Amma nooit om zichzelf bedroefd is, is Ze bedroefd en verdrietig wanneer Haar toegewijden bedroefd zijn. Ze is zo hard als een diamant, maar wanneer het Haar kinderen betreft is Ze zo teer als een bloem. Ons verdriet wordt in Haar geest weerspiegeld en Ze wordt daardoor geraakt. Amma's leven is alleen maar voor degenen die Haar hulp zoeken.

Als we met ons hele hart tot Amma bidden, zal Zij voor alles zorgen. Veel problemen zullen opgelost worden en we zullen de kracht en moed krijgen om degene die overblijven te accepteren en aan te pakken. Wanneer je bij een Mahatma komt, lijken de complicaties van het leven eenvoudiger te worden.

Er was in India een echtpaar dat slechts één zoon had. De ouders waren zeer religieus en ze adviseerden hun zoon tot God te bidden, maar hij schonk nooit aandacht aan hun woorden. Hij had in zijn leven nooit tot God gebeden. Op een dag werd hem een baan in het Midden-Oosten aangeboden en hij besloot om die aan te nemen. Zijn ouders, die aan Amma toegewijd waren, vroegen hem om naar Amma te gaan voordat hij vertrok, omdat hij naar een ver land ging en pas na twee of drie jaar terug zou keren. Ze vroegen hem om al zijn documenten mee te nemen naar de ashram zodat Amma ze kon zegenen. Omdat hij niet ongehoorzaam aan zijn ouders wilde zijn en hen voor zijn vertrek niet van streek wilde maken, besloot hij naar Amma te gaan.

Hij ging de volgende dag naar de ashram met al zijn documenten: zijn paspoort, visum en aanstelling om die te laten zegenen. Toen hij naar de darshan ging, vroeg Amma hem: "Ga je deze baan aannemen?" De jongen zei "Ja." Amma zei daarna niets. Ze sloot Haar ogen even en zegende hem toen.

Op de terugweg naar huis reisde hij per bus. Hij was zo moe dat hij in slaap viel. Toen hij zijn ogen opendeed ontdekte hij dat zijn aktetas met zijn papieren verdwenen was. Hij was hevig geschrokken en kon het niet geloven. Spoedig veranderden deze gevoelens in totale woede. Zodra hij de bus uit was, rende hij als een gek naar huis. Hij sloeg zijn ouders bijna. Hij dacht dat zijn hele leven door hen kapotgemaakt was. Hij zei hun dat het hun fout was dat ze hem naar Amma gestuurd hadden, met als gevolg dat hij nu alles verloren had. Zijn ouders waren ook erg geschokt. Ze wisten niet wat ze hun zoon moesten antwoorden of hoe ze hem moesten troosten.

De volgende dag gingen de ouders naar Amma en vertelden Haar in tranen wat hun zoon de vorige dag overkomen was. Ze zeiden Amma ook dat ze gekomen waren buiten medeweten van hun zoon. Amma zei hun zich geen zorgen te maken en dat alles in orde zou komen. Niet lang daarna brak de Golfoorlog uit. Deze jongen en andere jongens die hij kende, hadden in Irak werk gekregen en sommige vrienden van hem waren daar al. Het gebouw waar hij gewerkt zou hebben, werd gebombardeerd. Veel mensen kwamen om en sommige vrienden van hem werden zwaar gewond.

Enige tijd later belde iemand van het plaatselijke politiebureau de jongen op om te zeggen dat ze zijn aktetas gevonden hadden. De dief scheen een betrekkelijk goed iemand geweest te zijn. Hij had het geld en wat andere kostbaarheden die nuttig voor hem waren meegenomen en liet de aktetas langs de kant van de weg bij het politiebureau achter zonder te knoeien met de reis- en andere documenten of ze te beschadigen. Iemand die deze achtergelaten aktetas vond gaf, die meteen bij de politie af.

Toen men Amma vertelde wat er gebeurd was, zei Ze: "Ik wist wat er zou gebeuren, maar als ik hem gevraagd zou hebben om het werk niet aan te nemen, zou hij niet naar Me geluisterd hebben. Als hij daarheen gegaan zou zijn om te werken, zou hij zeker zwaar gewond raken of zelfs omkomen. Dit was de enige manier om zijn leven te redden."

Later kreeg de jongen door Amma's genade een goede baan aangeboden, maar tegen die tijd wilde hij in de ashram gaan wonen. Daar hadden zijn ouders om gebeden.

Veel toegewijden van Amma hebben de ervaring dat Amma hen persoonlijk helpt. Natuurlijk zal Amma steeds reageren wanneer we oprecht tot Haar roepen. Wanneer we echt in de moeilijkheden zitten, zal onze roep tot God erg oprecht en van ganser harte zijn. Wanneer we gelukkig zijn en tot God bidden, kan ons gebed minder oprecht zijn. Wanneer we lijden, zal ons gebed tot God meer diepte en devotie hebben. God geeft ons soms problemen in het leven, zodat we niet vergeten om oprecht met Hem in contact te komen.

Er is een vurige toegewijde van Amma in Mumbai die de diagnose kreeg dat hij vier hartblokkades had. De dokters besloten dat hij openhartchirurgie moest ondergaan. Hij was heel bang en in de war hierover. Zijn zonen waren ook heel bezorgd en dus belden zij de ashram op en informeerden Amma hierover. De vader huilde door de telefoon tot Amma, voornamelijk uit angst. Amma zei hem: "Maak je geen zorgen, Mijn zoon, alles zal in orde komen." Amma zond Haar prasad[8] naar deze toegewijde met een andere toegewijde mee die de volgende dag naar Mumbai ging.

Twee dagen voor de operatie besloot de hoofdchirurg om een laatste test voor de operatie te doen. Tot zijn stomme verbazing ontdekte de dokter dat er nu slechts één kleine blokkade was. De hoofdchirurg overlegde met zijn collega's en besloot toen dat het niet nodig was om de operatie onmiddellijk te verrichten. De toegewijde werd ontslagen nadat hij medicijnen en dieet-voorschriften had gekregen. Hij ging blij naar huis en bedankte Amma uitgebreid.

Het is nu bijna acht jaar geleden dat dit wonder plaatsvond en tot nu toe heeft hij de bypassoperatie niet hoeven ondergaan.

Een oprecht gebed kan wonderen verrichten, vooral wanneer we een levende Meester hebben. In plaats van ons leven te

---

[8] Prasad is alles wat door de Guru gezegend is of wat aan een godheid geofferd is, gewoonlijk voedsel.

besteden aan het zinloos achterna rennen van dingen, moeten we proberen die dingen in het leven te doen die ons Gods genade geven. Zonder Gods genade is het leven dor en leeg. Laten we proberen om onze tijd, energie, talenten en fysieke capaciteiten te gebruiken om deze genade te verdienen.

Een gelegenheid om God te ervaren

Het is een geweldige kans om met een Mahatma in contact te zijn. We kunnen vertrouwen in God hebben, maar het is moeilijk om een intieme relatie met God te hebben, omdat het niet mogelijk is Hem te zien of direct met Hem te communiceren. In de aanwezigheid van een Mahatma kunnen we God voelen en ervaren, omdat een Mahatma altijd in Godbewustzijn is. Zo iemand is één met God.

De band die we met een Mahatma tot stand brengen, zal altijd in ons hart zijn en we kunnen Zijn bescherming om ons heen voelen. Als een moederhen die haar kuikens onder haar vleugels beschermt, beschermt Amma Haar kinderen, waar ze ook zijn.

Op een avond zaten Amma en de brahmachari's op het zand aan de kant van de ashram die het dichtst bij de backwaters is. Amma sloot plotseling Haar ogen en ging in diepe meditatie. Toen Amma na een tijdje Haar ogen opende, vroeg een brahmachari Haar: "Amma, over wie mediteert U?" Amma antwoordde dat Ze in die tijd aan Haar kinderen denkt en op een subtiele manier naar degenen gaat die met een hart vol verlangen tot Amma bidden. Amma zei later dat op dat moment een vrouwelijke toegewijde van Amma, van wie de man zich ertegen verzette dat ze de ashram bezocht, bitter huilde voor Amma's foto in haar pujakamer. We hoorden later van die toegewijde dat ze toen een visioen van Amma gehad had en sterk getroost was toen ze ontdekte dat Amma zelfs in haar eigen huis bij haar is.

Het gezelschap van een Meester helpt ons onze geest sterk te maken. De liefde van de Meester stelt ons in staat om alles wat op onze weg komt te accepteren en de uitdagingen in ons leven aan te gaan. We zijn uiterst fortuinlijk dat we God, geïncarneerd als de Goddelijke Moeder Amma, in ons midden hebben wonen.

We hoeven ons eigenlijk nergens zorgen over te maken, want we kunnen er zeker van zijn dat Amma altijd voor ons zorgt. Steeds wanneer er zich een probleem in ons leven voordoet, is het een geruststelling te weten dat Amma zich ervan bewust is en dat Ze hulp en steun zal bieden. Deze overtuiging geeft ons veel opluchting en troost. Kinderlijk argeloos vertrouwen en liefde voor de meester zijn het begin van onze spirituele ontwikkeling.

Amma probeert spiritueel bewustzijn en positieve eigenschappen als liefde en compassie in ons tot leven te brengen. Ze geeft een voorbeeld door de manier waarop Ze Haar leven leidt.

Ieder van ons heeft deze eigenschappen in zich. Zelfs een geharde misdadiger bijvoorbeeld is liefdevol wanneer hij zijn eigen kind ziet. Een Mahatma creëert situaties om ons te helpen deze liefdevolle eigenschappen te ontwikkelen en tot uitdrukking te brengen. Wanneer zulke liefde in ons ontwaakt, nemen negatieve eigenschappen geleidelijk af.

Velen van ons zijn naar Amma gekomen om Haar zegen te krijgen voor de vervulling van een verlangen of om een oplossing voor een probleem te krijgen. Amma zegt dat door het verlangen naar een hoger doel, de verlangens naar lagere doeleinden overwonnen kunnen worden. Wanneer we bij een Satguru zijn, kunnen we veel van onze verlangens overwinnen door onze liefde voor Hem of Haar. Door ons verlangen bij Amma in de ashram te wonen, kunnen velen van ons het verlangen naar wereldse dingen opgeven.

We moeten ook een levendige relatie, een nauwe band met God kunnen onderhouden. Amma vertelde ons vaak dat Ze tijdens Haar sadhanaperiode vurig tot Devi bad om zich bekend te maken en dat Ze af en toe kwaad werd op Devi omdat Zij Haar darshan niet gaf.

Als we zo'n intimiteit met God kunnen ontwikkelen en al onze emoties en gevoelens op God kunnen richten, kunnen we ons van al onze negatieve neigingen bevrijden. Amma zegt: "Als je kwaad bent, richt je kwaadheid dan op God. Als je verdrietig bent, richt je verdriet op God. Zit voor je altaar of ga je pujakamer in en vertel alles wat je op je hart hebt aan God, net zoals een klein kind zijn hart lucht bij zijn moeder. Dit zal je hart van een last bevrijden en vrede en rust in je herstellen."

Een kans om onszelf te leren kennen

We hebben allemaal veel verwarring in onze geest. Zodra we bij een echte Meester komen, kan het erop lijken dat de Meester ook bijdraagt aan die verwarring, alsof we er al niet genoeg van hebben. De Guru zal bepaalde situaties voor ons creëren en ons zeggen: "Kijk, dit is je probleem." Op deze manier maakt de Guru ons bewust van de negativiteit in ons. Dit is een belangrijk deel van het werk van de Guru. We moeten ons bewust zijn van onze tekortkomingen om ze te corrigeren.

We willen zelden onze eigen fouten en zwakheden accepteren. In plaats daarvan hebben we de neiging iemand anders de schuld te geven. De geest is soms erg negatief. Zelfs als we de beste Guru in de wereld hebben, projecteren we soms onze negativiteit en gebreken op de Guru en geven de Guru de schuld van onze tekortkomingen. We kunnen zelfs de Guru verlaten met de gedachte: "Dit is geen geschikte Guru voor mij. Ik ga een andere Guru zoeken."

We hebben deze verstoringen altijd gehad, maar pas nu worden we ons er langzaam van bewust. We denken: "Voordat ik bij

Amma kwam, was ik werkelijk een aardig iemand, misschien zelfs heilig. Nu ik bij Amma gekomen ben, komt er zoveel negativiteit in me op." Natuurlijk denken we dat er iets mis is met Amma. Zo is onze oordelende aard. De Guru creëert situaties om ons ervan bewust te maken dat we deze gebreken hebben. En dan helpt de Guru ons die te overwinnen.

Wanneer we onze geest oppervlakkig observeren, denken we misschien dat we geen negatieve vasana's (latente neigingen) hebben. Maar wanneer we diep in de geest beginnen door te dringen, vinden we ontelbare negatieve eigenschappen en verlangens. Amma geeft een voorbeeld om dit punt duidelijk te maken. Een kamer kan oppervlakkig gezien schoon lijken, maar wanneer we hem met water en zeep beginnen te schrobben, kunnen we zien dat er nog veel vuil is. Om onze negatieve vasana's naar de oppervlakte te laten komen waar we ze kunnen zien, is een geschikte situatie of omgeving nodig, en een ware Meester weet hoe hij zulke situaties moet creëren. Amma geeft het voorbeeld van een slang in winterslaap. Wanneer een slang zijn winterslaap houdt, reageert hij op niets, maar zodra hij wakker wordt, zal hij op de geringste provocatie reageren.

Swami Amritatmananda, een van Amma's oudere leerlingen, vertelt een verhaal uit zijn begintijd als leerling van Amma dat laat zien hoe Zij onze negatieve eigenschappen naar boven brengt. In een poging om op te vallen stelde hij Amma voor een groep toegewijden en brahmachari's eens een vraag, die naar hij dacht erg moeilijk was. Amma antwoordde eenvoudig: "Lief kind, je zou het antwoord niet begrijpen."

In het verleden had Amma Swami Amritatmananda (toen Ramesh Rao) vaak geprezen door te zeggen dat hij veel onderscheidingsvermogen had. Nu was deze kritiek meer dan hij kon verdragen. Hij was zo van streek dat hij besloot uit protest twee dagen naar Kanyakumari (de zuidelijke punt van India, een pel-grimsoord 200 km ver weg) te gaan.

Ronddolend in Kanyakumari kwam hij bij de ashram van de avadhuta Mayiamma. Mayiamma was er toen niet. Een toegewijde had haar meegenomen om een andere stad te bezoeken. Toen Swami Amritatmananda met een pijnlijk hart naar de zonsondergang keek, benaderde een van Mayiamma's toegewijden hem. Hij hield hem een bak met eten voor en gebaarde naar een troep honden die vlakbij lag. Hij zei: "Deze dieren hebben zelfs geen water gedronken omdat Mayiamma er niet is. Ik heb mijn best gedaan om ze over te halen te eten. Als u hun dit voedsel aanbiedt, eten ze het misschien. Swami Amritatmananda volgde zijn blik. Er lagen ongeveer vijftig honden op de grond met hun poten uitgestrekt, hun kin op de grond en hun ogen dicht. Strepen van tranen bevlekten de snuiten van de meeste van hen. Stomverwonderd keek hij weer naar de man. Zonder onderbreking ging de toegewijde verder: "Wanneer Mayiamma hier niet is, eten deze dieren niets. Bestaan er zulke schepsels?"

Met de etensbak in zijn handen benaderde Swami Amritatmananda de honden. Maar de honden reageerden niet. Ze deden zelfs hun ogen niet open. Zonder zich ook maar te verroeren bleven ze daar liggen, alsof ze in samadhi waren. Na een tijdje keken vier of vijf honden omhoog naar hem en namen toen hun oorspronkelijke houding weer in. Hij kon zich alleen maar afvragen: "Hoe kregen deze honden zo'n kalmte? Wat voor een onbetaalbare schat hadden de honden van Mayiamma gekregen?"

Zijn geest vloog naar Amritapuri. Een stralend beeld van Amma, die liefdevol en meedogend naar hem glimlachte en hem wenkte naar Haar toe te komen, verscheen voor hem en verdween toen. Zijn beheersing verliezend schreeuwde hij luid "Amma!" Hij gaf de etensbak aan de man van middelbare leeftijd, vertrok en keerde zo snel hij kon naar Amritapuri terug.

Toen hij de ashram bereikte in de kleine uurtjes van de morgen, zag hij Amma zitten op de veranda van de kalari (kleine tempel). Hij boog voor Haar en stond toen dichtbij. Hij voelde zich schuldig. Plotseling liep er een hond voorbij. Amma keek ernaar en zei tegen niemand in het bijzonder: "Zelfs honden voelen dankbaarheid en liefde voor hun meester." Hij keek voorzichtig in Amma's ogen. Ze stonden vol tranen. Overmand door de pijn en schuld in zijn hart viel hij huilend in Haar schoot. Amma kuste hem vol mededogen op zijn hoofd, liefkoosde hem en fluisterde: "Mijn ondeugend kind, is je kwaadheid over?"

Nadat de Meester de situatie die onze negatieve reactie veroorzaakt geschapen heeft, wijst hij op onze negatieve vasana's en tekortkomingen. Ondanks deze duidelijkheid proberen we vaak onze reacties te rechtvaardigen omdat we er een hekel aan hebben toe te geven dat we een fout gemaakt hebben.

Amma vertelt in dit verband een grap. Een man gleed uit en viel. Toen zijn vrouw hem hiermee plaagde, antwoordde de echtgenoot: "Wat is er zo grappig? Ik beoefen gewoon mijn yogasana's (hatha yoga houdingen)!"

Door de liefde en het geduld van een echte Meester beginnen we uiteindelijk de waarheid over onszelf te realiseren. We worden ons bewust van onze negatieve neigingen en we veranderen. Amma zegt echter dat de fysieke aanwezigheid van een Guru niet genoeg is. We moeten open zijn en de Guru toestaan ons te vormen, hoewel dit proces pijnlijk kan zijn. Hoe sterker de vasana, des te sterker zal de pijn zijn, maar als we werkelijk van onze Guru houden, zullen we die pijn niet voelen als we gevormd worden.

Een man ging naar een oogarts om zijn ogen te laten testen. De dokter vroeg hem de letters op een bord te lezen waarbij hij verschillende lenzen gebruikte. Maar de patiënt kon geen enkele letter lezen, zelfs niet met de sterkste lens. De dokter raakte geïrriteerd en schreeuwde: "Waarom kunt u geen enkele letter lezen, zelfs niet met de sterkste lens?"

De patiënt antwoordde rustig: "Omdat ik het alfabet nog moet leren."

Wij moeten open zijn om de grootheid van de Guru te kunnen waarderen op dezelfde manier als we het alfabet moeten kennen om de letters van het alfabet te kunnen lezen. Alleen met een open hart kunnen wij de genade van de Guru ontvangen.

De waarde van prasad

Ik herinner me een voorval dat vele jaren geleden plaatsvond, toen Amma het huis van een toegewijde bezocht. In die tijd werkte ik nog bij een bank. Toen mijn werk die avond erop zat, ging ik direct naar het huis dat Amma bezocht. Ik kwam om ongeveer negen uur aan.

In die tijd bezocht Amma vaak de huizen van toegewijden, van wie er velen erg arm waren. Amma nam liefdevol iedere bhiksha (offergave) aan die men voor Haar neerzette. Omdat vis veel goedkoper was dan groenten, waren rijst en vis gewoonlijk het hoofdvoedsel in het dagelijks eten van de armen in dat gebied. Amma was zelf strikt vegetariër, maar uit mededogen at Ze iedere soort voedsel dat deze mensen Haar aanboden, omdat Ze hen niet wilde kwetsen of ongemak bezorgen.

Toen ik die avond bij het huis aankwam, was Amma net begonnen te eten met de toegewijden. Zodra Ze mij zag, gaf Ze mij een handvol eten. Ik nam het vol respect aan, maar toen ik ernaar keek, zag ik een groot stuk vis.

Ik was geboren en opgevoed in een gezin dat zich aan een strikt vegetarisch dieet hield. Dus toen ik dat stuk vis zag, liet ik het onmiddellijk vallen. Ik walgde ervan. Amma vroeg: "Waarom heb je dat weggegooid? Het is prasad."

Ik zei: "Ik wil het niet omdat het vis is!" Hoewel de vislucht mij stoorde, bleef ik daar zitten totdat Amma klaar was met eten.

Door mijn hekel aan de visgeur, moest ik een paar minuten later overgeven. Nadat ik overgegeven had, pakte ik een schaal met water die naast Amma stond. Ik wist niet dat Zij na het eten van de vis Haar handen in dat water had gewassen. Omdat ik nergens anders water zag, pakte ik de schaal en begon mijn gezicht te wassen en mijn mond te spoelen. Toen Amma dit zag, glimlachte Ze ondeugend. Ik wist niet waarom Ze glimlachte. Een paar anderen die rondom Amma zaten begonnen te lachen omdat ze dachten dat ik een rolberoerte zou krijgen door het proeven van het viswater en het wassen van mijn gezicht ermee.

Ik gebruikte al het water en toen ik mijn mond ermee spoelde, ontdekte ik dat het water als zuiver rozenwater rook. Het was een heerlijke geur, een grote opluchting na die vislucht.

Tegen die tijd was iedereen klaar met eten en de schotels werden weggehaald. Maar ik had nog steeds het gevoel dat er ergens een vislucht vandaan kwam. Ik merkte toen tot mijn verbazing op dat de vislucht kwam van het spul dat ik had overgegeven. Ik kon het niet geloven omdat ik geen vis gegeten had. Ik begreep dus dat er iets "visachtigs" aan de hele situatie was.

Men zou verwacht hebben dat het water in de schaal waarin Amma Haar handen gewassen had, naar vis zou ruiken. In plaats daarvan verspreidde het de meest fantastische rozengeur, terwijl het spul dat ik, een strikte vegetariër, overgegeven had naar vis rook hoewel ik geen vis gegeten had. Ik realiseerde me toen dat dit een les voor me was over gebrek aan respect voor de prasad van de Guru. Toen ik de prasad weggooide, vergat ik aan Amma als de Godin te denken. Ik zag Amma als een gewoon iemand en beschouwde het eten dat Zij gaf niet als prasad. Al het voedsel dat de Guru geeft is prasad. We moeten het van ganser harte accepteren.

In die tijd had ik Amma al enige tijd aanbeden en had zelfs een visioen van Haar als de Godin gehad. Dit visioen was een tijdlang inspirerend en versterkte zeker mijn vertrouwen in Haar, maar ik kon de overtuiging dat Amma één is met de Goddelijke Moeder nog niet altijd en onder alle omstandigheden vasthouden. Als we deze overtuiging ononderbroken kunnen blijven koesteren, kunnen we al onze handelingen met meer liefde en toewijding uitvoeren. Amma zegt dat wanneer we een houding van toewijding ontwikkelen, onze negatieve neigingen een voor een zullen verdwijnen.

Amma's alwetendheid

Soms vertelde Amma mij wel eens bijzonderheden over iemand die net voor de eerste keer in de darshanrij was gaan staan. Als die persoon voor darshan aan de beurt was, vroeg Amma hem alle details over hemzelf, die Ze mij al verteld had. Dit gebeurde een paar keer. Op een keer toen dit net gebeurd was, vroeg ik Amma uit nieuwsgierigheid: "Waarom vroeg U hem al die details die U al wist?" Hierop antwoordde Amma dat Ze dat gedaan had om hem een paar woorden tegen Haar te laten zeggen zodat hij wat minder afstand tot Haar voelde. Dus op deze manier laat Amma ons voelen dat we dicht bij Haar zijn, wat een meer persoonlijke tint aan de darshan geeft. Door deze persoonlijke benadering is het herinneren van Amma's glimlach, Haar woorden, Haar aanraking, enzovoorts een goede meditatie voor ons allemaal. Terwijl Ze ons met Haar goddelijke liefde bindt, inspireert Ze ons om goede eigenschappen te ontwikkelen. Zo vormt Amma ons tot instrumenten die geschikt zijn om Gods genade te ontvangen.

Soms, wanneer we Amma ons verdriet vertellen, huilt Ze met ons mee. Dit laat ons zien dat Amma echt onze problemen deelt en dat betekent veel voor ons. Als Amma geen emoties zou tonen, zou Ze als een robot zijn. Niemand zou enige band met Haar of nabijheid tot Haar voelen. Aan de andere kant, als we Amma zulke menselijke emoties zien tonen, zijn we geneigd Haar grootheid en goddelijkheid te vergeten.

In Australië ging een vijfjarig jongetje met zijn moeder naar iemand die een spiritueel programma gaf. Die persoon gaf de jongen een mooie, grote appel. Een maand later, toen zijn moeder hem vertelde dat ze een Indiase heilige gingen ontmoeten die Amma heette, vroeg de jongen zijn moeder onmiddellijk: "Zal Amma mij een appel geven zoals die andere persoon deed?" Wat kon zijn moeder zeggen? Ze had Amma niet eens ontmoet. Dus ze kon alleen maar zeggen: "Ik weet het niet."

Ze gingen naar Amma. Na hun darshan liepen ze weg, toen Amma de jongen plotseling riep en hem een appel gaf. Veel andere kinderen kwamen die dag naar Amma, maar Amma gaf niemand van hen een appel. Alleen dit jongetje gaf Zij een appel. Het jongetje was zo blij. Zijn moeder huilde van vreugde en vroeg zich af hoe Amma geweten kon hebben dat haar zoontje haar over die appel gevraagd had.

Toen Swami Amritagitananda, een van Amma's oudere leerlingen, Amma de eerste keer ontmoette, wilde hij onmiddellijk in Haar ashram komen wonen, maar Amma dacht dat het niet juist was omdat hij zich al opgegeven had voor een Vedantacursus in een andere ashram. Ze vroeg hem de cursus af te maken en pas dan toestemming te vragen om naar Haar ashram te komen. Hoewel hij verdrietig was, stelde Amma hem gerust en zei dat hij Haar moest schrijven en dat Ze zou antwoorden.

Toen hij naar de ashram in Mumbai was teruggekeerd, begon hij brieven aan Amma te schrijven. Bij elkaar stuurde hij zeven brieven, maar Amma schreef niet terug.

Net voordat zijn cursus afgelopen was, schreef Swami Amritagitananda Amma opnieuw en hij vertelde Haar dat zijn leraren ermee ingestemd hadden dat hij zich bij Amma's ashram aansloot als zijn cursus af was. Nog altijd antwoordde Amma niet. Omdat Amma nooit antwoordde, raakte hij ervan overtuigd dat Zij niet wilde dat hij zich bij Haar ashram aansloot. Niet alleen dat, hij had het gevoel dat hij het spirituele pad helemaal moest opgeven na de Vedantacursus, want hij had zijn voornemen om de ashram waar hij ingeschreven was, te verlaten al bekend gemaakt. Hij besloot naar huis terug te keren en naar werk te zoeken. Zodra de gedachte aan het op handen zijnde wereldse leven in hem opkwam, hield hij op met al zijn spirituele oefeningen.

Drie dagen later ontving hij een piepklein briefje. Het kleine strookje papier kwam van Amma. Daarin stond: "Zoon, je bent met je spirituele oefeningen gestopt. Je geest is volledig onbestuurbaar geworden. Begin weer met je spirituele oefeningen. Amma is bij je." Hij voelde een golf van vreugde toen hij zich realiseerde dat Amma bij iedere stap op weg bij hem was geweest. Hij begon weer met zijn spirituele oefeningen, maakte de cursus af en ging toen in Amma's ashram wonen.

Swami Pranavamritananda, een andere oudere leerling van Amma, had eens een ervaring die toont hoe onze geest een open boek voor Amma is. Hij had een ontroerende film gezien over Adi Shankaracharya, een van de grootste exponenten van de Vedanta-filosofie. Het wekte in hem een diepe belangstelling voor meditatie. Hij experimenteerde met meditatie en bezocht zelfs enkele sannyasi's om antwoord te krijgen op zijn vele vragen over meditatie. Maar zij konden zijn twijfels niet wegnemen.

Op een dag bezocht hij zijn tante, die vlak bij de school woonde die hij bezocht. Zij was een toegewijde van Amma. Toen hij haar huis binnenliep, merkte hij een jonge vrouw in witte kleding op. Doordat hij daar veel mensen zag van wie hij reeds wist dat ze toegewijden van Amma waren, werd het hem geleidelijk duidelijk wie Zij was. Toen hij Haar jeugdig uiterlijk zag, dacht hij: "Wat kan deze jonge vrouw nou weten?" Hij ging naar de kamer ernaast om Haar te ontvluchten. Amma ging onmiddellijk die kamer in, ging naast hem zitten, pakte zijn arm en zei: "Mijn zoon, ik wilde je ontmoeten en je horen zingen." De andere toegewijden kwamen toen een voor een binnen en verzamelden zich rondom Amma. Zonder dat iemand daarom gevraagd had begon Amma over meditatie te spreken. Binnen een paar ogenblikken loste Amma niet alleen al zijn twijfels op, maar gaf hem ook een zeer duidelijke visie op meditatie. Hij was overtuigd van Haar alwetendheid en voelde dat Haar woorden tot hem gericht waren.

Swami Pranavamritananda vertelt een ander voorval dat aantoont hoe Amma's alwetendheid achter iedere fout van ons komt. Een jongeman die de ashram vaak bezocht, zat op een keer achter Amma na zijn darshan. Hij genoot ervan in Amma's aanwezigheid te zijn. Tegelijkertijd was hij er zich ook bewust van wat alle anderen deden. Hij vroeg zich af toen hij hen rondom Amma zag zitten nadat ze darshan gekregen hadden: "Waarom zitten al deze mensen hier te lanterfanten? Waarom staan ze niet op en doen iets nuttigs?" Juist op dat moment keerde Amma zich naar hem om, keek hem in zijn ogen en zei: "Sta op en ga werken, jij nietsnut!" Versteld van Amma's alwetende aard sprong hij op en rende naar de keuken, de juiste plaats om heen te gaan, en deed wat werk. Na afloop vergat hij niet om zijn maag van dienst te zijn.

Als we ons er bewust van zijn dat Amma alles over ons weet, al onze kleine wensjes en geheime verlangens, kunnen we voortdurend aan Haar denken en op Haar afgestemd blijven.

Hoofdstuk 6

De bewustwording en ontwikkeling van ons spirituele vermogen

Verhef jezelf met je Zelf

uddhared ātmanā'tmānaṁ nā'tmānam avasādayet
ātmai'va hy ātmano bandhurātmai'va ripur ātmanaḥ

Verhef jezelf door je eigen Zelf.
Denk niet negatief over jezelf, veroordeel jezelf niet.
Het Zelf alleen is je weldoener,
en het Zelf alleen is je vijand.

Bhagavad Gita, hoofdstuk 6, vers 5

Omdat bewustzijn goddelijk is, moet je jezelf nooit afkeuren, in wat voor situatie je je ook bevindt. Laat de hele wereld om je lachen en zeggen dat je een totale mislukking in het leven bent, maar geloof het niet. Heb geen greintje zelfmedelijden. Je hebt oneindige kracht in je. Verhef je door je aan die kracht van de Waarheid vast te houden.

Alles in Amma's leven was een uitdaging. Toch trad Ze iedere ervaring met moed en vastberadenheid tegemoet. Amma toont ons allemaal de manier om onze eigen goddelijkheid te realiseren ondanks alle problemen in ons leven. Goddelijkheid is ons geboorterecht en onze ware aard. Wanneer we een Meester als Amma ontmoeten, krijgen we inspiratie om een spirituele zoektocht te ondernemen. Een ware Meester helpt ons doordat hij een voortdurende bron van inspiratie is.

Hoewel Amma innerlijk buitengewoon was, groeide Zij op als een gewoon dorpsmeisje zonder bepaalde voorrechten. Ze had geen luxueus leven en Ze moest bij iedere stap op de weg worstelen, maar Ze hield vol.

Toen Amma darshan begon te geven in Krishna Bhava en Devi Bhava, belasterden sommige mensen Haar omdat Ze mensen van de andere sekse omhelsde. Omdat de dorpelingen Haar als een gewoon iemand zagen, niet als Krishna of Devi, beschuldigden zij Haar ervan de toegewijden te misleiden de naam van devotie. Maar Amma ging door met liefdevol darshan geven en nu omhelst Ze honderdduizenden toegewijden per jaar over de hele wereld.

Toen Amma de eerste Brahmasthanam-tempel[9] inwijdde in Kodungallur, Kerala, waren religieuze geleerden en priesters het er niet mee eens dat een vrouw een tempel inwijdde. Amma gaf niet op. Vandaag de dag zijn er zeventien van zulke tempels ingewijd door Amma en ieder daarvan is een bron van verlichting voor de duizenden mensen die daar bidden.

Het zou zo gemakkelijk voor Amma geweest zijn om Haar pogingen op te geven bij iedere stap op de weg en zichzelf als een mislukking te zien, maar dat deed Ze niet. Ze werd met tegenwerking en kritiek geconfronteerd maar Zij liet het Haar geest niet beïnvloeden. In plaats daarvan was Zij gericht op het uitvoeren van Haar missie. Haar leven is het beste praktische voorbeeld dat iemand kan volgen.

---

[9] Deze unieke tempels, die uit Amma's goddelijke intuïtie geboren zijn, zijn de eerste die meerdere godheden in één beeld hebben. Het beeld heeft vier zijden die Ganesha, Shiva, Devi en Rahu tonen. Zo benadrukt het beeld de inherente eenheid die ten grondslag ligt aan de veelvuldige aspecten van het Goddelijke.

De geïsoleerde geest

In de beginjaren waren er veel mensen sterk tegen Amma gekant, ook al had Zij hun nooit onrecht aangedaan. De dorpelingen wisten niets van spiritualiteit en het ashramleven. Ze waren ook jaloers omdat ze zich niet konden voorstellen hoe een dorpsmeisje, dat een van hen leek te zijn, zo beroemd kon worden. Mensen uit heel India en uit andere delen van de wereld kwamen om Amma te zien. Dus uit onwetendheid en jaloezie begonnen de lokale dorpsbewoners problemen te creëren. Op de een of andere manier wilden zij van Amma af. Zo groot was hun haat en tegenwerking.

In die tijd ging Amma naar verschillende huizen om puja's (een ceremoniële vorm van aanbidding) te verrichten. Veel gezinnen leden onder de effecten van zwarte magie. De beoefenaars van deze slechte daden bezielden bepaalde voorwerpen, zoals een schelp of een talisman, met kwade geesten door bepaalde mantra's te gebruiken. Zij begroeven het voorwerp dan in de voor- of achtertuin van het huis dat zij op het oog hadden. Veel van zulke getroffen gezinnen kwamen naar Amma. Ze hielp hen door een puja in hun huis te doen of Ze ging naar een plek in de tuin en vroeg de leden van het gezin daar te graven. Wanneer zij het vervloekte voorwerp opgroeven, konden zij het weggooien en zich daardoor bevrijden van de effecten van de vloek.

Eigenlijk was het niet nodig dat Amma dit allemaal deed. Als er van zwarte magie gebruik was gemaakt, was Haar sankalpa voldoende om die te verwijderen. Soms nam Amma zelfs de effecten van de vervloeking op zich om zo de leden van het gezin te beschermen. Maar omdat sommigen van Haar toegewijden niet het sterke vertrouwen hadden dat Amma zulke dingen gewoon door Haar wil kon doen, ging Amma naar hun huis en verrichte puja's om hen op hun gemak te stellen.

Wanneer Amma naar zulke huizen ging, waren er vaak mensen die met Haar spotten en Haar beschimpten en soms zelfs stenen naar Haar gooiden. Niemand anders had dit soort tegenwerking met zo'n kracht en gelijkmoedigheid tegemoet kunnen treden. Zelfs toen er zoveel mensen tegen Haar waren, stoorde dat Haar niet in het minst. Wanneer je in de Hoogste Waarheid gevestigd bent, kan niets je beïnvloeden. Je zult blijven glimlachen, zelfs als iemand je probeert te doden. Dat is het geweldige als je in het Zelf gevestigd bent. Amma is het perfecte voorbeeld van deze waarheid.

In die tijd gaven Amma's ouders Haar geweldig op Haar kop. Haar ouders waren erg streng omdat ze nog drie dochters hadden die nog niet getrouwd waren. Ze waren altijd bang dat het gezin een slechte naam zou krijgen. In India, vooral in de dorpen, werd het toentertijd als een taboe beschouwd dat een meisje en een jongen vaak met elkaar spraken. Als een tienermeisje te veel tijd met een jongen doorbracht, ergerde dat de ouders zeer. De mensen begonnen dan geruchten over haar te verspreiden. Niemand wilde dan met dat meisje trouwen. Daarom drongen Amma's ouders er sterk op aan dat alle jongens de ashram onmiddellijk verlieten, zodra Devi Bhava voorbij was. Niemand mocht daar na Devi Bhava blijven. Amma voelde zich steeds verdrietig wanneer Haar ouders ons wegjoegen, maar er was niets wat Ze eraan kon doen omdat Ze nog bij Haar ouders leefde.

Op een dag, toen Devi Bhava voorbij was, bleef ik achter om op een andere toegewijde te wachten. Toen Amma mij zag, kwam Ze naar me toe en vroeg of er een probleem was en waarom ik daar zat. Zodra Amma's moeder Haar met mij zag praten, kwam ze eraan en begon tegen Amma uit te varen in zeer harde en wrede bewoordingen. Ze trok Amma ruw aan Haar arm en bracht Haar terug het huis in.

Ik voelde me vreselijk omdat Amma wegens mij zo'n ernstige uitbrander had gehad. Ik was diep gekwetst en aangedaan door de harde woorden die tegen Haar gesproken werden. Na een tijdje ging Amma naar de tempel terug. Ik verborg me achter een muur omdat ik niet opnieuw voor Amma een probleem wilde creëren. Later ging ik naar de tempel en zag Amma mediteren zoals gewoonlijk, alsof er niets gebeurd was. Ik kon daarentegen verscheidene dagen niet mediteren omdat ik zo aangeslagen was door de manier waarop Amma's moeder Haar behandelde. Het was voor mij pijnlijk om te zien dat Amma zo op haar kop kreeg. Zelfs nu nog, wanneer ik aan dat voorval denk, springen de tranen in mijn ogen.

Wat het gedrag van Amma's ouders betreft, het heeft geen zin hun iets te verwijten. Zoals alle andere ouders wilden zij dat hun dochters trouwden. Als een van de vier dochters niet zou trouwen, zou dat het gezin een slechte naam geven, en daar waren ze bang voor. Ook wisten zij in die tijd niet wie Amma was. Ze hadden niet de spirituele achtergrond om Amma te begrijpen. In de loop der tijd veranderde hun houding. Door het lezen van boeken en praten met de toegewijden en ashrambewoners, begonnen zij zich geleidelijk Amma's grootheid te realiseren. Het kwam alleen door hun onwetendheid dat ze Amma zo slecht behandelden in Haar vroege leven.

Als ik terugkijk op dat incident na Devi Bhava, realiseer ik me het belang van onaangedaan en onthecht blijven van al het negatieve dat ons overkomt. We kunnen een gelijkmoedige houding in Amma zien. Lof of kritiek beïnvloedt Haar niet omdat Zij Haar geest afgeschermd heeft. Zij is altijd in Haar eigen Zelf gevestigd.

Amma zegt: "Wees niet tevreden met je gewone toestand van werelds bewustzijn. Er is een hoogste staat van gelukzaligheid, een alwetende en almachtige staat die ieder van jullie kan bereiken.

Richt je geest en je activiteiten op dit doel en streef ernaar het hoogste doel te bereiken."

Iedereen heeft een geest met mankementen: sommige mensen hebben veel kwaadheid in zich, anderen hebben haat, ongeduld, hebzucht of jaloezie. Maar we hebben ook allemaal positieve eigenschappen. We moeten hard werken om de negatieve trekken te verwijderen en de positieve eigenschappen van onze geest te verbeteren. Dit zal ons werkelijk gelukkig maken en ons leven zal een zegen voor de wereld zijn.

Zoals de waarnemer is, zo is de waarneming

Wanneer we door een negatieve emotie gestoord worden, kunnen we proberen die door een positieve te vervangen. Als we bijvoorbeeld haat voor iemand voelen, kunnen we proberen het gevoel van liefde te ontwikkelen en te versterken. Amma zegt dat we moeten proberen om ons goede woorden te herinneren die die persoon gesproken heeft, een goede daad die hij verricht heeft of hulp die hij ons geboden heeft. Zo kunnen we langzaam de haat in ons verminderen. Als we kwaad op iemand zijn, moeten we proberen een gevoel van mededogen of vriendelijkheid tegenover hem op te wekken. Het is misschien niet mogelijk om die persoon een omhelzing te gaan geven en te zeggen: "Ik hou zoveel van je." Niettemin kunnen we in ieder geval in onze geest proberen vergevensgezind en vriendelijk tegenover hem te zijn. Of we nu vandaag of morgen beginnen, het is noodzakelijk dat we liefde en mededogen voelen en uitdrukken als we ons werkelijk willen bevrijden van de last en rusteloosheid die door negatieve gevoelens geschapen worden.

Als we bedroefd en boos zijn over een mislukking in ons leven, moeten we in plaats daarvan proberen aan enkele van onze successen te denken en God daarvoor dankbaar zijn. Door op deze manier negatieve emoties door positieve te vervangen kunnen we langzaamaan de kracht van de negatieve gevoelens verminderen.

Stel dat we naar een rozenstruik in bloei kijken. Er zijn twee manieren om ernaar te kijken. De ene manier is om de prachtige bloemen tussen de vele doornen te zien. Dat is de positieve manier om ernaar te kijken: de doornen helemaal vergeten en van de bloemen genieten. De andere manier om ernaar te kijken is ons te concentreren op het grote aantal doornen en geïrriteerd en kwaad op God te zijn dat Hij die tussen die prachtige bloemen geschapen heeft. De keuze is aan ons: we kunnen naar de bloemen kijken of ons op de doornen concentreren. Beide bestaan; wat we zien hangt af van onze kijk erop of ons perspectief. Op dezelfde manier zal het ons sterker maken als we naar de gelukkige ervaringen in ons leven kunnen kijken, maar als we alleen naar de pijnlijke ervaringen kijken, zullen we zwak en gedeprimeerd worden.

Het leven van iedereen is een mengsel van succes en mislukking. Dus wanneer we succes hebben kunnen we God dankbaar zijn. Als we niet slagen, laten we dan naar succes blijven streven. En als we geen succes kunnen bereiken ondanks onze beste inspanningen, laten we dan leren om de situatie met een positieve houding te accepteren. Temidden van alle machtige natuurkrachten zijn we in staat om te overleven ook al zijn we misschien zwak, klein en beperkt in termen van kennis en aanleg. We zijn zo klein en onbelangrijk in deze enorme schepping. Een ongeluk of de dood kan zich overal, ieder moment voordoen. Dus iedere dag bij het wakker worden moeten we God dankbaar zijn. Dit is een positieve manier om naar het leven te kijken.

Dit leven is het resultaat van wat we in het verleden hebben gedaan. Daarom kunnen we altijd een betere toekomst creëren door ons leven in het heden aan te passen en te verbeteren. Daarom zegt Amma dat we moeten proberen volledig en positief in het heden te leven. Als we denken aan mislukkingen in het verleden en piekeren over toekomstige problemen, kunnen we niet goed gebruik maken van het heden. Amma zegt: "Het heden is een geschenk, ons geschonken door God. Gebruik het dus goed."

Eens moest Swami Paramatmananda, een van Amma's oudere leerlingen, in de Verenigde Staten een operatie aan zijn rug ondergaan. De meeste leerlingen of toegewijden die een ernstige medische ingreep te wachten staat, willen graag met Amma praten en Haar zegen ontvangen. Een paar woorden van Amma op zo'n moment geven ons zeker geweldige kracht en troost. Swami Paramatmananda probeerde vele malen per telefoon met Amma te praten, maar slaagde er niet in. De zaak werd toen aan Amma meegedeeld en Zij probeerde toen contact met hem op te nemen, maar slaagde er niet in door slechte telefoonverbindingen. Toen ging Amma weg naar een programma in een andere stad waar het aantal mensen enorm was. Ze had het zo druk dat Ze geen tijd had om hem op te bellen.

Swami Paramatmananda werd geopereerd en dat verliep goed. Na een paar dagen belde Amma hem op en informeerde naar zijn gezondheid. Amma vroeg hem ook of hij boos op Haar was omdat Ze hem niet opgebeld had. Hij antwoordde: "Nee, Amma. Ik heb tot de Amma in me gebeden en voelde me zo rustig." Dus in plaats van zich terneergeslagen te voelen dat Amma hem niet opgebeld had, putte hij moed en troost uit Haar aanwezigheid in zichzelf.

Als we in zulke situaties geen persoonlijke aandacht of troost van Amma krijgen, moeten we proberen om moed en troost te putten uit Haar innerlijke aanwezigheid in plaats van wanhopig te zijn. Situaties zoals deze kunnen ons helpen om de aanwezigheid van onze Meester in ons te voelen en kracht en volwassenheid te ontwikkelen. Afhankelijk van onze benadering en visie kan een situatie als een struikelblok of een springplank gezien worden.

De onbaatzuchtige liefde van een Satguru

Er zijn veel mensen die er aanspraak op maken gerealiseerde Gurus van de hoogste orde te zijn. Over het algemeen maken echte meesters nergens aanspraak op. Wie gaan we als onze Guru accepteren? Overgave aan een namaakguru kan chaos en verwarring in ons leven veroorzaken. Zijn er richtlijnen die we veilig kunnen volgen om deze belangrijke beslissing te nemen?

Het onmiskenbare kenmerk van een Satguru is de onvoorwaardelijke liefde en het mededogen waarmee Hij iedereen overstelpt. Een Satguru is nooit begerig naar geld, macht of faam.

De meesten van ons hebben ervaren dat we op iemand verliefd werden[10]. In tegenstelling hiermee ervaren we in de aanwezigheid van een echte meester de schoonheid van wat Amma het *stijgen* in liefde noemt. Het magische contact met deze goddelijke liefde zuivert en heiligt iedere situatie, iedere relatie en iedere activiteit in het leven. Deze ervaring geeft ons een nieuwe gelegenheid om te leren hoe we onbaatzuchtig kunnen beminnen. Het is erg moeilijk om van ganser harte van een idee te houden, hoe verheven en nobel het ook mag zijn. Na Amma ontmoet te hebben wordt het nastreven van het idee van onbaatzuchtige liefde gemakkelijker.

De menselijke geest heeft persoonlijk contact nodig om de zaden van liefde te laten ontkiemen. Als iemand liefde, aandacht en zorg zoekt, is Amma blij dat Ze kan helpen. De Guru is alleen geïnteresseerd in ons welzijn en onze groei, niets anders. Ze wil er niets voor terug hebben.

Wanneer er iemand als Amma voor ons beschikbaar is, kunnen we ons hart gemakkelijk aan Haar schenken. Laten we op zijn minst proberen om van Amma te houden zonder iets te verwachten. Zij handhaaft Haar lichaam belangeloos alleen maar om ons een tastbare vorm te geven voor onze onbaatzuchtige liefde.

---

[10] In het Engels: to *fall* in love

Hoewel de Meester in het lichaam is, vertegenwoordigt Hij de Waarheid voorbij het lichaam. In de Meester zien wij de Waarheid, omdat de Meester een perfecte vertegenwoordiging van de Waarheid, onbaatzuchtige liefde en mededogen is.

Als we pijnlijke ervaringen hebben nadat we bij een Guru gekomen zijn, kunnen we die ervaringen zien als een manier om ons karma uit het verleden te verwijderen of op te lossen. Hoewel Amma ons karma kan overnemen of verzachten, zegt Ze: "Een bepaald percentage van ons negatief karma moeten we ervaren."

Karma is het resultaat van wat we in het verleden gedaan hebben. Iedereen moet ervaringen ondergaan die door zijn eigen karma veroorzaakt zijn, maar door de genade van de Satguru kan ons lijden verminderd worden. Als het slechte karma niet verzacht kan worden, kan de Satguru helpen door ons de geestelijke kracht te geven die we nodig hebben om de situatie aan te kunnen.

Wanneer we iets pijnlijks ervaren, betekent dat niet dat de Satguru ons niet geholpen heeft. Het komt door de aard van ons negatieve karma. We behoren geen aanmerkingen op de Guru te hebben. We horen mensen vaak zeggen: "Kijk eens hoeveel jaar ik tot de Guru gebeden heb! Dus hoe kan mij dit nou overkomen?" We kunnen beter naar alle profijt kijken dat door de Guru tot ons gekomen is. Op deze manier kan ons vertrouwen versterkt worden.

Door de Satguru de schuld te geven of bij Hem weg te gaan, kunnen we ons meer pijn en lijden op de hals halen. Het is als het weglopen bij een dokter om de pijn van een injectie te vermijden. Je kunt denken dat je aan de pijn ontsnapt bent, maar je hebt alleen de dokter de mogelijkheid ontnomen om je tegen grotere pijn en lijden te beschermen.

Ik wil graag een ervaring van Swami Purnamritananda vertellen, ook een van Amma's oudere leerlingen. Dit voorval vond vele jaren geleden plaats, kort nadat hij Amma ontmoet had. In die tijd woonde Swami Purnamritananda (toen Shrikumar) nog bij zijn ouders, maar hij bleef dag en nacht in de ashram zonder naar huis terug te keren. Hij was de enige zoon van zijn ouders en zij waren niet gelukkig met de situatie en probeerden hem er vaak van te weerhouden naar de ashram terug te gaan. Omdat hij onvermurwbaar was dat hij de meeste tijd daar wilde doorbrengen, sloten zij een compromis en stemden ermee in dat hij overdag bij Amma kon zijn, maar dat hij iedere avond naar huis terug moest komen. Vanaf dat moment bezocht hij de ashram dagelijks, maar hij vertrok na de avondbhajans om zijn ouders gerust te stellen.

Op een avond, toen hij zich klaarmaakte om te vertrekken, zei Amma hem dat hij die nacht in de ashram moest blijven. Swami Purnamritananda zei tegen Amma dat als hij de nacht daar doorbracht, zijn ouders hem de volgende dag zeker niet naar de ashram terug zouden laten gaan. Maar Amma stond erop. Omdat hij Haar niet ongehoorzaam wilde zijn, stemde hij ermee in te blijven.

Later die avond na het avondeten liep Swami Purnamritananda heen en weer bij de kleine tempel en herhaalde zijn mantra. Hij hoorde geritsel in het gras bij zijn voeten en stopte om de herkomst van het geluid te onderzoeken. Plotseling voelde hij een pijnlijke steek in zijn voet. De grond afspeurend zag hij de omtrek van een slang die wegleed in de duisternis.

Hij schreeuwde het uit van de pijn en de schrik. Amma sprong onmiddellijk op in de tempel waar Ze met enkele brahmachari's zat en rende naar hem toe. Hij was sprakeloos en kon Amma alleen de wond aan zijn voet tonen. Zonder te aarzelen boog Amma zich voorover en hield Haar mond tegen de wond, zoog het vergif eruit en spuugde het op de grond. Nadat ze dit verscheidene keren herhaald had, bond ze een doek om de wond. Omdat Swami Purnamritananda nog steeds een beetje geschokt was, zond Ze hem naar een plaatselijke traditionele genezer die bekend stond om zijn bekwaamheid slangenbeten te behandelen.

De genezer onderzocht Swami Purnamritananda en zei hem dat hij door een uiterst giftige slang gebeten was, maar dat het vergif verdwenen leek te zijn en dat het goed met hem zou aflopen. De genezer gaf hem toen wat medicijnen en stuurde hem weg.

Later die avond vertelde Amma Swami Purnamritananda dat hij door een astrologisch moeilijke periode ging. Omdat Ze wist dat zijn ouders het niet zouden geloven eenvoudig omdat Zij het zei, stelde Zij voor dat hij een astroloog zou raadplegen.

De volgende morgen ging hij naar zijn familie terug. Zijn ouders waren kwaad op hem dat hij de vorige avond niet thuis gekomen was. Hij vroeg hun om hem uit te laten spreken en toonde hun de wond op zijn voet. Maar zij zeiden alleen dat als hij zich aan zijn belofte gehouden had en de vorige avond thuis gekomen was, hij niet door een slang gebeten zou zijn.

Swami Purnamritananda informeerde zijn ouders ook over wat Amma gezegd had over zijn horoscoop. Zij waren het met hem eens dat een slangenbeet een slecht voorteken was en een paar dagen later namen ze hem mee naar een astroloog. Toen de astroloog naar de horoscoop van Swami Purnamritananda keek, was hij verbaasd dat zijn cliënt nog in leven was. De astroloog zei dat hij volgens zijn horoscoop voorbestemd was een dodelijke slangenbeet te krijgen waar hij die avond ook geweest zou zijn. "Je staat beslist onder goddelijke bescherming," zei de astroloog.

"Zie je wel," zei Swami Purnamritananda tegen zijn ouders, "jullie zeiden dat ik alleen door een slang gebeten ben omdat ik die nacht bij Amma gebleven ben. Maar in feite zou ik die nacht een slangenbeet gekregen hebben waar ik ook geweest zou zijn. Als ik thuis geweest was, zouden jullie dan het vergif uit mijn wond gezogen hebben zoals Amma dat deed? En ons huis ligt op een afgelegen plek. Ik zou niet op tijd een ziekenhuis hebben kunnen bereiken. Als ik Amma niet gehoorzaamd had en die nacht naar huis was teruggegaan, dan zou ik gestorven zijn."

De aard van bepaald karma is zodanig dat het in een menselijk lichaam ervaren moet worden. Als Amma zulk karma bij iemand anders verwijdert, moet Ze het zelf ervaren. Amma zegt dat als Ze een ernstige ziekte van iemand overneemt, Ze dat karma in een paar minuten kan verwerken, terwijl die persoon anders vele jaren had moeten lijden.

Een van de brahmachari's die goed opgeleid was en een goede baan had, was totaal veranderd nadat hij Amma ontmoet had. Binnen een paar dagen gaf hij zijn werk op en ging in de ashram wonen. Amma waarschuwde hem dat hij een hoop problemen van zijn familie kon verwachten.

Zijn ouders en verwanten probeerden op alle mogelijke manieren hem ertoe te krijgen de ashram te verlaten. Ze probeerden hem zelfs te ontvoeren. Maar hun pogingen faalden. Uiteindelijk namen zij hun toevlucht tot zwarte magie. Die was krachtig genoeg om de brahmachari ernstig ziek te maken en hem zelfs te doden. Niemand wist dit totdat Amma het ons verscheidene maanden later vertelde.

Plotseling begon Amma te hoesten. De hoest werd erger en na een paar dagen hoestte Ze onafgebroken. Maar tot onze verbazing hield de hoest tijdens Devi Bhava op. Zodra Devi Bhava over was, begon Ze weer intens te hoesten. We probeerden Haar over te halen naar een dokter te gaan, maar Ze weigerde. Alle brahmachari's waren vreselijk bezorgd. Velen van hen begonnen te vasten als boetedoening voor Amma's gezondheid. Toen Amma dit vernam, zei Ze ons dat we moesten ophouden met vasten, maar we gingen ermee door. We zeiden dat we wilden vasten totdat Ze genezen was. Amma vertelde ons toen dat Haar gezondheid met een week beter zou zijn, of we nu vastten of niet, of zelfs als

Ze naar een dokter zou gaan, omdat Haar hoest niet het gevolg was van een infectie of ziekte maar het effect van zwarte magie.

Zoals Amma voorspeld had, verdween Haar hoest precies een week later plotseling en Ze kreeg Haar gezondheid terug. Ze zei ons dat als Ze de effecten van die zwarte magie niet op zich genomen had, het degene tegen wie het bedoeld was gedood zou hebben. Dus uit mededogen nam Ze de effecten van die vreselijke daad op zich.

De betekenis van spirituele oefeningen

Als we ons voorgenomen hebben het doel van spiritualiteit te bereiken, moeten we ons realiseren dat het spirituele pad niet over rozen gaat. Zeker, het pad is moeilijk maar de hindernissen mogen geen excuus zijn om onze spirituele oefeningen op te geven. Denk aan de volheid en perfectie die we kunnen verwerven door het uiteindelijke doel van eenheid met de Allerhoogste, de toestand van Yoga, te bereiken.

Soms willen we misschien schipperen met onze meditatie en andere spirituele oefeningen. Er is vaak iets "belangrijker" dat in plaats daarvan gedaan moet worden. Meditatie en andere spirituele oefeningen staan op onze dagelijkse agenda, maar deze punten worden onder aan het prioriteitenlijstje gezet. We kunnen onze beslissing misschien rechtvaardigen door te denken dat meditatie en andere spirituele oefeningen altijd morgen gedaan kunnen worden. Inconsistentie bij onze spirituele oefeningen is een van de redenen dat we geen gestage vooruitgang op het spirituele pad maken.

Onze spirituele zoektocht moet oprecht zijn, want alleen dan zullen er echte resultaten zijn. We moeten ons bewust zijn van de noodzaak en urgentie van onze spirituele oefeningen.

Veel mensen hebben het erg druk, maar op de een of andere manier vinden ze iedere dag de tijd om een paar uur te wandelen of wat oefeningen te doen op advies van hun dokter. Ze weten dat als ze dat niet doen, ze ernstige gezondheidsproblemen zullen krijgen. Hoe druk deze mensen het ook hebben, zij verwaarlozen hun oefeningen niet.

Op dezelfde manier moet meditatie een belangrijk deel van ons leven worden. Amma zegt altijd dat meditatie, japa (herhaling van een mantra) en andere spirituele oefeningen even waardevol als goud zijn. Deze oefeningen geven ons zowel spirituele groei als materiële vooruitgang. Zij helpen ons ook onze mentale en emotionele gezondheid te bewaren. Daarom is de tijd die we aan meditatie en andere spirituele oefeningen besteden nooit verloren tijd.

De half-om-half benadering

We kunnen één hele dag besteden aan het luisteren naar uiteenzettingen over God en alleen maar nadenken over God. Morgen denken we misschien dat het prima is als we niet mediteren maar in plaats daarvan de hele dag naar de tv kijken, omdat we gisteren de hele dag aan God dachten. Als we de ene dag op deze manier besteden en de andere dag op die manier, dan zullen we geen echte vooruitgang maken. Als we het volle profijt willen hebben, dan zegt Amma: "Alles wat je doet, alles wat je zegt, alles wat je denkt—al deze dingen moeten je voorbereiden op meditatie." Anders is het als tien stappen vooruit zetten en dan tien stappen terugglijden.

Er is een gezegde dat we de helft van wat we presteren door onze inspanning bereiken en de rest door Gods genade. Sommige mensen zeggen: "Ik ben tevreden met de helft van het succes. Dus laat God mij eerst Zijn aandeel geven. Ik kan er gewoon mijn gemak van nemen en me ontspannen." Amma zegt dat zo'n half-om-half benadering ons niet het volledige profijt geeft. Water kookt bij 100 graden Celsius, maar dat betekent niet dat bij 50 graden 50 procent van het water kookt.

Eens werd een man op zakenreis opgehouden in een klein dorpje halverwege zijn reis. Die nacht verbleef hij in een motel. Omdat hij twee of drie weken lang gereisd had, miste hij zijn vrouw, kinderen en vooral de heerlijke kipkerrie die zijn vrouw vaak klaarmaakte. Hij dacht: "Wat zou het fijn zijn om kipkerrie te hebben zoals mijn vrouw die maakt." Omdat hij eraan bleef denken werd het verlangen naar kipkerrie onweerstaanbaar. Hij keek in het telefoonboek. Tot zijn aangename verrassing zag hij dat er een restaurant was een paar straten verderop dat kipkerrie serveerde. Omdat het al laat was wilde hij geen risico lopen en dus nam hij een taxi naar het restaurant. Daar zag hij op het menu precies de schotel waar hij aan gedacht had. Hij had de schotel nauwelijks besteld of de ober diende hem al op. Hij was verrast door de omvang van de portie. Voor zo'n redelijke prijs was de schotel vol stukken kippenborst. Hij dacht: "O, ik moet al mijn vrienden vertellen hier te komen eten." Maar toen hij begon te eten dacht hij: "Ze hebben me zoveel kip gegeven, maar niets ervan smaakt als kip. Het smaakt als rundvlees." Hij riep de ober en vroeg hem: "Wat zit er in deze schotel?"

"Alleen kippenborst, niets anders," antwoordde de ober.

De man was niet tevreden met het antwoord. Hij haastte zich naar de manager en zei luid: "Ik heb om kipkerrie gevraagd, maar ik heb iets anders gekregen. Geen enkel stukje smaakt naar kip!"

"Nee meneer, het is echt kip. Er zit niet anders in die schotel," zei de manager.

"Ik geloof het niet," riep de zakenman uit. "Ik ga bij de autoriteiten klagen!"

115

Toen zei de manager zachtjes: "Meneer, als u klachten hebt, zal ik u uw geld teruggeven. De waarheid is dat de kip vandaag opraakte, daarom hebben we een beetje rundvlees aan de kipkerrie toegevoegd."

"Slechts een beetje." Alles smaakte naar rundvlees. Hoeveel vlees heeft u aan de kip toegevoegd?"

"Half om half, meneer."

"Half om half? Ik geloof het niet. Bedoelt u dat u een gelijk gewicht aan rundvlees aan de kip toegevoegd hebt?"

"Niet precies, meneer. Met half om half bedoel ik één kip in verhouding tot één koe."

Geen wonder dat de zakenman geen kip op zijn bord kon vinden.

We kunnen de ene dag in een ashram doorbrengen en dan de volgende dag onze tijd in een casino doorbrengen. Zelfs als we een volle dag in de ashram doorbrengen, kan het effect minimaal zijn door ons gebrek aan ontvankelijkheid. Als we daarentegen één dag in een casino doorbrengen, kan het effect erg sterk zijn vanwege onze sterke vasana's. In zo'n situatie zal alle profijt dat we door onze spirituele oefeningen verkregen hebben, niet volledig verwerkelijkt worden, zoals de smaak van één kip door de smaak van één koe overschaduwd wordt.

Amma zegt dat het voor ons allemaal belangrijk is om wat discipline in ons leven aan te brengen om het maximale profijt van spirituele oefeningen te krijgen: vasten, een gelofte van stilte voor bepaalde uren van de dag afleggen, meer mediteren, meer tijd besteden aan het herhalen van een mantra, spirituele boeken lezen, enzovoorts. Spirituele discipline kan iedere vorm aannemen afhankelijk van wat bij ons past.

Hoofdstuk 7

Voorbereiding op de meditatie

Aum Shanti, Shanti, Shanti

Shanti betekent vrede. Heel vaak eindigen bijzondere evenementen met de mantra "Aum shanti, shanti, shanti." Verstoringen van onze vrede komen van drie kanten en daarom herhalen we "vrede" driemaal:

1. Verstoringen die door natuurkrachten (adhi daivikam) veroorzaakt worden. Aardbevingen, cyclonen, overstromingen, droogte, hitte en koude behoren tot deze groep. Kunnen we rustig mediteren midden in een aardbeving of wanneer het hoge water ons huis onder water zet? We hebben geen controle over zulke dingen. We kunnen ons alleen snel in veiligheid stellen en om bescherming tegen deze natuurkrachten bidden. Daarom zingen we de eerste maal "shanti."

2. Verstoringen die we door de wereld om ons heen (adhi bhautikam) ervaren. Als de zoon van onze buren luid pop- of discomuziek speelt of hun hond blaft steeds wanneer wij proberen te mediteren, is dat een belemmering voor onze meditatie. Muggen, vliegen en voertuigen op de weg zijn allemaal voorbeelden van zulke verstoringen. Aan sommige ervan kunnen we iets doen, omdat we er gedeeltelijk controle over hebben. Als bijvoorbeeld de zoon van de buren te lastig is, kunnen we met hem en zijn ouders praten. Als dat niet helpt, kunnen we de politie opbellen. Of als muggen ons storen wanneer we proberen te mediteren, kunnen

we onder een muskietennet gaan zitten of een muggenspiraal branden om van de muggen af te komen.

3. Verstoringen die van binnen uit komen (adhyatmikam). Dit zijn onze voorkeur en afkeer, kwaadheid, jaloezie, rusteloosheid, geprikkeldheid, enzovoorts. Wij lijden allemaal onder deze innerlijke verstoringen. Hoewel we er op het ogenblik aan overgeleverd zijn, kunnen we ze met de juiste spirituele oefeningen helemaal onder controle brengen. Als we alert zijn en ons onderscheidingsvermogen kunnen gebruiken, kunnen we alle negatieve neigingen in de geest onder controle krijgen. De verstoringen die van binnen uit komen zijn het sterkst van allemaal, sterker dan een aardbeving of een cycloon, omdat zij onze rust en ons geluk totaal kunnen vernietigen. Gelukkig kan deze derde soort verstoring volledig geëlimineerd worden, in tegenstelling tot de eerste twee soorten.

Amma heeft eens het volgende verhaal verteld. Er was eens een man die in een omgeving wilde zijn die perfect was voor zijn meditatie. Hij probeerde veel verschillende plaatsen. Waar hij ook heen ging, er was overal een of andere verstoring: vogels tjilpten, honden blaften of mensen maakten ruzie en schreeuwden. Dus dacht hij: "Ik wil een kamer die geluiddicht is." Hij ging toen in een geluiddichte kamer zitten en begon te mediteren. Zoals we allemaal weten, zal zelfs een klein geluid als een groot lawaai ervaren worden wanneer er absolute stilte is. Toen hij in zijn geluiddichte kamer zat te mediteren, stoorde zelfs het tikken van zijn horloge hem. Het geluid leek zo hard dat hij het horloge uiteindelijk wegwierp. Hij begon toen opnieuw met zijn meditatie. Na enige tijd begon hij zijn eigen hartslag te horen. Toen het horloge te veel lawaai maakte, kon hij het weggooien, maar hoe kon hij zijn eigen hart weggooien?

Amma zegt dat totale vrijheid van uiterlijke verstoringen niet mogelijk is, omdat de wereld niet dood is, hij is vol leven. Er is zoveel activiteit in de wereld dat er altijd lawaai en verstoringen zullen zijn. Als er helemaal geen verstoringen zouden zijn wanneer we proberen te mediteren, zouden we waarschijnlijk in slaap vallen. Het is voor de meesten van ons heel gemakkelijk om in slaap te vallen wanneer er geen storingen zijn. Voor velen van ons is het zelfs geen probleem om in veel lawaai te slapen. Ik heb zelfs mensen zien slapen in dezelfde kamer waar luide bhajans gezongen werden.

In de beginjaren, toen de ashram erg klein was, was er alleen een kleine tempel en twee of drie hutten waar we in woonden. De backwaters omgaven de ashram. Bij de ashram waren een paar plaatsen waar de plaatselijke bevolking touw uit kokosvezel maakte.

De kokosvezel (de uitwendige groene vezel) wordt meerdere dagen in de backwaters geweekt. Daarna wordt hij eruit gehaald en wordt er met een stok op geslagen totdat alle vezels loslaten. Touw wordt gemaakt door deze vezels in elkaar te draaien.

Vanaf zeven uur 's morgens konden we het geluid horen van driehonderd vrouwen die onder luid gepraat met stokken op de kokosvezels sloegen. Het was zo'n herrie. En dat was de tijd waarop onze meditatiesessie iedere ochtend begon met Amma in ons midden. Het was voor ons allemaal een goede training om te proberen storingen van buitenaf te overwinnen.

Amma zei vaak: "Het is gemakkelijk om in de berggrotten van de Himalaya's te mediteren. Daar is niemand die ons stoort. Als we dezelfde diepe meditatie op een marktplaats kunnen bereiken, dan kunnen we zeggen dat we de kunst van het mediteren meester zijn."

Een zuivere geest is de belangrijkste factor bij het mediteren. Als de geest eenmaal zuiver en volwassen wordt, zullen er geen storingen meer zijn. Dan wordt meditatie spontaan.

De innerlijke verstoringen tot rust brengen

In het begin is het nodig om ons mentaal wat aan te passen voordat we diep in de meditatie proberen te duiken. Er zullen zeker stoornissen van buitenaf of in onszelf zijn. Wat voor stoornissen dit ook mogen zijn, we zullen niet kunnen mediteren of andere spirituele oefeningen doen zonder wat aanpassing. Nadat we ons in zekere mate aan de storingen van buitenaf hebben aangepast, kunnen we ons op onze eigen verstoringen van binnenuit richten die, zoals eerder vermeld, onze voorkeur en afkeer inhouden, kwaadheid, ongeduld, enzovoorts. Zelfs als de uiterlijke situatie erg kalm en rustig is, zullen verstoringen in onze geest onze meditatie in de war sturen.

Op een dag stond ik voor de kleine tempel bij de ashram. Er brandden wat wierookstokjes en er hing een aangename geur in de lucht. Een toegewijde kwam en vroeg mij waar we die fantastische wierook gekocht hadden. Ik antwoordde dat we die zelf in de ashram maakten. De toegewijde praatte een tijdje met me en toen ging hij de tempel in om te mediteren. Mensen mediteren graag in die tempel omdat Amma daar in de begintijd Devi Bhava darshan gaf. Daarom zijn de spirituele vibraties daarbinnen erg krachtig. Concentratie is gemakkelijker voor degenen die zich op die vibraties af kunnen stemmen.

Toen ik even later de tempel inging zag ik diezelfde persoon zitten mediteren, met zijn rug recht, ogen dicht: een perfecte houding. Toen hij na een tijdje de tempel uitkwam, vroeg ik hem of hij een goede meditatie gehad had. "Nee, swami," zei hij. "Zodra ik was gaan zitten en mijn ogen gesloten had, begon ik aan wierook te denken. Afgelopen week ben ik naar een winkel gegaan en heb ik wat wierook gekocht, maar die was van slechte kwaliteit en de winkelier heeft me er te veel voor gerekend. Toen ik probeerde te mediteren, bleef ik hierover denken en was ik kwaad op de winkelier. In gedachten voerde ik de hele tijd strijd met hem."

Hoewel deze man dus in de tempel zat, een plaats vol van Amma's goddelijke vibraties, kon hij niet eens kort mediteren. Hij kon alleen maar in gedachten met de winkelier vechten.

Zelfs als we in de meest geschikte omgeving zijn, kunnen we niet rustig mediteren als onze geest afgeleid wordt. Daarom is het belangrijker om iets aan de innerlijke verstoringen te doen dan aan de uiterlijke. Amma zegt dat we in een perfecte houding kunnen zitten, terwijl we van binnen een hele oorlog voeren en koken van woede, frustratie of haat.

Integratie van de innerlijke en uiterlijke wereld

Omdat het verwijderen van onze negatieve neigingen een lastig proces is, sluiten we een compromis en leven we ermee. Soms verbergen we zulke gevoelens en gedragen we ons naar buiten toe fatsoenlijk. Stel dat we iemand tegenkomen die we helemaal niet mogen. Zelfs dan zeggen we misschien: "Ik ben heel blij je te zien." We kunnen een hekel aan die persoon hebben, maar we zeggen hem dat niet. We verbergen het omdat men dat goede manieren vindt. Soms hebben we misschien in een lange rij in de supermarkt tien of vijftien minuten staan wachten. Juist als we ons geduld beginnen te verliezen, neemt de caissière de telefoon op en legt uit dat ze de kassa een paar minuten moet sluiten, maar dat ze meteen terug zal komen. We worden steeds ongeduldiger. Uiteindelijk komt ze terug en zegt: "Het spijt me vreselijk. Ik moest een dringend telefoontje beantwoorden."

Hoewel we uiterst ongeduldig zijn, zullen we zeggen: "'t Is prima. Doe het rustig aan." Dit zijn normale, fatsoenlijke manieren. In zekere zin is het goed dat we onze negatieve gevoelens kunnen verbergen of beheersen en naar buiten toe een positief beeld tonen. We kunnen een vriend hebben die lelijk is, maar zelfs dan zullen we nooit tegen hem zeggen: "Nou, je bent echt een lelijkerd." Als die vriend ons zou vragen: "Hoe zie ik eruit?" zullen we zeggen: "Je ziet er goed uit," of misschien zeggen we zelfs: "Je ziet er mooi uit."

Het is goed om naar buiten toe beleefd tegenover anderen te zijn, ook al voelen we ons van binnen anders, maar tijdens het mediteren moeten we helemaal een eenheid zijn. Wanneer we mediteren, staan we tegenover onze eigen geest. We kunnen niets voor onszelf verbergen of tegen onszelf liegen. Daarom moeten we evenveel aandacht schenken aan het corrigeren van de negativiteit in ons als aan de meditatietechniek. Tenzij de geest betrekkelijk kalm en rustig is, is het onmogelijk te mediteren. Dit betekent niet dat we moeten wachten met mediteren totdat we betrekkelijk rustig zijn. Dat zou in ons de neiging creëren om onze meditatie uit te stellen. Als we denken: "Op dit moment ben ik opgewonden en rusteloos, dus wacht ik totdat ik kalm ben en dan zal ik beginnen te mediteren," dan komt het er nooit van. We moeten tegelijkertijd mediteren en iets aan onze negativiteit doen. Amma geeft een vergelijking: "Denken dat je pas zult beginnen met mediteren wanneer je helemaal kalm en rustig bent, is alsof je op het strand staat en wacht totdat alle golven tot rust zijn gekomen zodat je kunt gaan zwemmen. Dat is onmogelijk."

Eens toen Amma Haar jaarlijkse tournee door Noord India maakte, bracht Ze een bezoek aan de heilige stad Haridwar, waar de heilige rivier de Ganga doorheen stroomt. Toen Amma in Haridwar was, ging Ze naar de Ganga om zich te baden. Het water was zo koud dat wij er zelfs onze voeten niet in konden steken. Om ons heen maakten mensen veel lawaai: ze bliezen op schelpen en herhaalden mantra's, kinderen gilden en schreeuwden, en verkopers venten hun waar. Amma staarde naar de stromende rivier. Plotseling stapte Ze in het ijskoude water. Binnen een paar minuten was Amma in samadhi. Het lawaai, het ijskoude water en de andere uiterlijke afleidingen beïnvloedden Haar helemaal niet. Zich vasthoudend aan een paal vanwege de kracht van het snel stromende water, stond Ze tot aan Haar middel in het water, een paar uur lang volledig onbewust van de wereld. We moesten Haar er uiteindelijk uitdragen. Anders was Ze voor onbepaalde tijd in het ijskoude water blijven staan. Toen we Haar uit het water droegen, was Haar lichaam zo stijf als een plank. De brahmacharini's wreven Haar handen en voetzolen. Na ongeveer een half uur werd Haar lichaam weer een beetje warm en kwam Ze weer tot normaal bewustzijn.

Als de geest eenmaal een verheven staat bereikt, is geen enkele uiterlijke verstoring een probleem. We zien deze staat in Amma weerspiegeld. Om door iets beïnvloed te worden moet Zij toestaan dat Ze beïnvloed wordt.

De geest trainen om in het heden te blijven

Ik herinner me een voorval dat een paar jaar geleden in Zweden plaatsvond. Op de laatste avond van de Europese tournee was er geen programma en de groep die met Amma meereisde had de kans om alleen bij Haar te zijn. Amma serveerde iedereen het avondeten, maakte grappen met ons en vertelde ons verhalen. Het was de meest gedenkwaardige gebeurtenis van de drie maanden durende reis. Er was één hard werkende toegewijde die vlak naast Amma zat. Amma streelde liefdevol over haar haar en haar rug. Ze toonde haar overvloedig Haar affectie. Het moet voor die persoon een prachtige ervaring geweest zijn. De andere leden van de groep waren een beetje jaloers. Na een paar minuten begon de vrouw te snikken. We dachten allemaal dat ze overweldigd was door Amma's liefde en affectie. Amma vroeg haar: "Mijn lieve dochter, waarom huil je?" Ze antwoordde dat ze huilde omdat

Amma die ochtend iedereen geroepen had om te mediteren, maar men het haar niet verteld had. Amma zei: "Waarom denk je aan wat er vanochtend gebeurd is? Dat is nu het verleden. Nu zit je dicht bij Amma. Niemand anders heeft nu deze kans. Probeer dus zo goed mogelijk van deze gelegenheid gebruik te maken. Geniet van de huidige situatie in plaats van over het verleden te piekeren en jezelf ellendig te voelen."

Zo verspillen we veel van onze kansen. Amma zegt altijd dat we moeten proberen in het huidige moment te leven. Als we in het verleden leven, kunnen we onmogelijk genieten van wat er nu gebeurt. Het leven is altijd in het nu. De geest trainen om in het huidige moment te blijven is echte meditatie.

Houding en handelen

De juiste houding helpt ook bij meditatie. De invloed van al onze handelingen en gedachten kunnen we voelen wanneer we gaan mediteren. Iedere gedachte, iedere handeling, iedere emotie bepaalt de kwaliteit van onze meditatie. We moeten dus oppassen dat we ons niet met activiteiten inlaten die een belemmering voor onze meditatie vormen. We doen in ons dagelijks leven veel dingen die niet echt nodig zijn. Zulke handelingen kunnen geleidelijk aan vermeden worden, hoewel het misschien niet mogelijk is om er onmiddellijk mee op te houden.

Stel dat we de gewoonte hebben om naar griezelfilms te kijken of detectives te lezen. Het is goed als we zulke angst veroorzakende activiteiten kunnen vermijden omdat de gedachten eraan in ons onderbewuste blijven. Tijdens onze meditatie zullen al die herinneringen weer naar boven komen. Door juist begrip kunnen we zulke activiteiten langzamerhand vermijden en ze vervangen door goede activiteiten die nuttig zijn voor onze spirituele groei.

In de begintijd waren er minder toegewijden en Amma had nog geen instituten opgericht of charitatieve activiteiten georganiseerd. Amma besteedde er iedere dag veel tijd aan om bij de toegewijden te zijn die de ashram bezochten. Ze praatte met hen, beantwoordde hun vragen, nam hun twijfels weg en gaf hun veel persoonlijke aandacht en zorg. Dit gaf hun de kostbare gelegenheid om zich dicht bij Haar te voelen. Op een dag kwam er een nieuwe toegewijde Amma opzoeken. Hij wist niet veel van Haar af, maar hij bleef een week in de ashram.

De hele week zag hij dat Amma de meeste tijd met de toegewijden doorbracht zonder zelf veel te slapen of te eten. Uiteindelijk vroeg hij: "Amma, U vraagt de brahmachari's te mediteren, maar ik zie U nooit mediteren. Waarom is dat?"

Amma antwoordde: "Alles wat Ik doe is meditatie. Wanneer Ik darshan geef of tijd met de toegewijden doorbreng, zie Ik hen altijd als God."

Sommigen van jullie hebben Amma misschien "Amma, Amma" horen herhalen terwijl ze de toegewijden ontvangt. Als er duizend mensen voor de darshan zijn, zal Ze de mantra dus minstens duizend keer herhalen. In India komen er iedere dag duizenden mensen naar Haar toe voor Haar darshan. Zo maakt Amma zelfs van Haar darshan een aanbidding. Natuurlijk is het voor Amma niet nodig om mantra's te herhalen of te mediteren, omdat Ze al in Godsbewustzijn gevestigd is. Amma doet deze dingen om ons iets te leren en een voorbeeld voor ons te zijn.

Amma ziet zelfs gewone mensen als God, terwijl wij niet in staat zijn om de Godin (Amma) als de Godin te zien, zelfs niet nadat we veel indrukwekkende ervaringen met Haar gehad hebben. We vergeten de waarheid dat Amma de Godin is. Hoe vaak denken we eraan dat Amma de Goddelijke Moeder is, hoewel velen van ons dat diep in ons hart wel weten? Vaak beschouwen we Haar gewoon als een vriendin. Ik heb sommige mensen

Amma horen aanspreken met: "Hoi, hoe gaat het ermee?" Eén keer hoorde ik iemand Amma vragen: "Hé mensen, wanneer slapen jullie?" Hoewel Amma alle goddelijke eigenschappen tot uitdrukking brengt, zijn we vaak nonchalant met wat we tegen Haar zeggen en de manier waarop we het zeggen.

We kunnen Amma aanbidden, voor Amma knielen of puja voor Amma doen, maar zelfs tijdens al die dingen dwaalt onze geest helaas af. In tegenstelling hiermee ziet Amma ons voortdurend als God ondanks al onze tekortkomingen en ondeugden. Voor zo iemand is geen andere meditatie nodig.

Hoofdstuk 8

Het pad van devotie

Vier soorten toegewijden

Het hindoeïsme, dat ook bekend staat onder de naam Sanatana Dharma (de eeuwige weg van het leven), heeft verschillende wegen voor Zelfrealisatie aangegeven. Deze vele wegen zijn bedoeld voor zoekers van verschillende intellectuele en mentale geaardheid. Geen van deze paden kan als lager of hoger dan een ander beschouwd worden. Heer Krishna bevestigt dit in het twaalfde hoofdstuk van de Bhagavad Gita, getiteld Bhakti Yoga (de Yoga van devotie). In dit hoofdstuk vraagt Arjuna aan Krishna: "Heer, er zijn toegewijden die van U houden en U aanbidden als een Goddelijk Persoon, en er zijn anderen die U beschouwen als vormloze kracht. Welke van deze wegen is de hoogste?" In Zijn antwoord zegt Krishna dat beide wegen even verdienstelijk zijn en dat de geschiktheid van iedere weg afhangt van de eigenschappen van de zoeker. Een baby heeft zacht en gemakkelijk te verteren voedsel nodig, terwijl een volwassene misschien voedsel met een hogere calorische waarde nodig heeft. Op dezelfde manier zijn verschillende wegen geschikt voor verschillende zoekers.

Er zijn heel weinig mensen die zuivere liefde voor God voelen. De meeste mensen bidden tot God om van verdriet bevrijd te worden of voor de vervulling van hun behoeften en verlangens. In overeenstemming daarmee zijn de toegewijden in de *Bhagavad Gita* in vier groepen ingedeeld:

1. Mensen die lijden (artta).
2. Mensen die rijkdom of vervulling van verlangens zoeken (artharthi).
3. Mensen die God zoeken (jijnasu).
4. Mensen die God gevonden hebben en in Hem gevestigd zijn (jnani).

Mensen in moeilijkheden worden toegewijd om verlichting van verdriet te vinden en om hun wrok weg te laten nemen. Zodra hun verdriet over is, houden ze op met bidden of het vereren van God totdat ze een volgende keer weer in de problemen zitten. Voor hen is God een middelaar om voor hen te werken en hun verlangens te vervullen. Ze realiseren zich gewoonlijk niet dat gehechtheid aan vergankelijke wereldse objecten de oorzaak van hun verdriet is. God is voor hen als een pijnstiller. Dit soort devotie behandelt alleen de symptomen wanneer die zich voordoen. De oorzaak van de ziekte wordt niet weggenomen.

Mensen in de tweede categorie zijn degenen die veel wereldse verlangens hebben, die vaak hebzuchtig en ambitieus zijn en die Gods hulp zoeken voor de vervulling van hun verlangens. Zulke mensen zijn misschien al zeer welgesteld, maar ze zijn niet tevreden. Ze houden voornamelijk van God omdat God hun dierbare verlangens kan vervullen. Ze geven donaties aan charitatieve instellingen of aan een kerk of tempel met de houding van iemand die een verzekeringspremie betaalt of een investering doet. Zij verwachten een flinke opbrengst.

Een jijnasu is iemand die ontgoocheld is door de wereld en alle wereldse genietingen. De futiliteit van alle wereldse doeleinden is tot hem doorgedrongen en deze toegewijde zoekt nu de hogere waarheden van het leven. Zo iemand bidt tot God om devotie, onthechting en ware kennis en wijsheid. Alleen dit kan hem echt geluk schenken.

Een jnani is iemand die zich helemaal met God geïdentificeerd heeft. Zo iemand ziet God in alles en mediteert ononderbroken op de Ultieme Waarheid, zonder ooit afgeleid te worden. Hoewel een jnani in ieder opzicht volledig en perfect is, behoudt hij de aard van een toegewijde enkel om van Gods *lila* (goddelijk spel) te genieten. Liefde voor God is een natuurlijke toestand voor de jnani. Van alle toegewijden is de jnani de Heer het dierbaarst. Heer Krishna zegt: "De jnani is Mijn eigen Zelf." In de *Srimad Bhagavatam* geeft de Heer toe: "Ik ben een slaaf van Mijn toegewijden. Mijn hart is in de greep van Mijn toegewijde, zo groot is mijn liefde voor hem." God zal alles doen om degenen die Hem toegewijd zijn te beschermen.

Er zijn belangrijke verschillen tussen deze vier soorten toegewijden. In de *Bhagavad Gita* legt Krishna uit dat alle toegewijden edel (udarah) zijn. Zelfs de artta en artharthi proberen echt en blijvend geluk te vinden, ook al is het door wereldse verworvenheden. Na verloop van tijd overwinnen deze zoekers langzamerhand alle wereldse gehechtheid en beginnen zich te realiseren dat men de Eeuwige Werkelijkheid, d.w.z. God of de Atman, moet realiseren om echt en blijvend geluk te bereiken. Hun devotie wordt steeds zuiverder en geleidelijk ontwikkelen zij zich tot jijnasus (zoekers van de Waarheid of God) en later tot jnani's. Krishna verklaarde dat iedereen die aan Hem is toegewijd, als rechtschapen beschouwd dient te worden, want zo iemand heeft het juiste besluit genomen en zal spoedig blijvende rust verkrijgen. Voor sommigen kan deze transformatie zich binnen één leven voltrekken, voor anderen kan het vele levens duren. Vroeg of laat zal iedereen de Allerhoogste bereiken.

Eigenschappen van een echte toegewijde

In het epos *Srimad Bhagavatam* zegt de Heer dat Hij Zijn toegewijden op de voet volgt om het stof van hun voeten op Zijn voorhoofd te dragen. Als de Heer zo'n liefdevolle dienaar van iemand wordt, dan is diegene inderdaad een echte toegewijde. Wie is een echte toegewijde? Krishna legt de eigenschappen van een echte toegewijde uit in de *Bhagavad Gita*, hoofdstuk 12, vers 13-16.

De Heer zegt dat de eerste eigenschap van een echte toegewijde is dat hij geen haat koestert voor enig wezen in deze hele schepping. We voelen haat wanneer iets of iemand verhindert dat onze verlangens, genietingen of verwachtingen vervuld worden. We verwachten veel van anderen en wanneer onze verwachtingen niet uitkomen, beginnen we een hekel aan die mensen te krijgen of ze te haten. Alleen liefde zonder verwachtingen is echte liefde. Een echte toegewijde verwacht van niemand iets. In de ogen van zo'n toegewijde is iedereen gelijk en hij accepteert alles wat op hem afkomt, goed of slecht, als Gods liefdevolle wil.

Een andere reden voor het ontwikkelen van haat tegenover iemand is het gevoel dat die ander van ons verschilt. Jnani's zien zichzelf in de hele schepping en zij zien de hele schepping in zichzelf. Zij zijn vol liefde voor alle wezens in de wereld. Deze liefde voor alle wezens is het tweede kenmerk van een echte toegewijde.

Het beste voorbeeld hiervan is Amma, die zegt: "Een ononderbroken stroom van Liefde stroomt van Mij naar alle wezens in de kosmos." Amma koestert tegenover geen enkel schepsel in dit universum haat, zelfs geen wrevel. "Zij die Mij haten en Zij die van Mij houden zijn voor Mij hetzelfde," zegt Amma. Ze houdt van iedereen evenveel. Haar liefde omvat de hele Schepping.

Amma legt universele liefde met een prachtig voorbeeld uit. "Als we onze hand per ongeluk in ons oog steken, straffen we onze hand niet en geven het oog niet de schuld, omdat het delen van ons eigen lichaam zijn. Zo ook doordringt hetzelfde Bewustzijn het hele universum en de hele Schepping is de belichaming van God." Een echte toegewijde ziet zijn geliefde God in alle wezens. Er is dus in zijn hart geen plaats voor negatieve gevoelens tegenover anderen.

Vele jaren terug, toen Amma's neef geprobeerd had Haar te doden, werd hij met een dodelijke ziekte in het ziekenhuis opgenomen. Voor hij stierf, zocht Amma hem in het ziekenhuis op. Ze liefkoosde en troostte hem en gaf hem liefdevol met Haar eigen handen te eten. De neef was vol wroeging over wat hij had proberen te doen. Hij barstte in tranen uit nu hij zelf Amma's mededogen en vergeving ervoer.

Een treffend voorval in het leven van de heilige Namadev illustreert de universele liefde van een echte toegewijde. Namadev was een vurige toegewijde van de Heer en had grote hoogten van Godsrealisatie bereikt. Op een dag ging Namadev zijn middagmaal nuttigen, dat uit een paar chapatti's (droog, plat brood) en een beetje boter bestond. Toen hij op het punt stond te gaan eten, liep er een zwerfhond binnen en rende weg met een chapatti. Namadev rende de hond achterna met de overblijvende chapatti's in zijn hand. Na een lange achtervolging haalde hij de hond eindelijk in. Hij nam de chapatti uit de bek van de hond en begon er boter op te smeren. Hij smeekte de hond met liefde en devotie: "O Heer, eet deze droge chapatti's niet. Ze kunnen in je keel blijven steken. Neem er alstublieft wat boter bij." Namadev zag de hond als een manifestatie van de Heer. Door de hond te eten te geven gaf hij de Heer zelf te eten. Dit is de wonderbaarlijke visie van een echte toegewijde.

Voor echte toegewijden is God hun Alles. Zij zien alles als Gods wil en accepteren alles, goed of slecht, aangenaam of onaangenaam, als Gods prasad. De devotie van de echte toegewijde is onder alle omstandigheden onwankelbaar. Hij moppert niet en is zelfs niet ontevreden wanneer hij zich in moeilijke omstandigheden bevindt. God verblijft in het hart van een echte toegewijde en haast zich hem te helpen steeds wanneer er problemen zijn. Als de roep van een toegewijde oprecht is, zal God onmiddellijk reageren. Hoe intenser het gebed van een toegewijde is, des te sneller zal God antwoorden.

Nilambaran is een vurige toegewijde van Amma. Hij woont in een dorp bij de ashram. Hij was landarbeider en ging na zijn werk overdag op de akkers zonder mankeren naar Amma's bhava darshans. Een paar jaar geleden kreeg hij financiële problemen. Op een dag zei hij terloops tijdens het werk op de akkers: "Omdat ik geen geld heb, denk ik dat mijn gezin de komende dagen honger zal moeten lijden."

Zijn collega's hadden vaak kritiek op Amma. Toen zij hadden gehoord wat Nilambaran zei, hielden zij hem voor de gek en zeiden: "Waarom maak je je zorgen? Het jonge meisje dat jij aanspreekt en aanbidt als Devi, zal je zeker geld geven." Toen Nilambaran hun spottende woorden hoorde, was hij zeer bedroefd en bad vurig tot Amma om hem uit deze benarde situatie te redden. De lunchpauze begon en toen de arbeiders in de schaduw van een boom zaten, kwam er plotseling een meisje naar Nilambaran toe met een twintig roepie biljet in haar hand. Zonder een woord te uiten stopte ze het in Nilambarans hand en vertrok onmiddellijk. Nilambaran was van zijn stuk gebracht omdat hij dit meisje nooit eerder gezien had. Hij wist niet waarom zij het twintig roepie biljet in zijn hand had gestopt. De andere arbeiders dachten dat het meisje een schuld afbetaalde, maar Nilambaran had aan niemand geld geleend. De werkers vroegen Nilambaran wie het meisje was. Hij zei dat hij het niet wist. De arbeiders waren ook verrast.

Toen Nilambaran de volgende dag tijdens Devi Bhava Amma's darshan ontving, zei Ze in zijn oor: "Mijn zoon, heeft Devi je gisteren geld gegeven? Mijn kind, het is Amma die naar je toegekomen is." Nilambaran was met ontzag vervuld en tranen van devotie liepen over zijn wangen.

Een echte toegewijde geeft alles, zijn lichaam, geest en intellect, aan God over en is helemaal van God afhankelijk. Zo'n overgave is moeilijk te bereiken. Wanneer er zich moeilijke situaties voordoen, is deze houding van overgave meestal ver te zoeken. Veel mensen beweren dat zij hun toevlucht tot God genomen hebben, maar ze vergeten dit gauw. Ze geloven alleen in hun eigen kracht. Ze gaan prat op hun eigen capaciteiten om problemen op te lossen. Wanneer het ego op de proppen komt, verdwijnt alle overgave. Er is een verhaal over Heer Shiva dat deze waarheid duidelijk laat zien.

Op een dag zat Heer Shiva met Zijn heilige echtgenote Parvati op de berg Kailash. Plotseling stond Hij op en liep weg zonder een woord te zeggen. Parvati was verrast. Maar na slechts een paar seconden keerde Heer Shiva terug en ging weer zitten. Toen vroeg Parvati: "Mijn Heer, waar ging U zo haastig heen en waarom bent U zo snel teruggekomen?"

De Heer zei: "Een van Mijn toegewijden werd lastiggevallen door herrieschoppers en de toegewijde bad tot Mij om hulp."

"Heb je hem gered?" vroeg Parvati.

Heer Shiva glimlachte en zei: "Mijn tussenkomst was niet nodig. Zodra ik daar kwam, zag ik dat hij een steen in zijn hand genomen had en tegelijkertijd de plaatselijke mensen vroeg om met hem mee te vechten. Daarom ben ik teruggekeerd. Als de toegewijde denkt dat hij zichzelf kan beschermen, waarom is het dan nodig dat ik hem kom redden?"

De betekenis van het verhaal is niet dat we ons niet moeten verdedigen als we aangevallen of bedreigd worden, maar we moeten nooit vergeten dat het Gods kracht is, en niet onze eigen kracht of die van onze medemensen, die de overwinning brengt.

Alles is Gods wil

Een zoeker die de weg van devotie volgt, overdenkt: "Alles is mijn Geliefde. Ik ben helemaal niets. Alles gebeurt volgens Gods wil."

De toegewijde beschouwt zichzelf als een instrument van God of als Gods dienaar en daarom is de kans om egoïstisch te worden voor hem kleiner dan voor een zoeker die een andere weg volgt. Voor een ware toegewijde is alles God. Dit staat in sterk contrast met een zoeker op het pad van kennis die denkt: "Ik ben alles (het Zelf)."

Als je een toegewijde bent heeft dat veel voordelen. Het leven van een echte toegewijde is helemaal aan God gewijd in wat voor situatie hij zich ook bevindt. Verdriet raakt hem niet. De toegewijde leidt een zorgeloos bestaan onder Gods beschermende vleugels, waarbij hij volledig opgaat in de gedachte aan zijn geliefde Heer. Toch zijn zulke toegewijden zeldzaam. Het realiseren van zulke zuivere devotie is als het winnen van een loterij. Het aantal aspiranten is erg groot en winnaars zijn er heel weinig. Het vereist werkelijk de hoogste genade van God om zuivere devotie te bereiken. Voor ons, die Amma in ons midden hebben als de belichaming van goddelijke liefde en genade, is het echter veel gemakkelijker.

Van het resultaat van devotie kan men meteen vanaf het begin genieten. Zoals Amma zegt: "Bhakti (devotie) is als een broodvruchtboom die vruchten aan de stam draagt. De vruchten kunnen gemakkelijk geplukt worden. Bij andere bomen (die met andere spirituele paden vergeleken kunnen worden) moet je soms hoog klimmen om de vruchten te plukken. Op het pad van devotie kun je meteen vanaf het begin genieten van de vruchten van gelukzaligheid, terwijl die je bij andere wegen pas op het einde kunt krijgen.

Hoofdstuk 9

Het pad van activiteit

Inzicht, acceptatie en onthechting

Waarom bidden we tot God? De meesten van ons bidden omdat we gelukkig en tevreden willen zijn. Eenvoudig gezegd, we bidden tot God om iets te krijgen of van iets af te komen. Stel dat we al onze tijd doorgebracht hebben door aan onze Guru of God te denken en toch veel tegenslagen ondervinden, de een na de ander. Hoelang zal ons vertrouwen en onze devotie dan duren? Wie kan van een onzichtbare God blijven houden die nooit een kans voorbij laat gaan om ons moeilijkheden en beproevingen te geven? Onder zulke omstandigheden zou men zelfs atheïst kunnen worden. Het is nog moeilijker om van degenen te houden die ons pijn en verdriet bezorgen.

Maar kijk nu eens naar Amma. Ze kreeg van niemand liefde in Haar jeugd. Haar hele familie en de dorpelingen gaven haar herhaaldelijk op Haar kop en maakten Haar belachelijk. Er was niemand om Haar ziel kracht te geven door geschikt spiritueel advies—geen guru. (Natuurlijk had ze niet echt een Meester nodig, omdat Ze met de hoogste kennis en wijsheid geboren was.) Ondanks al deze ongunstige omstandigheden klaagde Ze nooit en verloor Ze niet één keer Haar vertrouwen. Voor iedere hardvochtige behandeling die Ze ontving, gaf Ze alleen liefde en mededogen terug.

Amma is altijd als een roos geweest die schoonheid en geur aan de wereld schenkt, hoewel hij alleen koeienmest en vuil krijgt.

Ik vroeg Haar eens: "Amma, was U niet teleurgesteld over Uw leven, vooral over die lange periode van ontberingen?"

Amma antwoordde: "Ik was helemaal niet teleurgesteld, omdat ik de aard van de mensen en de wereld ken en nooit iets van iemand verwacht. Ik ga gewoon door met Mijn werk en het vervullen van Mijn taak zonder iets te verwachten. Daarom is er geen teleurstelling." Amma voegde er ook aan toe dat Ze niet wacht om te genieten van de resultaten van Haar activiteiten, maar dat Ze van de activiteit zelf geniet. Dit is een belangrijke boodschap voor ons allemaal.

We denken misschien dat Amma's kaliber, moed en mededogen buiten ons bereik liggen. Toch kunnen we ons eigen leven ongetwijfeld verrijken als we dit onderricht van Amma in ons proberen op te nemen.

Iedere situatie die we meemaken, kan veel mogelijke uitkomsten hebben. Helaas verwachten we door onze beperkte visie slechts één bepaald resultaat en zijn we teleurgesteld als het resultaat verschilt van dat waar we op gerekend hadden. Dit wil niet zeggen dat we alles eenvoudig moeten accepteren zoals het gebeurt. Je hoeft geen speelbal van de gebeurtenissen te zijn. Laten we ons best doen om het resultaat te krijgen dat we willen, maar als dat niet mogelijk is, dan moeten we leren om de uitkomst te accepteren, wat die ook is.

Soms is een situatie zodanig dat we niet van een probleem weg kunnen lopen, het is dan alsof we proberen weg te lopen van onze eigen voeten. Maar tegelijkertijd hebben we misschien niet de kracht om het probleem onder ogen te zien. Wat kunnen we dan doen?

Wat nodig is, is een duidelijk inzicht in en acceptatie van de situatie. Een man zei tegen zijn vriend: "Op koude dagen weet ik wat ik moet doen: me warm proberen te houden. Als dat niet mogelijk is, weet ik wat ik nog meer kan doen: kou lijden."

Volgens de hindoegeschriften is de sleutel tot succes in het leven dat je je met hart en ziel inzet, zonder aan de vruchten van dat handelen gehecht te zijn en zonder al te bezorgd over het resultaat te zijn. We denken misschien dat het onmogelijk is zonder verwachtingen te handelen. Wel, áls je dan verwachtingen wilt hebben, verwacht dan ieder mogelijk resultaat. Anders moet je je op teleurstellingen voorbereiden.

Stel dat ik duizend dollar nodig heb en ik vraag een vriend me dat geld te lenen. Dan zijn er vijf mogelijke uitkomsten.

1. Hij kan me de duizend dollar geven.
2. Hij kan denken dat ik een aardig iemand ben en zich herinneren dat ik hem bij veel gelegenheden geholpen heb. Hij kan me dus meer dan duizend dollar geven.
3. Hij kan ook wat financiële problemen hebben en me slechts vijfhonderd dollar geven.
4. Hij kan zulke financiële problemen hebben dat hij me geen geld kan geven.
5. Zijn financiële moeilijkheden kunnen nog groter dan de mijne zijn en in plaats van me te helpen kan hij proberen geld van mij te lenen. Dus uiteindelijk leen ik misschien geld aan hem.

Ik kan dus meer krijgen dan ik gevraagd heb, of minder dan ik gevraagd heb. Ik kan precies het bedrag krijgen dat ik nodig had, of ik kan helemaal niets krijgen. En ten slotte kan ik hem geld geven, omdat zijn nood groter is dan de mijne. Deze uitkomsten zijn allemaal mogelijk. We hebben geen controle over wat er kan gebeuren. De *Bhagavad Gita* zegt: "We hebben de vrijheid om te handelen, maar niet om het resultaat te bepalen omdat het resultaat van een handeling ook van andere factoren afhangt. Verricht daarom je activiteiten zonder aan de resultaten gehecht te zijn."

Het erkennen van deze waarheid is geen pessimisme. Het is gewoon reëel zijn. Misschien ben je vertrouwd met de wet van Murphy die zegt: "Alles wat fout kan gaan, zal fout gaan." Als een auto bijvoorbeeld kapot kan gaan, zal hij kapotgaan. We kunnen pessimisme in realisme veranderen door eraan toe te voegen: "Als hij niet kapotgegaan is, wees God dan dankbaar." Alleen een sterke en ontvankelijke geest kan deze waarheden in zich opnemen.

De geest trainen

Het ontwikkelen van de kracht en het inzicht om de resultaten van ons handelen, wat die ook mogen zijn, te accepteren is echte volwassenheid. Daarom zegt Amma dat mentale en emotionele volwassenheid erg belangrijk is voor een gelukkig en vredig leven.

Amma geeft een voorbeeld: Als we alleen de bovenste delen van ons lichaam trainen, zoals onze armen en borst, zullen die delen ongetwijfeld sterke spieren ontwikkelen, terwijl de onderste delen van het lichaam zich minder zullen ontwikkelen. Wat zal iemand met een gespierde borst, biceps en triceps, maar met dunne en zwakke dij- en kuitspieren er raar uitzien. De ontwikkeling zal niet in verhouding zijn.

De meesten van ons zijn lichamelijk sterk en volwassen. Veel mensen doen lichamelijke oefeningen om fit te blijven. Helaas oefent bijna niemand de geest om die sterk en volwassen te maken. Als je een goede gewichtheffer wilt worden, moet je oefenen in het tillen van zware gewichten. Het is niet voldoende als je een vel papier of een potlood blijft optillen. Op dezelfde manier moeten we, als we ons volledig willen ontwikkelen, onze geest trainen, die de basis van al onze gedachten, woorden en daden is. Moeilijke en uitdagende situaties in het leven kunnen we als oefeningen voor de geest gebruiken.

Wanneer we handelen met te veel gehechtheid aan of bezorgdheid over de resultaten van een activiteit, verslechtert onze prestatie. Wanneer we aan een wedstrijd deelnemen, willen we natuurlijk de eerste prijs behalen, maar vaak kan ons sterke verlangen om de prijs te winnen ons van streek brengen. Als we meer aan winnen dan aan presteren denken, zal de druk om te winnen ons onze kracht ontnemen. De geest kan niet goed functioneren als hij aan een resultaat gehecht is.

Laten we het voorbeeld van een schietwedstrijd nemen. Tijdens de oefenbijeenkomst zullen veel deelnemers het uitstekend doen. Zij denken niet aan schieten voor een bepaalde prijs. Ze zijn gewoon aan het oefenen. Maar wanneer ze in de echte wedstrijd beginnen te schieten, denken ze aan het winnen van de prijs en worden misschien zenuwachtig. Ze zien misschien twee doelen en missen de roos. De bekwaamheden van de schutter zijn niet afgenomen, maar de gedachte aan het winnen van de prijs verdeelt zijn aandacht en verstoort zo zijn concentratie. Ik zou graag een van mijn eigen ervaringen hieraan toe willen voegen.

Nadat ik afgestudeerd was, solliciteerde ik naar een baan en werd voor een gesprek opgeroepen. Het was mijn eerste sollicitatiegesprek en de druk die gecreëerd werd door mijn besluit die bepaalde baan in de wacht te slepen, veroorzaakte veel stress en spanning in me. Ik was alleen gericht op het krijgen van die baan en op mijn bezorgdheid wat ik moest doen als ik die niet kreeg. Zoals men mij verzocht had verscheen ik voor het sollicitatiegesprek. De ambtenaren die het sollicitatiegesprek voerden, stelden alleen eenvoudige vragen, maar door mijn gemoedstoestand maakte ik niets van de antwoorden. Mijn antwoorden waren allesbehalve indrukwekkend. Aan het einde van het gesprek zei de hoofdambtenaar: "Dank u wel. We zullen het u laten weten." Dat was jaren geleden en ze hebben me nog steeds niets laten weten.

Zo eist onze obsessie met of angst over de resultaten van onze handelingen zijn tol van ons. Amma zegt altijd dat je tijdens het werk je volle aandacht op het werk moet richten. Denk zelfs niet aan het resultaat. Voordat je met het werk begint, moet je zeker van je doel zijn. Maar onder het werk mag er geen storing of afleiding in je geest zijn.

Amma had al een verbazingwekkende psychologische volwassenheid op zeer jonge leeftijd. Ze kreeg die door te leren van iedere ongunstige situatie waar Ze mee te maken kreeg. Iedere moeilijke ervaring was een passage uit het levensboek, die Zij zonder wrok of haat tegenover iemand verwerkte. Haar alertheid, bewustzijn en onderscheidingsvermogen stelden Haar in staat om alle soorten ervaringen te verwerken en Ze was altijd tot meer bereid. Iedere ongunstige situatie werd voedsel voor Haar geest zodat die in pracht en kracht kon groeien. Ze leerde steeds een nieuwe les van iedere situatie in het leven. Daarom schijnt Haar leven nu als de Poolster, die ontelbare verloren zielen leidt.

Amma heeft niet alleen zelf deze bekwaamheid, maar Zij helpt ook ons deze bekwaamheid te ontwikkelen. Tijdens een van Amma's programma's in Haar ashram in San Ramon, Californië, brak er brand uit in de ashramkeuken en sommige toegewijden liepen brandwonden op. Amma, de swami's en veel andere toegewijden gingen hen in het ziekenhuis opzoeken, gaven hun morele steun en baden voor hen. Amma sprak ook vaak door de telefoon met hen. Hoewel zij lichamelijk leden, werd hun geest niet negatief beïnvloed dankzij Amma's liefde en zorg. Zij werkten allemaal weer in de keuken toen Amma de keer daarop San Ramon bezocht, en ze hadden meer enthousiasme en toewijding dan ooit.

Toen ik met hen sprak, vertelden ze mij dat hun vertrouwen in Amma na de brand verdiept was, omdat ze Amma's aanwezigheid, genade, kracht en steun in al hun moeilijkheden ervaren hadden. Zij wisten ook dat als het ongeluk ergens anders of op een andere tijd gebeurd was, zij niet zo snel hersteld zouden zijn van de schok, de pijn en het lijden. Velen van hen zeiden dat zij iedere keer dat Amma hen opbelde of hun via andere toegewijden prasad stuurde, een stoot nieuwe energie en kracht kregen. Zij wisten dat het hun prarabdha karma was om zo te lijden en dat zo'n ongeluk gebeurd zou zijn, waar ze ook geweest zouden zijn. Omdat het gebeurde toen Amma bij hen was, konden zij Amma's persoonlijke aandacht en troost krijgen, wat enorm hielp hun lijden te verzachten.

Een van de gewonde toegewijden zei: "Het vuur heeft ons lichaam verwond, maar niet ons vertrouwen en onze levenskracht. In feite heeft het ons vertrouwen versterkt." Zij zagen het ongeluk niet op een negatieve manier en piekerden niet over hun lot, maar zagen het ongeluk als een mogelijkheid om te groeien en hun leven opnieuw aan Amma's voeten op te dragen. Ze lieten het geen struikelblok in hun leven worden, maar veranderden het in een springplank voor hun spirituele groei.

Een situatie zonder uitweg

Als spirituele zoekers zijn we allemaal geïnteresseerd in spirituele groei. We willen vooruitgaan met onze spirituele oefeningen zoals meditatie en het herhalen van een mantra, en we weten hoe belangrijk het is een kalme en rustige geest te hebben tijdens deze spirituele oefeningen. Veel mensen die met deze oefeningen beginnen, worden teleurgesteld omdat ze hun geest niet tot rust kunnen brengen. Het is erg belangrijk dat een spirituele zoeker begrijpt wat de factoren zijn die de geest tijdens de meditatie beïnvloeden.

De meesten van ons zijn iedere dag een bepaalde tijd met spirituele oefeningen bezig, terwijl we de rest van de dag bezig zijn met zeer uiteenlopende activiteiten: huishoudelijk werk, onze baan, studie, tv kijken, naar de bioscoop gaan, enzovoorts. Veel van deze wereldse activiteiten zijn niet bevorderlijk voor meditatie. Hun invloed verstoort onze geest en werkt de resultaten tegen die we door meditatie verkregen hebben.

Het is als het mengen van zout en suiker. De suiker is de zoetheid die we door meditatie en andere spirituele oefeningen gekregen hebben. Het zout is de invloed van naar buiten gerichte activiteiten. We kunnen niet van de zoete smaak van een mengsel van zout en suiker genieten. Wanneer onze meditatie door onze dagelijkse activiteiten beïnvloed wordt, kunnen we het resultaat van onze meditatie niet ervaren.

Amma geeft het voorbeeld van een roltrap die de andere kant opgaat dan wij willen gaan. Hoe hard we ook lopen, we zullen weinig vooruitgaan. We bevinden ons dus in een situatie zonder uitweg. Als we doorgaan met handelen in de wereld, zullen veel van deze activiteiten ons verhinderen de vruchten van onze meditatie te ervaren. Maar als we die activiteiten opgeven, kunnen we de kost niet verdienen, en hoe kunnen we rustig mediteren als we niet in ons levensonderhoud kunnen voorzien? Wat is dus de oplossing?

Al onze handelingen hebben invloed op onze meditatie, direct of indirect. Sommige activiteiten hebben een positief effect en andere een negatief. De oplossing is dat we proberen iedere handeling in aanbidding van God om te zetten. Probeer bij iedere activiteit aan God te denken. Deze aandachtige houding tegenover al onze dagelijkse activiteiten zal ons bij onze meditatie helpen.

Werk in aanbidding veranderen

Als we naar Amma's jeugd kijken, kunnen we zien hoe Ze al het huishoudelijk werk in een vorm van aanbidding veranderde. Ze was bezig met veel activiteiten die over het algemeen niet als spiritueel beschouwd worden: koken voor het gezin, het huis schoonmaken, de was doen, water bij een openbare kraan halen en voor de koeien zorgen. Door Haar houding kon Amma dit huishoudelijk routinewerk omzetten in aanbidding van God. Als Ze eten voor Haar familie klaarmaakte, had Ze de houding dat Ze voor Heer Krishna kookte. Als Ze het huis schoonmaakte, stelde Ze zich voor dat Ze het huis schoonmaakte om Krishna te verwelkomen. Wanneer Ze de kleren van Haar familie waste, stelde Ze zich voor dat Ze Krishna's kleren waste. Omdat Ze zuivere liefde en devotie voor Krishna voelde, kon Ze Haar hart en ziel in dit werk leggen zonder dat Ze zich ooit verveelde of er genoeg van had. Ze bad altijd om meer werk, zodat Ze Krishna naar hartelust kon dienen. De mishandelingen die Ze van Haar ouders of van anderen ondervond, konden Haar innerlijke vreugde niet bederven wanneer Ze naar beste vermogen Haar geliefde Krishna diende.

Als we die liefde en devotie voor God of de Guru hebben, kunnen we ook die innerlijke vreugde ervaren. We kunnen de kwaliteit van ons werk en onze meditatie verbeteren en een leven vol liefde en geluk leiden. Als we eenmaal onze geest trainen om ieder voorwerp te zien alsof het van God of Amma is en de houding hebben dat al het werk dat we doen een gelegenheid is om Haar te dienen, dan wordt het mogelijk deze samenwerking tussen ons werk en onze meditatie te bereiken.

Als we ons werk en onze plichten met deze devotionele houding doen, kunnen we ook veel van onze negatieve neigingen overwinnen.

Toen ik bij een bank werkte, werd ik vaak kwaad op de klanten, vooral op mensen die er als onontwikkelde dorpelingen uitzagen. Als iemand een fout maakte bij het invullen van een formulier om geld op te nemen of te storten, raakte ik geïrriteerd. Deze gewoonte hield ik, zelfs nadat ik Amma had leren kennen, nog een paar jaar. Toen ik Amma's liefdevolle onderricht gehoord had, vond ik dat ik van deze slechte gewoonte af moest komen. Ik probeerde het vaak, maar faalde steeds.

Op een dag ging ik naar Amma en vertelde Haar over mijn opvliegendheid. Ik vroeg Haar hoe ik die af kon leren. Amma gaf me een zeer eenvoudige methode. Ze vroeg me of er iemand was van wie ik hield en die ik respecteerde. Ik herinnerde me een van mijn meest begaafde professoren en ook een van mijn vorige bankdirecteuren, van wie ik niet alleen hield en die ik respecteerde, maar die ik ook vaak bezocht. Ik vertelde Amma over deze twee mensen. Amma vroeg me toen: "Als zij iemand naar je toe zouden sturen om wat werk voor hen te laten doen op de bank, wat zou je dan doen?" Ik zei dat ik ze hartelijk zou begroeten en al het nodige zou doen om hen te helpen. Toen vroeg Amma: "En als Amma iemand naar je toe zou sturen?" Ik antwoordde dat ik hen liefdevol zou helpen en hun ook thee en versnaperingen zou geven, als ik wist dat Amma hen naar me toe had gestuurd. Amma zei: "Kijk eens aan. Als je nu morgen weer op de bank bent en met klanten omgaat, stel je dan voor dat Amma iedere klant naar je toe stuurt. Als je werkelijk van Me houdt, zul je hen liefdevol behandelen. Je zult op niemand kwaad worden, zelfs niet als ze fouten maken. Probeer deze methode vanaf morgen."

Ik was heel blij toen ik die eenvoudige oplossing hoorde, maar ik had er geen besef van hoe moeilijk het zou zijn om die in de praktijk te brengen. Het lukte me vaak niet om Amma's advies op te volgen. Nadat ik me van mijn fout bewust geworden was, verontschuldigde ik me tegenover degene op wie ik boos geworden was. Iedere dag voordat ik met mijn werk begon, bad ik tot Amma om me kracht en geduld te geven. Na een paar maanden kon ik mijn opvliegende aard voor een groot deel beheersen. Ook begon ik me blij te voelen omdat ik erin slaagde Amma's onderricht in de praktijk te brengen. Binnen een paar jaar werd het gemak- kelijk voor me om liefdevol en met een glimlach met de klanten om te gaan.

Aanvankelijk dacht ik dat ik mijn tijd bij de bank verspilde, terwijl de andere brahmachari's hun spirituele oefeningen in de ashram deden. Dit gevoel van frustratie was een van de redenen voor mijn opvliegendheid tegenover de klanten geweest. Toen ik deze effectieve methode gekregen had om eraan te denken hoe ik iedereen liefdevol moest behandelen, wist ik dat ik mijn spirituele oefeningen bij de bank deed. Bij iedere klant die door mijn vriendelijkheid glimlachend wegging, voelde ik me gelukkig omdat ik wist dat ik Amma's instructies opvolgde en een houding van aanbidding in mijn werk ontwikkelde.

Juist begrip en de juiste houding

Er was eens een boer die een grote boerderij had. Hij ging naar de ijzerhandel om een zaag te kopen om een aantal bomen in zijn boomgaard om te zagen. De verkoper liet hem de nieuwste zaag zien en vertelde hem dat hij vijftig bomen in een uur om kon zagen. Natuurlijk was de zaag duur, maar de boer besloot hem te kopen. Een week later ging hij met een klacht terug naar de winkel. "Deze zaag vertoont gebreken," zei hij tegen de verkoper. "U hebt me gezegd dat ik er vijftig bomen per uur mee om kon zagen, maar ik kon er nog geen tien in een uur omzagen." De verkoper nam de zaag van de boer en stopte de stekker in het stopcontact om hem de testen. Hij zette hem aan en onmiddellijk maakte hij een luid zoemend geluid. De boer was verrast. "Wacht eens even. Wat is dat voor een geluid? Ik heb dat geluid nooit gehoord toen ik hem gebruikte."

De boer had de elektrische zaag als een handzaag gebruikt. Hij gebruikte de zaag zonder de stekker in het stopcontact te steken. De boer had eenvoudig niet het juiste begrip.

We moeten goed begrijpen waarom we spirituele oefeningen doen en hoe onze activiteiten deze spirituele oefeningen beïnvloeden. Met het juiste begrip en de juiste houding zullen de meeste van onze activiteiten onze spirituele oefeningen ondersteunen. Amma zegt dat we onze handelingen door de juiste houding in aanbidding kunnen omzetten.

Als we de rol van iemand met een gezin op ons nemen, hebben we veel verantwoordelijkheden. Het liefdevol en oprecht vervullen van onze taken binnen het gezin, zonder er iets voor terug te verwachten, is een manier om God of Amma te aanbidden. Als we deze taken verrichten als een manier om Amma of God een genoegen te doen, zal dat ons bij onze spirituele oefening helpen.

Soms krijgen we geen positieve reactie van ons gezin, hoewel we ons werk voor hen oprecht doen. Ze waarderen onze inspanning niet en kunnen ons zelfs verkeerd begrijpen en zich grof tegenover ons gedragen. Toch zullen we enorm geholpen worden bij onze spirituele vooruitgang als we oprecht van hart zijn en onze taken verrichten als een offer aan God of Amma.

Er zijn twee resultaten van iedere handeling: het ene kan gezien worden, terwijl het andere niet gezien kan worden. Wanneer we iemand helpen, bijvoorbeeld als we eten aan een hongerig iemand geven, kunnen we zijn gelukkige en tevreden gezicht zien omdat zijn honger gestild is. Het onzichtbare effect is de verdienste of het goede karma dat aan ons tegoed wordt toegevoegd vanwege deze positieve handeling. Deze verdienste zal te zijner tijd vrucht dragen.

Op dezelfde manier zijn er twee effecten wanneer een moordenaar iemand doodt. Het zichtbare effect is dat het slachtoffer sterft. Het onzichtbare effect is de zonde of het slechte karma dat de moordenaar oploopt. Dat zal de moordenaar steeds achternazitten en beïnvloeden, zelfs als hij uit handen van justitie weet te blijven.

Of onze positieve woorden en daden nu wel of niet door iemand gewaardeerd worden, we zullen in de toekomst altijd profijt hebben van het onzichtbare effect. Dit is het voordeel van het oprecht vervullen van onze taken en verantwoordelijkheden.

We hebben de neiging om sommige van onze verantwoordelijkheden leuk te vinden, terwijl we aan andere een hekel hebben. De ene ouder helpt de kinderen niet graag met het huiswerk, terwijl de ander niet graag het afval buitenzet. We spelen graag met onze kinderen wanneer zij lachen, maar we willen ons niet met hen bezighouden wanneer ze huilen.

Er was eens een echtpaar dat een zoon had die erg vaak huilde. Iedere keer dat hij huilde, kwam de moeder van de jongen aanrennen, maar de vader negeerde het huilen van de jongen. Uiteindelijk riep de moeder tot de vader: "Waarom ga jij hem niet eens troosten? Per slot van rekening is hij voor de helft jouw zoon."

De vader van de jongen antwoordde: "Ja, maar mijn helft is de rustige helft."

Wanneer we voorkeur en afkeer hebben, raakt onze geest geërgerd. Als gevolg daarvan wordt onze meditatie verstoord. Het is belangrijk dat we zoveel mogelijk van onze voorkeur en afkeer afkomen. Als we onze taken met de juiste houding en het juiste begrip uitvoeren, kan dat ons helpen onze voorkeur en afkeer te overwinnen.

Er was een jongeman die zich net bij Amma's ashram aangesloten had. Hij wilde brahmachari worden, maar hij had geen belangstelling voor het herhalen van een mantra. Hij vond het een

147

vervelende oefening om dezelfde woorden steeds maar te blijven herhalen. Amma zegt altijd dat we moeten proberen onze mantra zo vaak mogelijk te herhalen. Omdat Amma zijn aversie tegen het herhalen van een mantra kende, gaf Zij hem het werk om de telefoon te beantwoorden bij de informatie- en receptiebalie. Alle telefoontjes moesten persoonlijk beantwoord worden, omdat we niet de luxe van een antwoordapparaat hadden.

Wanneer we in de ashram de telefoon opnemen, zeggen we gewoonlijk "Om Namah Shivaya" en niet "Hallo" of "Hoi." En wanneer we ophangen, zeggen we ook "Om Namah Shivaya." We zeggen niet "Dag." We weten allemaal dat "Om Namah Shivaya" een krachtige mantra is. Hij betekent "Ik buig voor Hem die ons steeds gunstig gezind is." Dus deze spirituele aspirant moest iedere keer dat hij de telefoon opnam of neerlegde "Om Namah Shivaya" zeggen. Zo moest hij iedere dag honderd keer of nog meer "Om Namah Shivaya" zeggen. En omdat de telefoonlijnen in die dagen gebrekkig waren, was de verbinding vaak slecht. Dus moest de brahmachari een paar keer extra "Om Namah Shivaya" schreeuwen. Op deze manier herhaalde hij de mantra honderden keren op een dag. Hoewel hij zo vaak op een dag "Om Namah Shivaya" zei, was hij er zich niet van bewust dat hij een mantra herhaalde. Ten slotte overwon de brahmachari door zijn werk goed te doen zijn afkeer tegen het herhalen van zijn mantra. Uiteindelijk ging hij op een dag naar Amma toe en vroeg Haar hem te initiëren met de mantra "Om Namah Shivaya."

Of we nu een zakenman, een arbeider, iemand met een gezin, een politicus of een dokter zijn, we kunnen onze voorkeur en afkeer voor een groot deel overwinnen, als we onze taak opdragen aan God. Dit zal ons bij onze meditatie helpen omdat de geest kalmer en rustiger zal zijn naarmate we minder voorkeur en afkeer hebben. Het mediteren zal dan gemakkelijker zijn.

Wanneer voorkeur en afkeer overwonnen worden, is het gemakkelijker om God in alles te zien. We zullen iemand niet langer beoordelen als iemand die we mogen of aan wie we een hekel hebben. Gewoonlijk mogen we iemand of houden we van iemand vanwege onze begoocheling en gehechtheid en hebben we een hekel aan iemand door ons egoïsme, onze jaloezie en andere negatieve eigenschappen die ons verhinderen de goddelijkheid in die persoon te zien.

Zelfs toen Amma pas tien jaar was, was Ze volwassen genoeg om een juist begrip en de juiste houding te hebben. In het dorp waren veel oudere mensen die door hun familie aan hun lot overgelaten waren. Sommigen van hen waren ziek. Anderen hadden vreselijke besmettelijke huidziekten en werden zelfs door hun eigen familie gemeden. Maar Amma ging naar hen toe. Ze sprak liefdevol met hen, baadde hen, waste hun kleren en gaf hun te eten. Als Haar ouders Haar berispten dat Ze Haar tijd op deze manier verspilde, zei Ze: "Ik beschouw het dienen van deze mensen niet als een verspilling van tijd, omdat ik hen niet als verschillend van God zie. Door hen te dienen, dien ik God."

Amma zegt vaak: "De zon heeft de hulp van een kaarsvlam niet nodig. Zo heeft God ook niets van ons nodig. God zit niet ergens hoog boven de wolken. God verblijft in alle schepsels. Dus door anderen te helpen, vooral de armen en de mensen die lijden, dienen we God."

God in alles waarderen

Op een keer werd een kwajongen uit de buurt betrapt op het stelen van gouden juwelen en geld uit het ashramkantoor. In die tijd was de financiële situatie van de ashram erg slecht en deze jongen was vele malen door de ashrambewoners gewaarschuwd. Dus toen hij weer op stelen werd betrapt, waren sommigen van ons erg kwaad. We bonden zijn handen achter zijn rug vast en brachten hem naar Amma. We dachten dat Ze hem een stevige uitbrander zou geven. Toen Amma de jongen zag, kwam er ineens een glimlach op Haar gezicht en het leek of Ze plotseling in een andere wereld was.

We wachtten meer dan een kwartier, maar er kwam geen reactie van Amma. Dus lieten we de jongen gaan, nadat we hem een ernstige waarschuwing gegeven hadden. Later vertelde Amma ons dat de jongen Haar aan de kleine Krishna herinnerde, toen hij met zijn handen op zijn rug gebonden voor Haar stond. Toen Heer Krishna een kind was, stal Hij vaak boter en melk uit de huizen van de melkmeisjes. De buren klaagden bij Krishna's pleegmoeder, Yashoda. Iedere dag hoorde Ze nieuwe verhalen over Krishna's streken. De klachten namen iedere dag toe, totdat het uiteindelijk te veel voor haar werd. Ze bond Krishna's handen op zijn rug en gaf hem een uitbrander terwijl ze deed of ze kwaad was.

Veel westerse lezers willen misschien graag weten waarom Heer Krishna zich als "boterdief" gedroeg. In Vrindavan, waar Krishna als kind leefde, waren de gopi's arme melkmeisjes die de kost verdienden door melk en boter te verkopen. Krishna zag dat al hun gedachten om deze zuivelproducten draaiden. Hoewel Hij thuis zoveel kreeg als Hij wilde, ging Hij naar de huizen van de gopi's en stal hun melk, yoghurt en boter. De gopi's hielden zoveel van Hem dat iedere gopi iedere dag wenste dat Krishna in haar huis zou komen stelen. De gopi's genoten er ook van om elkaar en Krishna's moeder over Zijn fratsen te vertellen. Op deze manier werd Krishna spoedig de centrale persoon in alle gedachten en gesprekken van de gopi's. Zo konden de gopi's moeiteloos de hele dag over Krishna mediteren. Door de boter van de gopi's te stelen stal Krishna in werkelijkheid hun hart.

Toen Amma de jongen zag die in de ashram gestolen had, had Ze het gevoel dat de kleine Krishna voor Haar stond. Hoe kon Ze hem dan berispen? Amma kon God zelfs in een dief zien. En de jongen veranderde door Haar gedrag. Hij heeft nooit meer gestolen. Toen Amma de goddelijkheid in hem zag, moet Ze ook de goede eigenschappen, die in hem verborgen waren, wakker gemaakt hebben.

Dit betekent niet dat we misdadigers moeten laten doen wat ze willen, met de bewering dat we God in hen zien. Als iemand iets van ons steelt of een andere misdaad begaat, moeten we ons natuurlijk beschermen en de politie roepen. We moeten met onderscheid handelen. Ook al zien we God in een crimineel, we kunnen waarschijnlijk toch niet het goddelijke in hem wakker maken.

Een paar dagen later maakte ik een fout en ik wist dat Amma me daarvoor op mijn kop zou geven. Omdat ik gezien had hoe Amma Krishna in de jonge dief zag, vroeg ik een brahmachari mijn handen achter mijn rug vast te binden en me naar Amma te brengen. Ik was er zeker van dat Amma Krishna ook in mij zou zien, maar Ze joeg me gewoon weg. Omdat ik een spirituele aspirant was, verwachtte Ze van mij wat meer onderscheidings-vermogen en volwassenheid.

In Amma's jeugd was alles in de natuur voldoende om Haar in samadhi te laten gaan. Als Ze vissen in de backwaters omhoog zag springen, als Ze naar de rimpels op het wateroppervlak keek of wanneer de wind Haar lichaam streelde, verloor Ze zich in diepe meditatie.

Ik herinner me een voorval dat in Amma's ashram in San Ramon, Californië, plaatsvond. Het was volle maan. Amma beëindigde Haar avonddarshan om ongeveer twee uur 's nachts. We reden terug van de tempel naar het huis waar Ze de nacht door zou brengen. Ze keek omhoog naar de volle maan en zei: "Wat is hij prachtig!" De auto reed verder naar het huis en Amma ging naar Haar kamer. Iedereen ging stil naar bed. Amma wachtte tot iedereen was gaan slapen. Toen glipte Ze naar buiten en ging een nabijgelegen heuvel op. Later vertelde de brahmacharini die Amma vergezelde ons dat Amma bijna vier uur in extase in het licht van de volle maan had gedanst.

Enkel het zien van de volle maan was voldoende om Haar in een toestand van extase te brengen. De meesten van ons zijn zo niet. We hebben allemaal zo vaak de volle maan gezien, maar die heeft niet zo'n invloed op ons. Wanneer ik een volle maan zie, doet het me aan een chapatti of pappadam denken. Waarom zijn onze reacties zo verschillend van die van Amma? Wat hebben we nodig om meer zoals Zij te worden?

Het is allemaal een kwestie van ons trainen om onze houding en benadering van de dagelijkse activiteiten te veranderen.

Er was eens een groep novicen die in een klooster opgeleid werd. Na een reguliere bijeenkomst kregen zij een pauze. In deze pauze konden zij zich ontspannen, van de natuur genieten en tijd in gebed doorbrengen. Het werd de "gebedspauze" genoemd. Eén novice had nog niet de gewoonte van het roken opgegeven. Dus vroeg hij de priester toestemming om te roken tijdens de gebedspauze. De priester zei boos tegen hem dat hij een zonde zou begaan als hij rookte tijdens de gebedspauze.

De volgende dag kwam deze novice tijdens de gebedspauze een andere jonge monnik tegen die blij zat te roken op een rots tussen de rozenstruiken in de tuin. De eerste novice, die door de priester berispt was, was geschokt toen hij zijn broeder zag roken. Hij zei: "Hoe heb je het klaargespeeld om toestemming te krijgen om te roken? Toen ik de priester vroeg of ik mocht roken, werd hij erg kwaad op me."

De rokende novice zei: "Wat heb je de priester precies gevraagd?"

De ander antwoordde: "Ik vroeg of ik in de gebedstijd mocht roken."

"Daar ben je de fout ingegaan," zei de rokende novice. "Ik heb gevraagd of ik mocht bidden tijdens het roken. De priester zei 'Zeker. In feite moet je altijd bidden.'"

Enkel door zijn woorden om te draaien kreeg de novice toestemming om te doen wat hij wilde. Roken onder het bidden wordt als zonde beschouwd, maar bidden onder het roken niet.

Zo ook zal een kleine verandering in onze houding de kwaliteit van onze spirituele oefening sterk verbeteren. Wereldse gedachten onder het mediteren zijn een belemmering voor de meditatie, terwijl denken aan God wanneer we ons dagelijks werk doen, bevorderlijk is voor de meditatie.

Laten we dus proberen steeds aan Amma te denken, waar we ook zijn en wat we ook doen, zodat ons hele leven meditatie wordt. Dit is de juiste tijd. Dit is het geschikte moment. Het is nog niet te laat om met onze spirituele reis en vooruitgang te beginnen.

Dat herinnert me aan een bekend gedicht:

> *Toen het daglicht scheen*
> *en de markt open was,*
> *kocht ik geen goederen.*
> *Helaas, nu is het nacht.*
> *De winkels zijn dicht,*
> *Ik herinner me de dingen die ik nodig heb.*

Word dus wakker.

Laten we gebruik maken van Amma's genade, Haar liefde en Haar mededogen.

Haar armen zijn altijd open, klaar om ons te omhelzen.

Hoofdstuk 10

Het pad van kennis

De aard van de geest

Een zoeker die het pad van kennis volgt, mediteert over Brahman[11]. Hij mediteert over de aforismen: "Ik ben Brahman. Ik ben de onvergankelijke, eeuwige Atman. Het Zelf in mij is het Zelf in alle wezens." Volgens Heer Krishna vereist het betreden van het pad van kennis een goede beheersing van de zintuigen en een rustige geest. Bovendien zijn de hindernissen die de zoeker op het pad van kennis tegenkomt groot. Een zoeker die voortdurend mediteert: "Ik ben Brahman, het Hoogste Zelf," loopt grote kans egoïstisch te worden, tenzij hij al een aanzienlijke mate van mentale zuiverheid verkregen heeft, in dit leven of in vorige levens, en hij de houding van totale overgave aan een levende Meester heeft. Over het algemeen wordt non-dualistische meditatie een soort zelfbedrog voor hen die diep doordrongen zijn van de opvatting dat "ik het lichaam ben." Deze mensen zeggen: "Waarom zou ik iemand gehoorzamen of voor hem buigen? Ik ben Brahman." Zij vergeten dat anderen ook Brahman zijn. Zij zijn niet in staat om het wezen van deze grote uitspraak te realiseren. Er zijn dus veel valkuilen en de zoeker naar het vormloze aspect van God moet uiterst voorzichtig zijn.

In de *Bhagavad Gita*, hoofdstuk 6, vers 34 hebben Arjuna en Heer Krishna een discussie over de aard van de geest.

---

[11] Brahman is de vormloze, attribuutloze, onpersoonlijke Waarheid. Brahman wordt als de absolute Werkelijkheid beschouwd.

Arjuna zegt:

cañcalaṁ hi manaḥ Kṛṣṇa
pramāthi balavad dṛḍham
tasyā'haṁ nigrahaṁ manye
vāyor iva suduṣkaram

*Krishna, U zegt zoveel over gelijkmoedigheid van
de geest en het disciplineren van de geest, maar ik
vind mijn geest volkomen rusteloos, vreselijk en
onverzettelijk. Vechten om deze geest onder controle
te brengen is als proberen de wind in bedwang te
houden. Wat kan ik hieraan doen?*

Krishna antwoordt:

asaṁśayaṁ mahābāho
mano durnigrahaṁ calam
abhyāsena tu kaunteya
vairāgyeṇa ca gṛhyate

*Ja, wat je zegt is waar. De geest is rusteloos,
verschrikkelijk en onverzettelijk. Het beteugelen van
de geest is even moeilijk als het in bedwang houden
van de wind, maar door oefening en door onthechting
te cultiveren is het mogelijk om hem onder controle te
brengen.*

De geest wordt vaak met een aap vergeleken en soms met een
dronken aap, omdat hij zo ongehoorzaam en rusteloos is. Vooral
jonge aapjes zijn ondeugend. Stel je voor dat de meest ondeugende
aap door een schorpioen gestoken wordt. Je kunt je voorstellen
hoe rusteloos hij zal zijn. Onze geest is nog erger dan dat. We
kunnen dit zien wanneer we mediteren. De beste tijd om de geest
gade te slaan is wanneer we mediteren. Op andere tijden zijn we

ons niet bewust van wat onze geest doet. Probeer bij wijze van experiment tien minuten alleen te zitten met een schrift voor je en schrijf al je gedachten in die tien minuten op. Je zult verrast zijn wat je tegenkomt. Onze ideeën zijn vaak onsamenhangend en staan niet met elkaar in verband. Ze springen op een onzinnige manier van het ene onderwerp naar het andere, of van de ene persoon naar de andere.

We voelen ons heel gelukkig tijdens de slaap, wanneer de geest niet werkt. Het is mogelijk om die stilte van de geest te bereiken, zelfs wanneer we wakker zijn, indien we kunnen leren om de geest onder controle te brengen en alleen te denken wat we willen denken. De geest heeft het vermogen om zich volgens onze opdracht ergens op te richten. We moeten hem trainen. Het trainen van de geest is erg moeilijk, maar door constante oefening is het mogelijk.

Oefening en onthechting

De rusteloosheid van de geest komt vooral voort uit zijn voorliefde en afkeer, oftewel zijn voorkeuren. Deze voorkeuren komen tot uitdrukking als gehechtheid aan of afkeer van voorwerpen, personen of situaties. Afkeer is eenvoudigweg de negatieve vorm van gehechtheid. Onze geest is nu als een veer die rondgeblazen wordt door windstromen uit alle richtingen. Om de geest tot rust te brengen moeten we hem bevrijden van de aantrekking en afstoting van onze voorkeur en afkeer.

Zelfs als er uiterlijk onrust om ons heen is, kunnen we veel rust ervaren als onze geest vrij van innerlijke verstoringen is. Onze innerlijke verstoringen komen voornamelijk door de negativiteit in onze geest. We moeten ons bewust ervan worden dat we deze negatieve neigingen of gevoelens als een last met ons meedragen. Pas dan willen we ervan af. Op een bepaald moment moeten we onze tekortkomingen overwinnen en aangezien de innerlijke verstoringen de krachtigste belemmeringen voor innerlijke rust zijn, kunnen we die het beste zo snel mogelijk overwinnen.

Om bevrijd te worden van innerlijke verstoringen moeten we onze geest discipline bijbrengen. De oefeningen om de geest te beteugelen en onder controle te brengen zijn in het begin een uitdaging, want we willen de geest gewoonlijk de vrije teugels laten. Maar na verloop van tijd beginnen we het proces van het disciplineren van de geest leuk te vinden.

Ik herinner me een bekend verhaal. In India is het de gewoonte dat mensen met een gezin sannyasi's in hun huis te eten uitnodigen. Zij beschouwen dat als zeer verdienstelijk. Volgens de Indiase traditie bestaat een volledige maaltijd uit schotels met zes verschillende smaken: zoet, zuur, scherp, zout, samentrekkend en bitter. In sommige huizen serveren ze ook bitterappel bij de andere schotels. Sannyasi's horen zowel bittere als zoete dingen met gelijkmoedigheid te accepteren.

Een sannyasi werd uitgenodigd in een huis waar ze een volledige maaltijd klaargemaakt hadden. Het was een overvloedige maaltijd waar bitterappel ook deel van uitmaakte. Nu was er slechts één ding in het leven waar deze sannyasi niet van hield, en dat was bitterappel. Hij had er zo'n hekel aan, maar nu hij de uitnodiging aangenomen had en naar het huis gegaan was, moest hij de gewoonte respecteren. Hij kon niet zeggen: "Ik houd niet van bitterappel." Hij hoorde evenveel van alle soorten voedsel te houden. Daarom dacht hij: "Er zijn andere heerlijke schotels hier. Laat ik daarom de bitterappel eerst opeten. Als ik die opheb, kan ik me ontspannen en van de andere schotels genieten. Ik wil de bitterappel niet samen met het andere voedsel eten en de smaak ervan bederven." Hij at dus de bitterappel eerst op.

De vrouw des huizes keek toe terwijl de sannyasi zat te eten en zodra hij de bitterappel ophad, serveerde ze hem nog een grote

158

schep van die groente. De sannyasi dacht: "O nee, ik denk dat dit mijn ongeluksdag is." Met veel moeite at hij de tweede portie op. Hij vervloekte zich dat hij dit huis bezocht had. Als hij geweten had dat ze bitterappel klaargemaakt hadden, dan zou hij hun verteld hebben dat hij die dag vastte, maar nu was het te laat. Het lijden van de sannyasi hield daar echter niet op. De vrouw, die er nu van overtuigd was dat deze sannyasi erg van bitterappel hield, deed nog een schep bitterappel op zijn bord. Je kunt je de toestand van de sannyasi voorstellen. Hij vervloekte zijn geboortester en beëindigde op de een of andere manier zijn maaltijd. In gedachten zwoer hij dat hij nooit meer naar dat huis zou gaan.

De gastvrouw verwittigde onmiddellijk het volgende huis waar de sannyasi voor zijn avondbhiksha (aalmoes) heen zou gaan. Ze vertelde hun dat de sannyasi van bitterappel hield en stelde voor dat ze speciale curry's met bitterappel zouden klaarmaken wanneer hij voor bhiksha naar hun huis kwam. Vanaf toen verspreidde het nieuws zich en iedereen maakte steeds bitterappel klaar wanneer ze deze sannyasi uitnodigden. Uiteindelijk raakte hij er zo aan gewend dat hij de groente lekker begon te vinden, hoewel hij er in het begin zo'n afkeer van gehad had.

Als wij op dezelfde manier de bitterappel van het disciplineren van de geest blijven eten, zullen we van de oefening gaan houden.

Spirituele kracht

Er zijn over het algemeen drie aspecten in ons leven die bepalen hoe we omgaan met de wereld, met andere mensen en met de verschillende ervaringen in het leven. Het zijn onze lichamelijke, emotionele (mentale) en intellectuele aspecten. Er is er nog een: ons spiritueel aspect. Bij de meesten van ons blijft het spirituele aspect een sluimerend bestaan leiden, omdat we het grootste deel van de tijd ons op de eerste drie aspecten van ons bestaan richten.

Als we ons alleen op deze drie aspecten richten, zullen we heen en weer geslingerd worden door emoties en verlangens. We verlangen naar zoveel dingen in de wereld en hebben ontelbare dingen nodig. Sommige van die verlangens en behoeften gaan onze middelen en capaciteiten te boven en worden nooit vervuld. Als gevolg van dit manco, raken we teleurgesteld, gefrustreerd en ontmoedigd. Onze frustratie kan toenemen totdat we uiteindelijk al onze mentale kracht verliezen. Iemand die mentaal zwak is, zal zelfs kleine uitdagingen in het leven niet aankunnen. Een klein incident is al genoeg om hem van zijn stuk te brengen. Amma zegt: "Zelfs een piepklein miertje kan zo iemand van streek brengen."

Een vriend van mij kocht eens een nieuw huis. Een paar dagen nadat hij erin getrokken was, zag hij wat mieren in de keuken. Dit stoorde hem een beetje omdat het een splinternieuw huis was. Hij vroeg zich af waar de mieren vandaan kwamen. Om de zaak nog erger te maken krioelden er binnen korte tijd honderden mieren in zijn keuken. Hij raakte nu steeds meer van streek, krabde zich achter de oren en vroeg zich af wat hij aan dit probleem kon doen. Hij rende naar een winkel in de buurt om een pot insecticide te kopen. Er was helaas maar één pot insecticide, en die was een beetje beschadigd. Hij vroeg of hij korting kon krijgen omdat de pot beschadigd was, maar de winkelier weigerde dat. De man kreeg ruzie met de winkelier en eiste korting.

Hij was al kwaad over de mieren in de keuken en nu werd hij nog kwader door de ruzie met de winkelier. Ze gingen door met ruziemaken totdat ze bijna met elkaar op de vuist gingen. Ze stapten uiteindelijk naar de rechter om het geschil op te lossen. Dit kwam allemaal door een paar mieren.

Amma zegt dat de mensen tot een paar eeuwen geleden een zeer sterke geest hadden. Zij hadden geen psychische problemen. Naarmate de jaren verstreken, hielden de mensen zich steeds minder aan hun dharma en hun normen vervaagden langzaam. Als gevolg daarvan werden de mensen hebzuchtiger en egoïstischer. Zij verzwakten mentaal door gebrek aan discipline en onderscheidingsvermogen. Ze konden niet langer allerlei situaties in het leven aan. Hun geest werd gespannen en prikkelbaar, ze stonden aan veel stress bloot. Tegenwoordig zijn veel mensen psychisch zwak en zelfs neurotisch.

De enige remedie naast psychiatrische behandeling is spiritueel ontwaken. Dit ontwaken zal de lichamelijke, emotionele en intellectuele aspecten in ons in evenwicht brengen, zodat we in harmonie kunnen leven. In de aanwezigheid van een mahatma als Amma is het makkelijk om ons spirituele vermogen tot leven te brengen. Als dit eenmaal gebeurt, zal onze geest sterk en subtiel worden en zullen we een veel helderder kijk op ons leven hebben.

Ik wil graag een voorval uit Amma's leven vertellen dat laat zien hoeveel spirituele kracht Zij reeds op jonge leeftijd had.

Omdat Amma zoveel tijd besteedde aan het wassen van kleren, schoonmaken, wassen van de koeien, water dragen, enzovoort, waren Haar kleren meestal nat. Op een keer was Amma's jurk helemaal doornat. Daarom leende Ze de jurk van Haar zus. Toen Amma's moeder, Damayanti, dit zag, werd ze kwaad en gaf Amma op Haar kop: "Jij verdient het niet om zulke goede kleren te dragen! Hoe durf je deze jurk te dragen?" Dit zeggend rukte Damayanti de jurk uit Amma's handen en liep weg. Ze liet Amma Haar oude kleren dragen.

We kunnen ons wel voorstellen hoe wij ons gevoeld zouden hebben, als we ons in die situatie bevonden hadden. Maar Amma was niet verdrietig. Ze dacht: "Misschien wil God niet dat ik die jurk draag, dus vanaf nu zal ik geen nieuwe of goede kleren meer dragen, tenzij God mij iets geeft. Tot dan toe zal ik alleen oude kleren dragen die door anderen afgedankt zijn."

Vanaf die dag droeg Amma alleen kleren die Haar familieleden niet meer wilden. Op een dag droeg Amma een oude, afgedankte bloes die toevallig een kleurrijk ontwerp had. Dat stond Amma's oudere broer niet aan. Hij gaf Haar een uitbrander en beschuldigde Haar ervan dat Ze een kleurrijke bloes droeg enkel om de aandacht van jongemannen te trekken. Hij gaf Haar opdracht om hem uit te trekken en stak hem toen voor Haar neus in brand. Amma was niet kwaad of van streek omdat Ze dacht dat het Gods wil moest zijn. Vanaf die dag droeg Amma alleen nog maar witte kleren.

In tegenstelling tot het leven van Buddha, Krishna en Rama, die allemaal een koninklijke of aristocratische opvoeding hadden, waren de omstandigheden in Amma's vroege leven miserabel, maar door Haar houding van overgave aan God, bezweek Amma niet onder die omstandigheden. Ook wordt Ze nu niet beïnvloed door Haar huidige status van een internationaal toegejuichte spiritueel leider. Amma is altijd een volmaakt voorbeeld van eenvoud en nederigheid geweest. En Ze is gemakkelijk beschikbaar en toegankelijk. Zelfs nu Amma over de hele wereld erkenning gekregen heeft, leidt Ze beslist geen luxe leven. Ze neemt het minimale voor zichzelf en geeft maximaal aan de mensen die Haar hulp, leiding, zegen en genade nodig hebben.

Drie manieren om spiritueel te ontwaken

Amma is volledig gevestigd in goddelijk bewustzijn. Omdat het spirituele vermogen in Haar volledig wakker is, verloopt ons eigen spiritueel ontwaken gemakkelijker in Haar aanwezigheid. Amma's aanraking, blik of gedachte kan ons spiritueel wakker maken. Alleen al door Haar wil kan Amma ons spiritueel vermogen wakker maken. De geschriften verwijzen naar een dergelijk verschijnsel: een spiritueel Meester kan iedereen spiritueel doen ontwaken door een aanraking, blik of gedachte.

Het is interessant dat volgens de legende een hen, een vis en een schildpad op die manier hun eieren uitbroeden. Een hen broedt haar eieren uit door erop te zitten. De eieren komen uit door de warmte van het lichaam van de moederhen die er voortdurend op zit. Op eenzelfde manier kan Amma het spirituele vermogen in ons wakker maken door ons alleen maar aan te raken. Als men voortdurend in het gezelschap van een Meester leeft, dan ontwikkelt en zuivert de hitte van de discipline langzaam de geest, waardoor het omhulsel van het ego breekt. Dan kan het Zelf naar buiten komen.

Volgens het traditionele Indiase geloof schiet een vis kuit en staart dan intens naar de eieren. Door de intensiteit van de blik van de vis komen de eieren uit. Iedere blik van Amma helpt om het spirituele vermogen in ons wakker te maken. Zoals de lotusknop opengaat wanneer de zonnestralen erop vallen, opent ons gesloten hart zich wanneer Amma's blik op ons valt.

De schildpad legt zijn eieren op het strand en gaat dan terug het water in en denkt aan de eieren. Volgens de legende komen de eieren uit door de intensiteit van de gedachten van de schildpad. Op dezelfde manier kan Amma ons spirituele vermogen door Haar sankalpa wakker maken. Zoals een apparaat voor afstandsbediening veel machines kan besturen, kunnen Amma's gedachtengolven de gebeurtenissen in ons leven besturen als we ons hart op dat van Haar afstemmen.

Zonder dat we ons daar zelfs van bewust zijn, lost Amma veel van ons prarabdha karma en onze aangeboren neigingen op. Zoals een vlieger de lucht in gaat wanneer er een flinke wind staat en er deskundige handen zijn die de touwtjes besturen, kunnen wij opstijgen naar de hemel van spiritualiteit wanneer onze spirituele oefeningen versterkt worden door de zegen en genade van een grote Meester als Amma.

De voordelen van de toestand van Yoga

Het inzien van de schadelijke effecten van een handeling of gewoonte kan ons motiveren om die negatieve gewoonte af te leren. Op dezelfde manier zal het herkennen van de weldadige effecten van een handeling ons motiveren om de gewoonte van positieve handelingen te cultiveren. Het hoogste doel is de toestand van Yoga. De toestand van Yoga is de uiteindelijke eenheid met God of de Waarheid. Er zijn veel voordelen aan het bereiken van deze staat verbonden.

Innerlijke rust

De geest van iemand die de toestand van Yoga bereikt heeft is kalm, geconcentreerd en vrij van besluiteloosheid. Deze kalmte is niet het resultaat van de vervulling van verlangens. Als dat het geval zou zijn, zou de kalmte kortstondig zijn omdat na de vervulling van het ene verlangen het volgende verlangen opkomt. Als dat verlangen op zijn beurt niet vervuld kan worden, gaat de rust verloren. Echte rust is het gevolg van een voortdurende beoefening van meditatie. Iemand die deze toestand van Yoga bereikt heeft, kan zijn innerlijke rust behouden ondanks zijn activiteiten en verantwoordelijkheden. Kijk naar Amma. Ze staat aan het hoofd van een groot aantal instellingen en geeft persoonlijk advies aan miljoenen mensen zonder ooit een dag vakantie te nemen. Wanneer het nodig is, voert ze een show van allerlei emoties op, maar diep in Haar geest is altijd rust. Dit kan vergeleken worden met de golven aan de oppervlakte van de oceaan, maar diep van binnen is alleen stilte. Innerlijke rust is een kenmerk van de toestand van Yoga.

Het Zelf in zichzelf zien

Zij die in Yoga gevestigd zijn, zien het Zelf in zichzelf. Zij verliezen het Zelf nooit uit het oog. Zo iemand ziet het Zelf ook in andere wezens. In onze huidige bewustzijnstoestand denken we dat we gescheiden zijn van de wereld en de mensen om ons heen. Van sommige mensen houden we, aan anderen hebben we een hekel en voor weer anderen hebben we geen speciale gevoelens. Een Yogi (iemand die de uiteindelijke toestand van Yoga bereikt heeft) is iemand die niemand als wezenlijk verschillend van zichzelf beschouwt, die aan niets of niemand gehecht is of er een afkeer van heeft en die van iedereen evenveel houdt. Of je nu een slecht iemand, een kwaad iemand, een ongeduldig iemand of een verdorven iemand bent, al deze verschillen bestaan op het niveau van de geest. De ziel is altijd zuiver en verschilt op geen enkele manier van die van een wijze of een heilige. Het bewustzijn wordt niet bezoedeld door onze eigenschappen of activiteiten.

Als ik zeg dat mijn geest helder of verward is, betekent dat dat er iets is dat gescheiden is van mijn geest en de gesteldheid van mijn geest observeert. Wat is deze getuige? Het is de Atman of het Zelf, dat voorbij de geest is. Dit bewustzijn is zich bewust van alles, maar wordt door niets beïnvloed. Dat mijn geest verward is, betekent niet dat mijn bewustzijn verward is. Het is gewoon als een scherm. Je kunt een goede of een vulgaire film op het scherm laten zien. Wordt het scherm daardoor beïnvloed? Helemaal niet. Maar zonder scherm kun je de film niet zien. Dus zonder bewustzijn kan de geest niet functioneren. De aard van de geest beïnvloedt het bewustzijn niet, net zoals de film het scherm niet beïnvloedt.

Dit zuiver bewustzijn zonder beperkingen wordt het Zelf of de Atman genoemd. Als we eenmaal gevestigd zijn in het Zelf, dat overal aanwezig, alwetend en almachtig is, zien we alleen maar overal en in iedereen het Zelf. Dan hebben we niets nodig om tevreden te zijn, omdat we tevreden zijn in ons eigen Zelf.

De ervaring van gelukzaligheid

Iemand die in Yoga gevestigd is, ervaart oneindige gelukzaligheid. We zijn allemaal vertrouwd met geluk en verdriet. Geluk is een toestand van de geest die afhankelijk is van objecten, omstandigheden of mensen. Wanneer er geluk is, is er onveranderlijk ook de mogelijkheid van verdriet. Als we gelukkig zijn wanneer we iets krijgen, zullen we ongelukkig zijn wanneer we datzelfde ding verliezen. Als ons geluk van iemands liefde afhangt, zullen we zeker ongelukkig zijn wanneer die persoon niet meer van ons houdt. Gelukzaligheid gaat de paren van tegengestelden te boven. Gelukzaligheid heeft geen tegenovergestelde. Gelukzaligheid is de aard van het Zelf. Het is niet afhankelijk van uiterlijke voorwerpen of omstandigheden.

Geluk en verdriet horen bij de geest, maar gelukzaligheid gaat de geest te boven. Het komt voort uit de kennis "ik ben de aard van gelukzaligheid."

Soms lachte Amma uren aan een stuk. Soms huilde Ze. Ik zag Amma eens zo huilen en vroeg Haar: "Amma, waarom huilt U? Is er iets dat U dwarszit? Waarom bent U bedroefd?"

Amma antwoordde: "Wie heeft er gezegd dat ik bedroefd ben?" Het was alleen gelukzaligheid die Ze voelde, een gelukzaligheid die door Haar tranen werd uitgedrukt. Iemand die in het Zelf gevestigd is, zal altijd gelukzaligheid ervaren, waar hij ook mag zijn.

> yogarato vā bhogarato vā
> sangarato vā sangavihīnah
> yasya brahmani ramate cittaṁ
> nandati nandati nandatyeva

> *Of hij nu in yoga (spirituele eenheid) of bhoga (uiterlijke genietingen) verdiept is, in gezelschap of eenzaamheid, iemand wiens geest zich in Brahman verlustigt, geniet gelukzaligheid.*

> *Bhaja Govinda*, vers 19

In de absolute werkelijkheid verblijven

Iemand die in Yoga gevestigd is, vertoeft in de absolute werkelijkheid. Volgens de Vedantafilosofie zijn er drie niveaus van werkelijkheid. Zij staan bekend als schijnbare werkelijkheid (pratibhasika satta), relatieve werkelijkheid (vyavaharika satta) en absolute werkelijkheid (paramartika satta).

In het halfduister zie ik een touw en zie het voor een slang aan. Dat is voor mij de schijnbare werkelijkheid. Iemand anders kan hetzelfde touw zien en denken dat het een bloemenkrans is. Dat is voor die persoon de schijnbare werkelijkheid. Zulke persoonlijke standpunten, die betrekking hebben op de schijn van objecten maar die met de objecten zelf niets te maken hebben, worden allemaal onder schijnbare werkelijkheid gerangschikt. Dromen vallen ook in deze categorie.

Een touw als een touw zien wordt relatieve werkelijkheid genoemd. Al degenen van wie de waarneming niet vervormd is, zullen het er mee eens zijn dat het een touw is en geen slang. Ze zullen niet bang zijn voor het touw en er niet van weglopen. Ook zullen ze niet proberen er iemand mee te omkransen. Ze zullen het touw gebruiken om er iets mee vast te binden. De wereld zoals wij die correct waarnemen en zoals de wetenschap en techniek die beschrijven, staat bekend als relatieve werkelijkheid. Hij wordt relatieve werkelijkheid genoemd omdat hij in zijn huidige vorm niet voor altijd zal bestaan; hij is aan verandering onderhevig. Alle relatieve objecten zijn onderhevig aan de zes vormen van verandering: geboorte, groei, bestaan, verandering, verval en dood. Al onze wereldse relaties, posities en bezittingen bevinden zich op het gebied van de relatieve werkelijkheid.

De derde werkelijkheid is de absolute Waarheid, die geen enkele verandering in het verleden, het heden of de toekomst ondergaat. Het Zelf of de Atman die de hele Schepping

167

doordringt, is de enige absolute werkelijkheid. Gevestigd zijn in de absolute werkelijkheid betekent de realisatie dat "ik één ben met het Zelf."

Alles bereikt hebben

Er is niets dat vergelijkbaar is met Zelfrealisatie. In dit opzicht zeggen de geschriften: "Wanneer men het Zelf bereikt heeft, valt er niets anders meer te bereiken." Daarom wordt het "oneindige winst" genoemd. Gerealiseerde meesters hebben niets nodig. Ze hebben alles bereikt wat er te bereiken valt. Voor zo iemand is er geen verworvenheid die als hoger beschouwd kan worden.

Zelfs door het grootste verdriet onaangedaan blijven

Als we deze toestand van yoga bereiken, zullen we door geen enkel verdriet beïnvloed worden. Alle verdriet en lijden behoort tot de wereld van dualiteit. Met andere woorden verdriet en lijden behoren tot het lichaam en de geest. Iemand die in het Zelf gevestigd is, weet duidelijk dat hij het zuivere Zelf is, en niet het lichaam, de geest of het intellect. Zo iemand staat boven alle tegenstellingen zoals pijn en genot, verdriet en geluk, voorkeur en afkeer.

In de *Bhagavad Gita* geeft Heer Krishna een unieke definitie van Yoga. Hij zegt: "Vrij zijn van de gebondenheid aan verdriet is Yoga." Het woord Yoga is afgeleid van de wortel "yuj." Het heeft twee betekenissen. De ene is "twee dingen verbinden of verenigen." Dus wanneer twee dingen zich verenigen is dat Yoga. De tweede betekenis is "beheersen, tegenhouden, bedwingen." In de eerste betekenis is Yoga de eenheid van de geest en het Zelf. In de tweede betekenis is yoga het beheersen of tegenhouden van de geest om zich te verbinden met pijn en verdriet.

Het is de aard van een ongeoefende geest zich altijd met pijn en verdriet te associëren. We denken er nauwelijks aan hoe gelukkig of succesvol we zijn. Zelfs miljardairs hebben hun eigen portie zorgen en verdriet. Wanneer hun geest op die negatieve dingen gefixeerd is, vergeten ze dat ze miljardairs zijn. Er zijn zoveel goede dingen in het leven. We moeten onze geest bewust en met opzet trainen zich altijd op de positieve kant van het leven te richten. Iemand die in Yoga gevestigd is, identificeert zich niet met pijn of verdriet.

Iemand die in Yoga gevestigd is kan ook lichamelijke pijn transcenderen. We kunnen Amma onafgebroken darshan zien geven aan ontelbaar veel mensen ondanks pijn in Haar lichaam of een ander gezondheidsprobleem. Zelfs wanneer de honderdste persoon precies op Haar voet knielt, met zijn hele gewicht op Haar schoot leunt of met zijn hoofd tegen Haar wang stoot terwijl hij naar voren buigt om persoonlijke narigheid te vertellen, blijft Amma liefdevol glimlachen en onderbreekt Ze Haar meedogende woorden nooit. Amma maakt Haar geest bewust los van de pijn en kwalen van het lichaam.

Net zoals we belang hechten aan ons eten, slaap, gezin en andere dingen in het leven, moeten we minstens even veel belang hechten, zoniet meer, aan onze spirituele oefeningen. Amma zegt altijd dat meditatie als goud is. Zelfs als je slechts tien minuten kunt mediteren, is dat waardevol. Zelfs een enkel moment dat je in meditatie doorbrengt, is geen verspilling. Zij die reeds spirituele oefeningen doen, kunnen de tijd verlengen of ze met meer intensiteit doen, met meer vastberadenheid. Dat is de enige manier waarop we mentale kracht kunnen krijgen en verdergaan naar ons doel. We zijn in het leven met zoveel dingen bezig die onze geest naar beneden trekken. Om de geest te verheffen moeten we spirituele oefeningen doen zoals japa, meditatie, naar bhajans luisteren of ze zingen, satsangs (spirituele lezing of discussie) bijwonen of spirituele boeken lezen. Al deze oefeningen kunnen ons inspiratie geven en ons helpen voortdurend aan God te blijven denken. Met een Satguru als

Amma is het voor ieder van ons mogelijk om de toestand van Yoga te bereiken. Moge Amma ons allemaal zegenen om die hoogste toestand te bereiken.

Hoofdstuk 11

Het uitvoeren van je plicht

Het uitvoeren van je plicht handhaaft harmonie

De moderne natuurkunde zegt dat het universum volgens de wet van entropie naar chaos beweegt, terwijl de hindoegeschriften zeggen dat er een van tevoren vastgestelde harmonie in het universum is en dat evolutie vooruitgang is naar universele orde en harmonie. Alle levende wezens hebben een bepaalde rol bij het handhaven van deze harmonie. Deze harmonie heeft verschillende namen zoals logos, dharma of Tao. Dieren en planten verstoren deze harmonie niet, omdat ze volgens hun instinct (aangeboren natuur) leven. Mensen daarentegen kunnen met hun vrije wil aan deze harmonie bijdragen of die verstoren.

Een Satguru als Amma werkt eraan het verloren dharma en de harmonie in het universum te herstellen. Alles wat de Satguru doet, draagt alleen maar bij aan de harmonie in de Schepping. Alles wat hij doet is juist, hoewel het ons anders kan lijken.

Amma zegt dat wij allemaal een taak hebben afhankelijk van onze rol in de samenleving. Als we onze taak niet juist verrichten, zullen chaos en verwarring het resultaat zijn. Als een dokter zijn werk niet goed doet, zullen de patiënten lijden. Als een politieagent zijn werk niet juist doet, zal het misdaadcijfer omhooggaan. Zo zal er ook disharmonie in het gezin zijn, als de gezinsleden weigeren hun rol goed te spelen.

Amma geeft de volgende voorbeelden: we zijn getrouwd en hebben kinderen. Wanneer we onze plicht tegenover onze

171

gezinsleden vervullen door van ze te houden, voor hen te zorgen en ons oprecht van al onze verantwoordelijkheden tegenover ieder van hen te kwijten, dan zijn we in harmonie met de symfonie van de Schepping. Dan zal er harmonie in het gezin zijn. Een gezin is een kleine eenheid in deze Schepping. Zo zijn er miljoenen gezinnen in het universum. Wanneer alle gezinsleden hun taak goed uitvoeren, dan is er harmonie. Hetzelfde geldt voor politici, zakenlieden, arbeiders, legerofficieren of monniken. Iedereen heeft een unieke rol te spelen in dit orkest. Wanneer iedereen zijn taak verricht, dan is er geen verstoring in de harmonie van de Schepping.

Om dharma te handhaven moet iedereen in de samenleving deze houding hebben. Als een politicus de mensen oprecht helpt en dient, dan draagt hij bij aan de harmonie. Als een zakenman zaken doet zonder de mensen te bedriegen en alleen een redelijke winst berekent, of als een dokter zijn patiënten met liefde en sympathie behandelt, vereren zij in feite God, ook al doen ze misschien niets wat als spiritueel of religieus aangemerkt kan worden. Maar wanneer een politicus de mensen uitbuit of wanneer een dokter overdreven prijzen berekent, creëert dit disharmonie. Het is in strijd met dharma.

Amma zegt dat wanneer je je rol speelt in overeenstemming met je plicht of dharma, je op een natuurlijke manier bijdraagt aan de harmonie in het universum. Ieder individu is als een spaak of een tand in het wiel van de Schepping. Als er ook maar één spaak of tand kapot of beschadigd is, zal het de beweging van het wiel beïnvloeden. Natuurlijk hoeven we dat niet te voelen of er ons bewust van te zijn, omdat het universum zo onmetelijk is. Maar in een kleine eenheid kunnen we de disharmonie ervaren. Als we bijvoorbeeld een lepel zout in een kopje water doen, kunnen we de zoute smaak proeven. Als we dezelfde hoeveelheid zout in een grote emmer water doen, zullen we het zout niet proeven, maar dit betekent niet dat er geen zout in het water zit. We kunnen het alleen niet proeven.

Door mijn plicht te doen draag ik bij aan de harmonie en het welzijn in de wereld. Door mijn plicht niet te doen veroorzaak ik disharmonie, die de oorzaak is van pijn en lijden in deze wereld. Dus wanneer ik de harmonie verstoor, ga ik tegen Gods wil in. En wanneer ik aan de harmonie bijdraag, is dat een manier om God te aanbidden.

Of we het leuk vinden of niet, we moeten onze plichten en verantwoordelijkheden vervullen zonder gehechtheid of afkeer. Dit is het moeilijke gedeelte en we hebben heel vaak de hulp van een Guru nodig om hierin te slagen.

Ik wil graag een voorval met een westerse toegewijde vertellen die naar de ashram kwam. Deze stille, vriendelijke man had een diepe liefde voor Amma. Wanneer er in die tijd in de ashram een sevaproject was waar Amma aan ging deelnemen, werd er een bel geluid om aan te geven dat Amma "naar buiten" zou komen en iedereen met Haar mee kon doen. Er was geen bepaald schema voor dit soort seva. Steeds wanneer er behoefte aan was of in geval van nood kwam Amma naar buiten om het initiatief te nemen bij het voltooien van het werk. Anderen deden blij met Haar mee, of het nu dag of nacht was, of het regende of de zon scheen. Veel bewoners hielden ervan Amma 's nachts met seva te helpen, omdat Amma koffie zette en pinda's roosterde en deze onder de bewoners verdeelde wanneer het werk af was. Daarna verzamelde Ze iedereen om zich heen, vertelde verhalen en grappen en gaf satsang.

De eerste nacht dat deze westerling in de ashram was, ging de sevabel om een uur 's nachts. Hij kwam niet naar de seva en was geërgerd dat hij op dat rare tijdstip door het geluid van de bel en de bedrijvigheid in zijn slaap gestoord was. De volgende morgen zat hij er tijdens Amma's darshan met een zuur gezicht bij. Hij klaagde bij Amma hoe moeilijk het was een goede nachtrust te krijgen als de bellen luidden en de mensen midden in de nacht op moesten staan. Vanaf die tijd begon hij met oordopjes in te slapen.

Nadat hij iedereen een paar dagen seva had zien doen, wilde hij ook op de een of andere manier meehelpen en dus koos hij voor een regelmatige seva. De taak die hij kreeg was werken in de keuken, het meest lawaaierige deel van de ashram. Deze man, die er de voorkeur aan gaf dat alles zowel 's nachts als overdag rustig was, was verrast bij het idee dat hij op zo'n lawaaierige plaats zou werken, maar hij was vastbesloten om Amma met zijn hulp een plezier te doen. Dus meldde hij zich aan voor het werk. De eerste dagen vond hij het erg moeilijk om het lawaai en de vele mensen te verdragen. Na een tijdje verminderde zijn voorkeur voor uiterlijke stilte en uiteindelijk vond hij het lawaai helemaal niet erg meer. Ten slotte kwam er een dag waarop hij schertsend zei dat hij 's nachts niet kon slapen als er geen lawaai was. Zijn liefde voor Amma en zijn plichtsbesef hielpen hem zijn voorkeur en afkeer te overwinnen. Voor het eerst ervoer hij innerlijke stilte, die niet beïnvloed wordt door uiterlijk lawaai of geschreeuw. Daarvoor kon hij niet slapen als hij geluid hoorde, nu kan hij temidden van veel lawaai even vredig slapen als in een stille grot in de Himalaya's.

Dus het uitvoeren van onze taak is erg belangrijk. Daarom geeft de Guru ons specifieke taken. Wanneer er een dokter naar de ashram komt die gewend is in een steriele omgeving met de grootste hygiëne te werken, wordt hem misschien gevraagd in de koeienstal te werken. Aanvankelijk heeft de arts er misschien een hekel aan, maar in de loop der tijd verdwijnt deze aversie geleidelijk en begint hij misschien van het werk te houden. Dan kan Amma de dokter weer in het ziekenhuis aan het werk zetten. In dit stadium zal hij met een meevoelend hart naar arme, vieze en in lompen geklede patiënten kunnen kijken. Zo'n training kun je op geen enkele medische faculteit krijgen.

Een brahmachari die in de ashram kwam wonen, werd gevraagd om voor de koeien te zorgen. Hij was academisch goed opgeleid. Dus protesteerde hij bij Amma en zei dat hij naar de ashram gekomen was om spirituele oefeningen te doen en de geschriften te leren. Hij zei ook dat hij niet naar de ashram gekomen was om zijn leven te verspillen door voor de koeien te zorgen.

Na een maand of zo kwam er een groot geleerde naar de ashram. Sommigen van ons verzochten hem lezingen te geven over de *Srimad Bhagavatam*. Toen hij op een dag een passage vertelde, had hij het over het dienen van koeien, de favoriete dieren van Heer Krishna. In die passage stond dat het verzorgen van een koe een heilige seva is die gelijk staat met het dienen van de Heer zelf. In de hindoetraditie wordt de koe als een heilig dier beschouwd. Iedereen die de kans om koeien te dienen voorbij laat gaan, gooit een prachtige gelegenheid weg om de genade van de Heer te verkrijgen. De brahmachari die geweigerd had de koeienseva te doen, luisterde naar de passage en realiseerde zich zijn fout. Hij zei Amma dat hij de koeienseva vol liefde zou doen.

Amma had toen echter andere plannen met deze brahmachari. Ze vroeg hem om seva in de keuken te doen. De brahmachari vond die seva ook niet leuk, maar uiteindelijk kreeg hij spijt en begon de toiletten en badkamers schoon te maken om zijn vroegere koppige gedrag goed te maken.

Wat we ook mogen vinden van de taak die we krijgen, we moeten die zonder mankeren uitvoeren. We moeten niet proberen om een of ander excuus te vinden om ons werk niet te doen. Of we het leuk vinden of niet hangt van onze voorkeur af, maar als we het als onze plicht doen, kunnen we langzaam onze voorkeur en afkeer overwinnen. Daarom geeft Amma ons soms werk dat we niet graag doen. Op de een of andere manier moeten we, vroeg of laat, onze voorkeur en afkeer overwinnen. Als we ons daaraan vast blijven houden, zal er altijd onrust in onze geest zijn. Die onrust is schadelijk voor spirituele zoekers omdat de innerlijke beroering onze meditatie en concentratie op spirituele oefeningen stoort. Voor een gewoon iemand hoeft de onrust in de geest geen probleem te zijn, omdat hij geen spirituele oefeningen doet. Zo iemand hoeft zich niet eens van die onrust bewust te zijn, behalve als er zich psychische problemen ontwikkelen.

De wereld zal nooit zijn zoals wij dat graag willen. We moeten leren om van de wereld te houden zoals hij is. Alleen dan zullen wij innerlijke rust ervaren. Anders zullen we nog steeds redenen hebben om bedroefd, gespannen of geïrriteerd te zijn, hoe rijk en machtig we ook zijn. Het fundamentele doel van meditatie en andere spirituele technieken is om alle negativiteit en onrust in de geest te transcenderen en innerlijke rust te ervaren. Alles wat Amma ons vraagt te doen, is alleen bedoeld om ons te helpen onze negativiteit te overwinnen zodat we innerlijke vrede kunnen ervaren en genieten.

De macht van gewoontes

Velen van ons voelen zich geïnspireerd om in Amma's aanwezigheid goede gewoonten te ontwikkelen door het voorbeeld dat Zij geeft. Zelfs kleine kinderen worden geïnspireerd. Het trieste is dat bij de meesten van ons deze inspiratie niet lang duurt. Zodra we weggaan uit Amma's fysieke nabijheid, zijn we geneigd om terug te keren naar onze oude manier van leven, omdat we het moeilijk vinden om goede gewoonten aan te leren en makkelijk om slechte over te nemen. Omgekeerd is het erg gemakkelijk om goede gewoontes op te geven en heel moeilijk om slechte op te geven. We moeten dus bewust oefenen om onze gewoontes te veranderen totdat de oefening spontaan en natuurlijk wordt en de goede eigenschappen een gewoonte worden. Als we ons een goede gewoonte eigen gemaakt hebben en het door volhardende oefening tot een deel van ons karakter gemaakt hebben, wordt het heel moeilijk om die gewoonte op te geven.

Het belang van het aanleren van goede gewoontes kunnen we begrijpen door de manier waarop zij de geest beïnvloeden. We doen al onze spirituele oefeningen met het doel onze geest tot rust te brengen zodat we Zelfkennis kunnen verkrijgen. Zoals de maan in het kalme water van een meer wordt gereflecteerd, wordt het Zelf onthuld wanneer de geest kalm en rustig is. Daarom wordt er zoveel belang aan zuiverheid van de geest gehecht. Als we eenmaal goede gewoontes ontwikkeld hebben, zullen we het gevoel hebben dat we stikken als we ze niet kunnen volgen.

Amma zegt dat het ontwikkelen van goede, positieve gewoonten erg belangrijk is omdat negatieve gewoonten zoals ongeduld, jaloezie en het beoordelen en aanmerkingen hebben op anderen ons zal belemmeren innerlijke rust te ervaren.

De geest neemt vooral gewoontes over die negatief en onnodig zijn, en raakt erin vastgeroest. Het is niet mogelijk al die gewoontes in een jaar of twee te veranderen. De macht van onze gewoontes is zo groot dat er veel inspanning nodig is om de geest in de juiste richting te leiden.

Amma vertelt een verhaal om te illustreren hoe sterk onze gewoontes zijn. Er was eens een arme man die naar een sannyasi ging en zei: "Ik ben een zeer arme man. Help mij alstublieft rijk te worden." De sannyasi zegende hem en vertelde hem van een strand waar kostbare edelstenen gevonden konden worden. "Je kunt ze verkopen en veel geld verdienen," zei de sannyasi. "Het probleem is alleen dat het moeilijk is om het verschil te zien tussen een edelsteen en een gewone steen. Ze zien er allemaal hetzelfde uit en liggen over het hele strand verspreid. Je moet dus voorzichtig zijn. Als je een edelsteen in je hand houdt, zul je de warmte van de steen voelen. Alleen als je de warmte voelt, kun je er zeker van zijn dat het een kostbare steen is." De arme man ging onmiddellijk naar dat strand en ging aan de slag. Hij pakte de ene steen na de andere op en testte hem. Toen kwam het in hem op dat alle stenen die hij op de grond teruglegde nadat hij ze afgekeurd had, door elkaar kwamen met de andere stenen en hij niet kon weten welke hij al onderzocht had. Dus iedere steen die hij oppakte en die niet warm was, gooide hij in de oceaan.

Dag in dag uit zocht hij op het strand. Vele dagen gingen voorbij totdat hij uiteindelijk op een dag een steen oppakte en voelde dat hij warm was. Hij was in de wolken dat hij eindelijk een kostbare steen gevonden had. Toch gooide hij de steen uit gewoonte in de oceaan hoewel hij gevoeld had dat hij warm was.

Dit verhaal laat zien hoe we door gewoontes overweldigd worden. Daarom zegt Amma dat we positieve gewoontes moeten aanleren. Door dat te doen kunnen we de kracht van onze negatieve gewoontes verminderen. Wanneer een gewoonte eenmaal zijn kracht verliest, is het gemakkelijk hem te overwinnen en af te leren. In het begin vinden we de nieuwe positieve gewoonte misschien niet leuk en is er extra inspanning nodig, maar we moeten de poging niet opgeven. En als we eenmaal met de gewoonte beginnen te oefenen, doet het er niet toe of we hem leuk vinden of niet. De beoefening zelf zal ons kracht geven. Daarom zegt Amma: "Probeer je mantra te herhalen, lees spirituele boeken, mediteer, luister naar bhajans en neem deel aan satsangs." Spirituele oefening betekent niet alleen meditatie. We kunnen kiezen. Zulke activiteiten helpen ons goede gewoonten te ontwikkelen en ons voortdurend op God te richten.

Ik kan iets doen wat voor mij geen enkel nut heeft, maar ik blijf het toch doen omdat het een gewoonte geworden is. Voordat men wist dat roken kanker veroorzaakt, was het roken van sigaretten een veel algemenere gewoonte. Nu staat op ieder pakje

sigaretten de waarschuwing van het Ministerie van Volksgezond-
heid: "Roken is schadelijk voor de gezondheid." Daarom hebben
veel mensen het roken opgegeven. Zelfs mensen die vele pakjes per
dag rookten, konden ermee ophouden omdat zij zich nu bewust
zijn van de gevaren van het roken.

Zo zullen wij ook, als wij ons bewust worden van de schade
of nutteloosheid van iets wat we doen, de kracht vinden om het
op te geven en ons gedrag te wijzigen.

Zeven geloften voor een week

Een gelofte afleggen is een grote uitdaging in het leven, een
uitdaging voor onze sloomheid, luiheid en neiging tot uitstel.
Een gelofte is als een teugel voor het ongetemde, wilde paard van
onze geest. Als we het paard onder controle kunnen houden, is
het paardrijden niet alleen plezierig, maar het brengt ons ook veel
sneller op de plaats van bestemming dan lopen. Als we daarentegen een wild paard zonder teugels bestijgen, zal de rit vreselijk
zijn en zeker in een ramp of zelfs met de dood eindigen.

Ik herinner me een bekend gezegde: "Zaai een gedachte,
oogst een handeling; zaai een handeling, oogst een gewoonte;
zaai een gewoonte, oogst een karakter." Iedere routine die gedu-
rende een bepaalde periode herhaald wordt, wordt een gewoonte.
Gewoonten vormen ons karakter. Iemands karakter is de basis
voor zijn succes in het leven. We weten echter allemaal dat het
onmogelijk is alle goede eigenschappen van de ene op de andere
dag te ontwikkelen. De enige praktische keuze is een paar goede
gewoontes tegelijk te ontwikkelen over een langere periode,
zodat zij onze tweede natuur worden. Zoals een dagelijks bad het
lichaam schoon en gezond houdt, helpen geloften ons om onze
geest schoon te houden van het vuil van jaloezie, haat, kwaadheid, ongeduld, enzovoort.

Hier zijn zeven geloften die als het abc van het spirituele leven worden aangeboden en gebaseerd zijn op Amma's onderricht. Zij kunnen een voor een beoefend worden, een voor iedere dag van de week. De volgorde waarin we ze beoefenen is niet van belang. Kies gewoon één dag in de week voor iedere gelofte. Zoals zuivere melk die in een verontreinigd vat wordt gedaan, zuur wordt, kan Gods genade van geen enkel nut zijn wanneer die in een onzuivere geest afdaalt. Deze geloften helpen ons onze geest te zuiveren en hem ook onder controle te brengen. Een bijzonderheid van deze geloften is dat we de voordelen van het naleven ervan zonder lang te wachten kunnen ervaren. Neem je plechtig voor om iedere dag volgens één gelofte te leven. Als je toevallig op een bepaalde dag een gelofte niet kunt nakomen, probeer hem dan de volgende week op dezelfde dag uit te voeren. Amma zegt: "Het cultiveren van goede eigenschappen is ook een soort verering. Spiritualiteit zonder oefening is alsof je in het ontwerp van een huis probeert te wonen."

Gelofte voor de eerste dag:

Word minder kwaad. Iedereen weet dat kwaadheid schadelijk is. Maar hoe velen van ons kunnen ons aan de gelofte houden: "Ik zal nooit meer kwaad worden zolang ik leef"? Dat zou heel moeilijk zijn. Als we om te beginnen een vast besluit nemen dat we onze kwaadheid en onze neiging over anderen kwaad te spreken één dag per week beheersen, dan is het mogelijk. In ieder geval creëren we op die dag een geweldige atmosfeer thuis en op ons werk.

Gelofte voor de tweede dag:

Voeg een glimlach toe. Het duurt niet lang of we krijgen prachtige reacties van anderen als we besluiten om alles wat we te zeggen hebben, met een glimlach te zeggen. Nogmaals, slechts één dag per week om mee te beginnen. Zelfs als de situatie vereist dat we schreeuwen, berispen of zeuren, doen we dat op die dag met een glimlach. En we zullen meteen zien dat het een andere wereld creëert. Voor fronsen is meer coördinatie van gezichtsspieren nodig dan voor glimlachen. Om te glimlachen hebben we slechts de hulp van een paar spieren nodig. Bovendien zien we er met een glimlach knapper uit.

Gelofte voor de derde dag:
Doe enkele formele spirituele oefeningen. Amma garandeert dat in ieder huis waar de duizend namen van Devi iedere dag met devotie gereciteerd worden, de Goddelijke Moeder altijd op zijn minst zal zorgen voor de basisbehoeften zoals voedsel en kleding. Een beginner die het dagelijks herhalen van de duizend Sanskriet namen te moeilijk vindt, kan proberen om in weekenden ten minste een uur te besteden aan het denken aan God door recitatie, mantra japa, puja, meditatie, bhajans, enzovoort.

Gelofte voor de vierde dag:
Geef niet toe aan een slechte gewoonte. Iemand die uit gewoonte rookt of verslaafd is aan drugs of alcohol, vindt het misschien moeilijk de gewoonte helemaal op te geven ook al doet hij nog zo zijn best. Probeer bijvoorbeeld op donderdag niet aan de gewoonte toe te geven als eerbetoon aan de Guru omdat donderdag als de dag van de Guru beschouwd wordt. Als je langzaam steeds meer controle over de geest krijgt, zal het makkelijker worden om naar goeddunken van diepgewortelde gewoontes af te komen.

Heb je geen verslavende gewoontes zoals roken, drinken en het gebruik van drugs, dan kun je je geest trainen door één dag in de week van iets anders af te zien waar je aan gehecht bent. Dat kan bijvoorbeeld je favoriete eten of televisieprogramma zijn. Amma zegt dat spiritualiteit de mogelijkheid is om de gedachtestroom op ieder moment dat je dat wenst, te stoppen alsof je op de rem van een nieuwe, goed geconstrueerde auto trapt.

Gelofte voor de vijfde dag

Eet minder. Wanneer je uitrust, krijgt het lichaam rust, maar de maag gaat door met hard werken om het voedsel dat je gegeten hebt te verteren. Als je één keer per week slechts één maaltijd op die dag gebruikt, zal dat je spijsverteringssysteem rust geven na zijn onophoudelijke werk. Daarom is dat goed voor je gezondheid. Op die dag moet je voldoende water drinken. Zieke mensen die van hun arts het advies gekregen hebben niet te vasten, hoeven zich niet aan deze gelofte van één maaltijd per dag te houden. Zij kunnen overwegen om een andere versobering te kiezen.

Gelofte voor de zesde dag:

Wees behulpzaam. Er zijn veel mogelijkheden voor onbaatzuchtige dienstverlening. Als je oplet, kun je altijd een gelegenheid vinden om anderen te helpen. Als je geen manier kunt vinden om anderen direct te dienen, kun je een gedeelte van je inkomen delen met een of meerdere organisaties voor liefdadig werk. De beste vorm van onbaatzuchtige dienstverlening is die waarbij niemand, inclusief de begunstigde, weet van wie de hulp komt.

Gelofte voor de zevende dag:

Neem stilte in acht. Hoewel het misschien moeilijk is je aan een gelofte van absolute stilte voor de hele dag te houden, kun je beginnen met één uur vanaf het moment dat je wakker wordt. De volgende week kun je proberen de tijd te verlengen tot twee uur of meer, en langzaam werk je naar een hele dag toe. Als je verantwoordelijkheden je niet toestaan om de hele dag te zwijgen, spreek dan alleen wanneer het echt nodig is. Klets niet en voer geen zinloze gesprekken. Amma zegt dat overmatig praten de geestelijke onrust vergroot, je je energie ontneemt en de subtiele stem van God in je overschreeuwt. Wanneer we stilte in acht nemen, behouden we de energie die ons zal helpen ons op God te richten, ook al blijven er gedachten opkomen. Amma zegt dat gedachten vergeleken kunnen worden met rimpels op de oppervlakte van een glas water. Hoewel de oppervlakte in beroering is, gaat er geen water verloren. Maar wanneer we spreken, is dat als water dat overstroomt of gemorst wordt.

Denk één keer per maand na over de vooruitgang die je gemaakt hebt en de vooruitgang die je nog wilt maken. Kijk of het de tijd is om het onderwerp van een van de geloften te veranderen. Amma zegt dat iedere spirituele aspirant geduld, enthousiasme en optimistisch vertrouwen dient te ontwikkelen. Moedig jezelf aan om het te blijven proberen.

Het enige wat Amma vraagt is dat we onze negatieve gewoonten en fouten aan Haar lotusvoeten neerleggen en in ruil daarvoor een of twee van de ontelbare goddelijke eigenschappen van Amma als Haar prasad nemen. Deze geloften zijn de lamp die de weg zal verlichten op onze tocht door het donkere woud van onwetendheid en ook anderen voor afdwalen zal behoeden. Men kan op zijn minst enkele van deze geloften zonder veel moeilijkheden volgen.

Als we op zijn minst één goede gewoonte kunnen ontwikkelen, zullen vele goede gewoontes daarop volgen. Als één mier ergens heen gaat, zullen er andere mieren volgen. Op dezelfde manier is één goede gewoonte genoeg om andere gewoonten te laten volgen.

Er is een vers in de *Bhagavad Gita* waarin Heer Krishna zegt dat inspanning op het spirituele pad nooit verloren gaat en ook geen schade kan veroorzaken. Zelfs een beetje van dit dharma van het ontwikkelen van goede waarden en goede gewoonten in ons leven zal een positief resultaat hebben.

Onze activiteiten aan de Guru of God opdragen

Als we de sterke overtuiging kunnen ontwikkelen dat onze Guru één is met God en dat alles wat Hij of Zij ons adviseert alleen maar voor ons bestwil is, zullen we liefde voor en toewijding aan onze Guru kunnen ontwikkelen. Geleidelijk zullen we al onze activiteiten aan Haar op willen dragen. Dit is de beste manier om Amma te vereren. We hoeven niet te vragen of we negatief kunnen handelen en dat aan Amma op kunnen dragen. Als we namelijk zoveel van Amma houden dat we al onze activiteit aan Haar op willen dragen, zal het moeilijk voor ons zijn om handelingen die schade berokkenen te verrichten. Natuurlijk geldt hetzelfde voor het opdragen van onze handelingen aan God. Door onze activiteiten aan de Guru of God op te dragen, kunnen we onze negatieve activiteit gaan verminderen en die uiteindelijk helemaal elimineren. Door onze dagelijkse handelingen vol liefde aan Amma of God op te dragen zuiveren we al onze activiteiten.

Zelfs als we niet al onze activiteiten aan God op kunnen dragen, zal het ons baten als we eenvoudig ons werk oprecht doen. De geschriften verklaren dat het verdienstelijk is om ons werk oprecht te doen.

De rol van de Mahatma bij het herstellen van de harmonie

Ieder levend lichaam heeft een immuunsysteem dat verhindert dat vreemde voorwerpen het lichaam binnenkomen en daar blijven. Als er bijvoorbeeld een insect of vuiltje in het oog komt, begint het oog onmiddellijk te tranen om het vreemde voorwerp naar één kant van het oog te duwen. Als iets onze neus irriteert, bijvoorbeeld stuifmeel of chilipoeder, zullen we onmiddellijk niezen. Wanneer ziektekiemen het lichaam binnendringen, vecht het immuunsysteem om ze te elimineren. Mahatma's als Amma zijn het "immuunsysteem" van de mensheid en beschermen de planeet tegen de infecties van onrechtvaardigheid, misdaad, geweld, kwaadheid en haat. Amma zegt dat Mahatma's als de pilaren van een gebouw zijn. De pilaren geven de echte steun aan een gebouw. Op dezelfde manier ondersteunen de Mahatma's de Schepping op veel manieren met hun onvoorwaardelijke liefde, mededogen en zuivere vibraties.

De meeste goden en godinnen in de hindoemythologie zijn uitgerust met verschillende wapens. Dit heeft veel westerlingen doen denken dat deze godheden tirannieke of zelfs duivelse krachten vertegenwoordigen en dat mensen hen uit vrees en onwetendheid aanbidden. Dit is niet waar. De wapens zijn vaak symbolisch. Het zwaard van Kali bijvoorbeeld symboliseert het onderscheidingsvermogen en de drietand vertegenwoordigt de drie fundamentele kwaliteiten van sereniteit, activiteit en rust. Deze wapens worden gebruikt om onrechtvaardigheid te vernietigen. Avatars als Rama en Krishna probeerden altijd slechte mensen door rede, diplomatie en vrijgevigheid te veranderen. Pas wanneer deze vreedzame benaderingswijzen alledrie gefaald hadden, gebruikten zij de enige weg die voor hen nog openstond: de kwaaddoener straffen of doden. Het was hun plicht om dat te doen omdat zij verantwoordelijk waren voor het handhaven van dharma in het land.

Terwijl Rama en Krishna de slechte mensen die weigerden hun leven te beteren, doodden, doodt Amma de slechte eigenschappen in ons. Ze zuivert onze geest en verandert zo ons gedrag.

Het doel van alle Avatars is het herstellen van de harmonie in de wereld. De methoden die zij gebruiken om dit doel te bereiken, verschillen naar gelang de gewoonten, systemen en omstandigheden die in een bepaalde tijd heersen. Als er iets in ons oog komt, zal niezen niet helpen. Als een vlieg in onze neus terechtkomt, helpen tranen niet. Afhankelijk van de heersende situatie gebruiken de Avatars en Mahatma's verschillende middelen en methoden om dharma opnieuw te vestigen.

Amma's wapen

Rama's wapen was een pijl en boog. Krishna's wapen was een discus. Amma gebruikt het wapen van de Liefde. Natuurlijk waren Rama en Krishna ook een belichaming van de hoogste liefde, maar omdat Rama koning was en Krishna een adviseur en vriend van koningen, was het hun dharma om de wapens tegen de adharmische krachten op te nemen. Maar Amma is als de Universele Moeder naar de wereld gekomen. Haar belangrijkste wapen is de Liefde.

Met oneindig veel liefde en geduld zit Amma uren achter elkaar bij ons, luistert naar onze problemen, troost ons en geeft ons de kracht die we nodig hebben om onze uitdagingen aan te kunnen. Het is de kracht van de liefde die maakt dat zoveel mensen zich bij Amma's leger voor onbaatzuchtige dienstverlening aan willen sluiten. De kracht van de liefde transcendeert nationaliteit, religie, taal, cultuur—alles. Amma's liefde helpt ons onze negativiteit om te vormen en te verwijderen.

We houden allemaal van macht, maar we hebben niet de macht van de liefde. Onze liefde is zelfzuchtig. Amma's liefde is gaat alle aardse liefde te boven. Het is de kracht van Amma's liefde die ons onze zorgen laat vergeten. Amma daalt af naar ons niveau, zingt met ons, danst met ons, maakt grappen met ons en stort tranen met ons om ons te helpen ons op Haar af te stemmen en ons te verheffen tot Haar niveau.

Een paar jaar lang verbleef er een krankzinnige in de ashram. Niemand wilde met hem praten omdat alles wat hij zei nergens op sloeg. Maar steeds wanneer hij voor Amma's darshan kwam, besteedde Zij extra tijd aan hem en stelde hem vragen als: "Ben je gelukkig, mijn zoon? Krijg je genoeg te eten?" Op een keer vroeg Amma hem: "Waarom kijk je zo bedroefd?"

Hij antwoordde: "Ik ben niet alleen bedroefd, ik ben kwaad op U, Amma, omdat U mij de laatste keer dat ik Uw darshan kreeg, niet veel aandacht gegeven hebt!" Als wij in Amma's plaats geweest waren, zouden we hem eenvoudig opzijgeschoven hebben. Maar Amma besteedde er bijna tien minuten aan om hem uit te leggen hoeveel Ze om hem gaf en dat het door het grote aantal mensen kwam dat Ze hem die dag niet genoeg aandacht had kunnen geven. Nadat hij Amma's woorden gehoord had, was hij heel gelukkig.

In de begintijd van de ashram waren er veel atheïsten en onruststokers die Amma uitscholden en bekritiseerden. Omdat Ze de belichaming van geduld en liefde is, verdroeg Ze deze slechte behandeling zonder op enige manier van slag te zijn en zonder te reageren. Wanneer de onverlaten echter een van Haar toegewijden lastigvielen, was Ze zeer bekommerd. Amma legt Haar eigen aard uit met behulp van een vergelijking: "Als iemand in de onderkant van een boom snijdt, doet dat er niet toe. Maar als er in een jonge tak van die boom gesneden wordt, beïnvloedt dat de hele boom."

Ik herinner me dat Amma op een keer darshan gaf in Krishna Bhava. Zoals gewoonlijk was er een vriendelijke en betoverende glimlach op Haar gezicht. De toegewijden gingen op in de gelukzaligheid van Haar goddelijke aanwezigheid. Op dat moment kwam er een toegewijde volledig van zijn stuk de tempel binnen. Hij was ernstig mishandeld door atheïsten uit de buurt. Helemaal van streek en geïrriteerd viel hij aan Amma's voeten en huilde onbedaarlijk. Hij deed een beroep op Amma om een oplossing voor de situatie te vinden. Plotseling veranderde Amma's gelaatsuitdrukking en Ze zag er buitengewoon strijdlustig uit. Haar ogen leken twee gloeiende ijzeren ballen, die naar alle kanten stekende vlammen van woede uitzonden.

Ze bracht Haar vingers samen in de Devimudra. Dit was de eerste keer dat Amma het woeste aspect van de Godin aannam. Pas na veel bidden en het herhalen van allerlei mantra's werd Ze

187

kalm. Amma legde later uit: "Toen ik het leed van die toegewijde zag, had ik zó alle kwaadaardige mensen die blijven volharden in het lastigvallen van de toegewijden, willen vernietigen. Spontaan manifesteerde het strijdlustige aspect van de Goddelijke Moeder zich om toevlucht te bieden aan degenen die lastiggevallen werden."

Hoofdstuk 12

De kracht van de liefde

Liefde geeft alleen

Er zijn veel verschillende soorten kracht, maar de meeste zijn beperkt van omvang. Er zijn activiteiten waarbij spierkracht nodig is, zoals een zwaar voorwerp optillen of een marathon lopen. Maar de waarde van dat soort kracht is beperkt. Lichamelijke kracht is bijvoorbeeld volkomen nutteloos bij het kalmeren van een huilende baby. De macht van geld is ook beperkt. Als je diepbedroefd bent omdat een dierbaar iemand gestorven is, kan geld, hoe veel het ook is, je verdriet niet wegnemen. Politieke macht heeft ook zijn beperkingen.

Tot nu toe heeft echter niemand de beperkingen van de kracht van de liefde ontdekt. Liefde is de brug die de mensheid met God verbindt. We weten allemaal dat God onbegrensd en almachtig is. En we weten dat God liefde is. Daarom moet de kracht van de liefde ook onbegrensd zijn. Liefde wordt uitgedrukt in geven. Liefde neemt nooit iets. Liefde is altijd op zoek naar mogelijkheden om te geven.

Liefde transformeert

Amma zegt altijd dat liefde de basis van het leven is. Waar echte liefde is, zijn minder problemen en waar minder liefde is, zijn meer problemen. Alle problemen kunnen door liefde opgelost worden.

We denken misschien dat dit perspectief alleen de vrome wens van een liefdevolle moeder is en in het dagelijks leven niet klopt. Als liefde alle problemen op kan lossen, waarom is er dan zoveel bloedvergieten en geweld op deze prachtige aarde?

We nemen gewoonlijk onze toevlucht tot macht en geweld om ons doel te bereiken, omdat we niet voldoende geduld, begrip en doorzettingsvermogen hebben. Als we gewapend zijn met zuivere liefde en die liefde in al onze gedachten, woorden en daden uit kunnen drukken, dan kunnen we de smet van oorlog en geweld van dit aardoppervlak laten verdwijnen.

In Haar toespraak op de Millennium Wereldvredeconferentie voor de Verenigde Naties zei Amma: "Wat niet met macht, geweld en oorlog bereikt kan worden, kan door liefde tot stand gebracht worden."

Wat Amma met Haar liefde tot stand gebracht heeft, is het beste voorbeeld van de waarheid van deze bewering. Hoewel Ze door veel dorpelingen wreed behandeld werd in Haar jeugd en tienertijd, reageerde Ze nooit met haat of wrok op hun wreedheden. Zoals een fruitboom zoete vruchten geeft zelfs als er stenen naar gegooid worden, zo reageerde Amma op de vijandigheid en haat van de dorpelingen met Haar grootmoedige charitatieve projecten, waar Ze nu nog steeds voor zorgdraagt.

Toen Amma na de VN-topconferentie weer thuiskwam, kreeg Ze een warm onthaal van dezelfde dorpelingen die zoveel jaren zo vijandig en hatelijk tegenover Haar waren geweest. Dezelfde handen die eens stenen naar Amma wierpen en veel kwaadwillige dingen tegenover de ashram uitvoerden, strooiden nu bloemblaadjes op Haar pad. Dezelfde tongen die Amma eens uitscholden en te schande probeerden te maken, reciteerden nu de mantra "Om Amriteshwaryai Namah," wat betekent "Wij begroeten de Goddelijke Moeder Amritanandamayi."

Het duurde vanwege de oploop langs de route bijna vijf uur voordat Amma de afstand van twaalf kilometer vanaf de hoofdweg naar de ashram afgelegd had. Alle gezinnen hadden olielampjes voor hun huis aangestoken als teken van respect en eerbied en ze wachtten uren op de stoep om een vluchtige blik van Amma op te vangen. Zodra Amma in de ashram aankwam, begon het te motregenen. Het leek alsof Moeder Natuur zelf tranen van vreugde stortte toen ze de geweldige verandering in de houding van de dorpelingen zag. Dit is het wonder van de liefde. Amma's leven is een eindeloze reeks van zulke wonderen.

Amma overtreedt een ashramregel

Er waren voor mij twee hindernissen om sannyasi te worden, namelijk mijn gehechtheid aan mijn ouders en mijn voorliefde voor yoghurt en karnemelk. Ik was erg aan mijn ouders gehecht. Ik had nooit gedacht dat ik hen zou verlaten om in een ashram te gaan wonen. Ook was ik gewend iedere dag yoghurt of karnemelk bij mijn maaltijd te eten en ik kon me niet voorstellen dat ik dag in dag uit van het ashrameten zou genieten zonder deze dingen. In die tijd werd er geen yoghurt en karnemelk in de ashram geserveerd, en zeker niet voor brahmachari's. Iedere dag vette yoghurt eten wordt niet als bevorderlijk voor het handhaven van het celibaat gezien. Ook was yoghurt niet een normaal deel van de dagelijkse kost in het gebied rondom de ashram.

Toen Amma mij vroeg of ik graag als brahmachari in de ashram wilde wonen, antwoordde ik: "Dat is prima, als ik nog maar wel yoghurt en karnemelk kan krijgen zoals thuis."

Amma zei: "Dat zal geen probleem zijn," en Ze trof een speciale regeling om voor mij yoghurt te laten bezorgen. Amma's liefde stoort er zich niet aan als Ze een regel of gewoonte moet breken om een ziel te redden. Ze wist heel goed dat de kans groot was dat ik vast zou komen te zitten in misleidende zintuiglijke genietingen, als ik niet in de beschermende omgeving van de ashram zou blijven.

Mijn moeder schreef mij eens een brief waarin zij Amma beledigde en Haar een vissersvrouw noemde. Dit maakte mij erg kwaad. Omdat ik Amma's onbaatzuchtige liefde en spirituele glorie had ervaren, kon ik het niet uitstaan dat Amma bekritiseerd of beledigd werd. Als vergelding besloot ik dat ik mijn ouders niet zou bezoeken, totdat zij hun excuses aangeboden hadden of iets goeds over Amma geschreven hadden.

Ze deden geen van beide. In plaats daarvan huurden ze een priester in om tantrische[12] riten uit te voeren om mij van mening te laten veranderen zodat ik de ashram zou verlaten en terug naar huis zou gaan. Ze stuurden mij ook een talisman om om mijn nek te dragen. De talisman was door het reciteren van een aantal krachtige mantra's met bepaalde energie geladen. Ze stuurden de talisman met een van mijn familieleden mee die de ashram pas wilde verlaten als ik hem om mijn nek gedaan had. Uiteindelijk bracht ik de kwestie bij Amma ter sprake en Amma zei: "Hoewel de talisman sterk genoeg is om je van streek en in de war te brengen, hoef je je geen zorgen te maken. Draag hem gewoon. Amma zal je beschermen zodat het je niet schaadt." Ze wilde dat ik hem droeg om mijn ouders tevreden te stellen en dus bond ik hem om mijn nek. Hoewel mijn ouders helemaal tegen Amma waren, was Zij buitengewoon liefdevol tegenover hen en miste nooit een gelegenheid om het hun naar de zin te maken.

Mijn ouders hadden verwacht dat ik van besluit zou veranderen en spoedig thuis zou komen, omdat de priester die het tantrische ritueel om mijn besluit te veranderen had uitgevoerd, een zeer beroemd expert in deze methoden was. Ze waren verrast

---

[12] *Tantra* is een systeem van aanbidding om de zegen van een hogere macht te krijgen. De nadruk ligt meer op *mudra's* dan op mantra's.

toen zij zagen dat er geen verandering in mijn houding was. Toen realiseerden zij zich dat Amma een machtiger iemand was dan zij gedacht hadden, omdat de rituelen en toverspreuken van de priester bij Haar niet werkten.

In de loop der tijd overtuigden veel voorvallen hen ervan dat Amma een is met de Goddelijke Moeder die zij iedere dag aanbaden. Dat bracht een grote verandering in hun leven tot stand en uiteindelijk werden zij toegewijden van Amma.

Niet de kwantiteit, maar de kwaliteit

Vele jaren terug kwam een vrouwelijke toegewijde uit Tamil Nadu Amma voor de eerste keer opzoeken. Omdat ik Tamil spreek, fungeerde ik als haar tolk. Ze was diep onder de indruk van Amma's liefde en spirituele energie en voordat ze terug naar huis ging, deed ze een royale donatie aan de ashram. In die tijd was onze financiële situatie erbarmelijk, dus dit was werkelijk een zegen, een vermogen voor de ashram.

Een maand later bezocht zij de ashram opnieuw. Toen zij aankwam, was Amma net opgehouden met het geven van darshan en naar Haar kamer teruggegaan. Toen ik de vrouw zag, rende ik naar Amma's kamer met de gedachte: "Amma zal zeer onder de indruk zijn en onmiddellijk naar beneden komen en met de dame praten, omdat deze vrouw de laatste keer dat ze de ashram bezocht, een grote donatie deed." Ik klopte op de deur van Amma's kamer en de deur ging open. Amma was brieven van toegewijden aan het lezen. Ze vroeg me: "Wat is er aan de hand?" Door Haar gelaatsuitdrukking wist ik dat ik Haar geërgerd had. Ik aarzelde te spreken, maar verzamelde wat moed en zei: "Die vrouw uit Tamil Nadu die de vorige maand een grote donatie geschonken heeft, is gekomen."

Amma vroeg: "Nou, en? Wat moet ik eraan doen?"

Ik wist niet wat ik moest zeggen. Ik mompelde een paar woorden en ging toen terug naar mijn kamer. Ik ging zelfs niet naar de vrouw toe. Na een tijdje kwam Amma naar buiten en stond op het balkon van Haar kamer. Ik liep daar toevallig om een andere reden voorbij. Ze riep me en vroeg: "Zijn er toegewijden die wachten om mij te zien?" Ik greep onmiddellijk mijn kans: "Ja, ja, Amma. Die dame uit Tamil Nadu wacht."

"Houd daarover op!" zei Ze. "Ik vroeg niet naar die vrouw. Zit er iemand anders te wachten?"

Ik zei Amma dat ik het uit zou zoeken en ging kijken. Ik zag een man en vrouw met hun kinderen. Toen ik hen zag, wist ik meteen dat zij uit een erg arme familie kwamen. De kinderen hadden druipneuzen, vuile wangen en ongekamd haar. Iedereen zou hen voor bedelaars aangezien hebben. Het bleek dat ze ontdekt hadden dat de darshan voorbij was toen zij in de ashram aankwamen en dat ze Amma niet konden zien. Ze waren hierdoor zo van streek dat ze begonnen te huilen. Op dat ogenblik stuurde Amma mij om te kijken of er iemand op Haar wachtte.

Ik ging onmiddellijk naar Amma terug en zei: "Amma er wacht een gezin op U. Ze kwamen voor U, maar omdat U al weg was, konden ze Uw darshan niet krijgen. Ze moeten vandaag naar huis terug. Ze zeiden dat ze een klein theewinkeltje hebben." Ze hadden het winkeltje gesloten en waren naar de ashram gekomen om Amma te zien. Als ze 's avonds niet thuis waren, konden ze de volgende dag het winkeltje, dat hun enige bron van inkomsten was, niet openen. Amma vroeg mij onmiddellijk om hen naar Haar kamer te brengen. Ik was verrast. Aan de ene kant wachtte deze welgestelde en vrijgevige vrouw op Amma en Amma wilde Haar niet zien. Aan de andere kant riep Amma dit arme gezin naar Haar kamer. Ze praatte met hen en troostte hen. Amma bracht bijna een half uur met hen door en gaf hun prasad.

Ik kon mijn nieuwsgierigheid niet bedwingen. Ik vroeg: "Amma ik wil graag begrijpen waarom U vandaag zo handelde. Aan dat arme gezin dat U nu ontmoet heeft, zal de ashram niet veel hebben, terwijl de rijke vrouw die op U wacht, op veel manieren voor onze ashram van nut kan zijn."

Amma antwoordde onmiddellijk heel ernstig dat Ze Haar werk doet zonder hulp van anderen te verwachten, hoewel Ze altijd bereid is iemand in nood te helpen. Ze zei: "Dat arme echtpaar komt iedere week naar de ashram. Ze hebben een heel klein theewinkeltje en kunnen de eindjes nauwelijks aan elkaar knopen. Alles wat ze verdienen, accepteren ze blij. Hun enige inkomsten bestaan uit het verkopen van thee en versnaperingen in hun winkeltje. Ze zijn zo arm dat ze alleen met het geld dat zij iedere dag verdienen de rijst en het voedsel voor de volgende dag kunnen kopen. Eén dag per week vasten de man en vrouw en komen naar Amma met het geld dat ze anders aan voedsel uitgegeven zouden hebben. De afgelopen week hadden zij een paar roepies extra en zij hebben dit als donatie aangeboden."

De welgestelde vrouw had een grote donatie gegeven, maar Amma gaf haar geen speciale aandacht. Vergeleken met die enorme donatie was wat het arme gezin doneerde, niets. Maar Amma zei dat als je in aanmerking neemt hoe arm dit gezin was, hun donatie van onschatbare waarde was.

Het moet nog wel vermeld worden dat Amma de rijke dame later naar Haar kamer riep en wat tijd met haar doorbracht.

Hoofdstuk 13

Verzaking

Het geschenk dat Amma koestert

Tijdens de viering van een van Amma's verjaardagen een paar jaar geleden, kwam er een groep studenten met een grote, keurig verpakte doos. Zij gaven hem aan Amma en zeiden dat het hun verjaardagsgeschenk voor Haar was. Amma accepteerde het glimlachend en zei: "Namah Shivaya."

Toen zei Ze tegen hen: "Dit is een leuk geschenk, maar er is een beter geschenk dat jullie kunnen geven." Het waren jongelui en Amma wist dat ze de gewoonte hadden sigaretten te roken. Dus zei Ze tegen hen: "Kinderen, er lijden talloze mensen in deze wereld. Velen hebben zelfs niet het geld om één enkele pijnstiller te kopen, laat staan medicijnen. Als jullie ophouden met roken en het geld sparen, kun je het gebruiken om ieder jaar ten minste een paar lijdende mensen te helpen.

Wat heb je aan roken? Het vernielt alleen maar je gezondheid en maakt je de slaaf van een slechte gewoonte. Zo vraag je om ziekte en een zwakke gezondheid en betaal je de prijs voor een vroege dood. Het staat nu zelfs op ieder pakje sigaretten: 'Roken is schadelijk voor de gezondheid. Roken kan kanker veroorzaken.' Maar toch kunnen velen de gewoonte van het roken niet opgeven. Sommigen zien roken zelfs als een statussymbool. De enige en blijvende status komt voort uit een ruime geest en niet uit zulke schadelijke gewoonten.

Als je het roken op kunt geven, of op zijn minst verminderen, en het geld dat je zo bespaart gebruikt om de armen te helpen, zou Amma dat het mooiste cadeau vinden dat je Haar kunt geven."

De jongelui dachten een tijdje na. Zij waren zich goed bewust van de verslavende kracht van het roken en hoe moeilijk het was de gewoonte te doorbreken. Dus zeiden ze: "We zullen het proberen, maar we hebben Uw zegen en genade nodig."

Amma antwoordde: "Als je er niet mee op kunt houden, breng me dan alle peuken van de sigaretten die je gerookt hebt. De gedachte dat je de sigarettenpeuk aan Amma zult geven, zal je erg helpen om niet te roken." Met deze woorden stuurde Amma ze weg.

Aan de vooravond van de volgende verjaardag kwamen zij met twee dozen die kleurig verpakt en verzegeld waren. Ze stonden erop dat Amma de pakjes open zou maken en meteen zou kijken wat erin zat. Amma opende de eerste doos terwijl de studenten triomfantelijk straalden. "Dit is het kostbaarste geschenk dat je Amma kon geven," riep Amma luid lachend uit. Iedereen leunde voorover om naar het geschenk dat Amma zo waardeerde te kijken. De doos was leeg. Geen enkele sigarettenpeuk, wat betekende dat geen van hen het hele jaar ook maar een enkele sigaret gerookt had, omdat ze Amma beloofd hadden dat ze zouden proberen te stoppen. In de tweede doos zaten wat kleren, schriften, pennen en potloden voor de leerlingen in het weeshuis. Deze teenagers hadden hun belofte aan Amma met succes gehouden.

Wij kunnen ook proberen om Amma zo'n soort geschenk te geven: het geschenk van verzaking en opoffering. Ze wil geen materiële dingen van ons. Ze wil dat Haar kinderen de armen en de mensen die lijden in ieder geval een klein beetje helpen door wat van onze verslavingen en luxe op te geven. Het motto op het embleem van Amma's ashram (*tyagenaike amritatvamanasuhu*) betekent: "Zonder verzaking kan de Waarheid niet gerealiseerd worden." Dit is een deel van een hymne uit de Upanishaden die zegt: "Niet door activiteit, noch door nageslacht, noch door rijkdom of geld, maar alleen door verzaking wordt onsterfelijkheid bereikt."

De echte geest van verzaking

Wanneer we over verzaking spreken, denken we misschien onmiddellijk dat we ons gezin, onze rijkdom, ons huis en alle andere bezittingen op moeten geven en al onze tijd mediterend door moeten brengen. Dit is niet zo. Verzaking betekent het opgeven van de gehechtheid aan onze bezittingen. In het Sanskriet wordt deze gehechtheid "mamakara" genoemd wat betekent "het besef van eigendom of 'van mij zijn.'" Het is de tweelingbroer van "ahamkara" (ego). Het doorbreken van het besef van beperking dat opgelegd wordt door het gevoel van "ik" en "mijn" en door het ego, wordt in de Vedantafilosofie bevrijding of moksha genoemd.

Wanneer ik denk dat deze hoeveelheid land van mij is, zeg ik dat ik met het overige land, de aarde, niets te maken heb. Op deze manier leg ik een beperking op aan de oneindige aard van mijn ware Zelf. Wanneer ik denk dat ik dit lichaam, deze geest en dit intellect ben, laat ik zo ook slechts een zeer klein beeld van mezelf toe en vergeet ik dat ik één ben met het allesdoordringende Bewustzijn.

Zolang het ego in ons zit, is het misschien ondoenlijk om deze universele houding onmiddellijk op alle gebieden van het leven in de praktijk te brengen. De veilige, praktische weg naar bevrijding is ons leven te verbinden met het leven van een Meester die deze eenheid met het Zelf gerealiseerd heeft. Net zoals een bootje dat met een ketting aan een schip gebonden is, de oceaan zonder eigen inspanning over kan steken, kunnen wij ook de overkant van deze oceaan van leven en dood bereiken door ons leven met dat van een Meester te verbinden.

We zijn allemaal alleen op deze wereld gekomen en er gaat niemand met ons mee wanneer we vertrekken. Dit lichaam, onze geboorteplaats en onze ouders werden niet bewust door ons gekozen. In het licht daarvan moeten we ook bereid zijn te accepteren dat alles wat ons in dit leven dierbaar is, al onze verwanten en vrienden en al onze prestaties, ook geschenken van de Almachtige zijn. We houden van deze geschenken en waarderen ze, maar hoe vaak denken we aan God die ons al deze dingen gegeven heeft?

Wanneer we begrijpen dat dit leven een geschenk van God is, dan zijn we God en de Schepping, die Gods expressie is, oprecht dankbaar. De aanwezigheid en het leven van de Meester leren ons deze waarheid. De Meester, die één is met God, geeft ons een brandpunt waarop we onze liefde voor en toewijding aan God kunnen richten. Als we de houding hebben dat wij alles wat naar ons toekomt van Amma krijgen en dat alles wat we verliezen, een offer aan Haar is, dan zullen we onder alle omstandigheden gelijkmoedig blijven. Dat is echte verzaking.

Verzaking betekent niet noodzakelijkerwijs van alles afstand doen en naar een ashram gaan of dat we niet van onze kinderen of huwelijkspartner mogen houden. We kunnen met ons gezin leven in een geest van onthechting. We moeten onze plicht doen, maar tegelijk moeten we niet vergeten dat alles op een dag, op het moment van de dood, zal verdwijnen. We moeten daarop voorbereid zijn. Dat is echte verzaking.

Janaka was een zeer beroemde koning in het oude India. Hij was een echte jnani, iemand die de Waarheid gerealiseerd heeft. Koning Janaka had een Guru die Yāgnyavalkya heette. Hoewel Janaka koning was, woonde hij samen met de vele andere leerlingen van Yāgnyavalkya de lessen over de geschriften bij. De Guru hield veel van koning Janaka om zijn diepgaande spiritualiteit en gaf hem bepaalde voorrechten. Soms wachtte de Guru met de les als koning Janaka er nog niet was, maar als de andere leerlingen te laat waren, wachtte hij niet op hen. En als de andere leerlingen er nog niet waren en koning Janaka te vroeg was, begon de Guru onmiddellijk met de les. De andere leerlingen begrepen dit niet en waren jaloers. Ze dachten dat de Guru partijdig was omdat Janaka een rijke koning was en zij concludeerden dat de houding van de Guru niet juist was. Enkele onruststokers verspreidden dit idee ook onder de anderen. Er was een algemene onrust onder de studenten.

Yāgnyavalkya, die hun houding begreep, wilde dat zij de fout van hun overhaaste conclusies inzagen. Hij creëerde met zijn grote spirituele kracht een illusie van vuur. Midden onder de les kwam er in grote haast een boodschapper van het paleis van koning Janaka en nadat hij toestemming van de Guru gekregen had, gaf hij Janaka een briefje en fluisterde iets in zijn oor. De andere leerlingen zagen dit en degene die naast Janaka zat, gluurde naar het briefje om te weten waar het over ging. De Guru onderbrak de les even en sloot zijn ogen. Toen hij zijn ogen opende, was er niemand meer in de klas behalve Janaka. Alle andere leerlingen waren weggerend. Yāgnyavalkya ging verder met de les, terwijl alleen Janaka daar zat, sereen en rustig.

Na een tijdje kwamen de leerlingen terug en zagen dat de les al voorbij was. Zij werden kwaad op de Guru en vroegen: "Waarom bent u zo snel met de les opgehouden? Er was hier niemand. U had moeten wachten totdat wij terugwaren."

De Guru antwoordde: "Janaka was hier." Ze werden nog bozer en zeiden tegen de Guru: "Weet u niet wat er gebeurd is?"

"Nee, wat is er dan gebeurd?" vroeg de Guru onschuldig.

"Het koninklijke paleis is in brand gevlogen," antwoordden ze.

De guru antwoordde: "Nou en? Jullie wonen niet in het paleis. Wat kan het jullie schelen?"

"We hadden onze lendendoeken bij de buitenmuur van het paleis te drogen gehangen. Ze zouden verbrand zijn. Het was werkelijk Gods genade dat we daar nog net op tijd konden komen."

De Guru wendde zich tot Janaka en vroeg: "Wist u niet dat het paleis in brand stond? Is het niet uw plicht om het te redden? Waarom zat u hier zo rustig?"

Heel nederig antwoordde Janaka: "Meester, het leven is onzeker. Wie weet of ik weer in zal ademen? Voordat de dood het lichaam wegneemt, moet men het onsterfelijke Zelf realiseren. Dan kan men niet alleen zichzelf, maar de hele mensheid redden. Aan de voeten van een grote Meester als U kan Zelfrealisatie ieder moment plaats vinden. Alleen een dwaas mist de gouden gelegenheid om naar het onderricht van zijn Guru te luisteren door te proberen dingen te redden die van nature vergankelijk zijn."

Om zijn leerlingen de grootheid van koning Janaka te tonen zei Yagnyavalkya tegen hen: "Janaka is de koning van het hele land. Het paleis is zijn huis en hoewel hij wist dat het in brand gevlogen was, ging hij hier toch niet weg. Hij is helemaal niet aan waardevolle bezittingen gehecht, hoewel hij ermee omringd is, terwijl jullie slechts een paar kleine bezittingen als lendendoeken hebben en er toch sterk aan gehecht zijn. Jullie proberen die te redden zelfs ten koste van Zelfrealisatie. Iemand kan sannyasi zijn en toch gehecht zijn aan kleine, onbelangrijke dingen als een bedelkom, een paar sandalen of een wandelstok. Aan de andere kant zijn er mensen die veel kinderen en veel verantwoordelijkheden hebben en toch helemaal onthecht zijn. Deze mentale houding is echte verzaking."

Veel kansen om verzaking te beoefenen

Stel dat we acht uur per nacht slapen. Waarom verminderen we het niet met een half uur? Doe de belofte: "Vanaf nu zal ik slechts zeveneneenhalf uur slapen." Dat is verzaking. Stel dat we vier keer per dagen eten. We kunnen beslissen: "Ik eet slechts drie keer per dag zonder de hoeveelheid voedsel die ik nu bij iedere maaltijd eet, te vergroten."

De geest wil niet gedisciplineerd worden. Een ongedisciplineerde geest is over het algemeen geprikkeld en rusteloos. Anders zouden we gelukkig en rustig als Amma zijn. Steeds wanneer we proberen ons wat discipline op te leggen, is er een innerlijke strijd, maar we moeten de poging niet opgeven. Als we in staat zijn onze geest te disciplineren, kunnen we God realiseren.

Velen van ons willen niet lang mediteren. We doen misschien ook niet graag lang yoga asana's. Wanneer we echter deze spirituele oefeningen als discipline volhouden, beoefenen we indirect verzaking. Als we na een half uur mediteren op willen staan, is het verzaking als we dán een krachtig besluit nemen dat we vandaag 45 minuten blijven zitten. We zien dan namelijk af van ons sterke verlangen na dertig minuten op te staan. Er zijn voor ons veel kansen om zulke daden van verzaking in ons dagelijks leven te beoefenen. Op deze manier kunnen we onze geest trainen.

Veel mensen denken dat zij zich met spiritualiteit kunnen gaan bezighouden als zij voldoende geld verdiend hebben, de positie die zij ambiëren bereikt hebben en van alle mogelijke zintuiglijke genoegens genoten hebben. Pas dan willen zij over verzaking nadenken. Dit zal nooit werken. Onze geest en ons lichaam zullen ons niet gehoorzamen als we oud zijn, ook al spelen we het klaar om te beginnen met bidden en mediteren. Het zal veel moeilijker zijn onze geest te beheersen, onze gedachten te verminderen en ons lichaam lange tijd stil te houden wanneer we oud zijn. Het is dus altijd beter onze spirituele zoektocht op jonge leeftijd te beginnen, hoe eerder, hoe beter.

Vertrouwde vormen van verzaking

Verzaking is niets nieuws voor ons. We beoefenen het vaak in ons dagelijks leven, maar gewoonlijk alleen met een egoïstisch doel. Amma geeft een voorbeeld van dit soort verzaking. Veel mensen beweren dat ze geen tijd hebben om naar satsang te gaan of voor aanbidding naar een tempel of kerk te gaan. Toch kun je ze urenlang in een ziekenhuis zien wachten als hun zoon of dochter ziek is. In het ziekenhuis moeten ze veel ongemak verduren, maar ze ondergaan dit zonder te klagen. Dit is een vorm van verzaking die we voor ons gezin beoefenen.

Amma geeft ook de volgende voorbeelden. Wanneer er populaire films in de bioscopen in India gedraaid worden, kunnen we mensen in een lange rij urenlang in de brandende zon zien staan om kaartjes te krijgen. Zulke mensen geven niets om deze ontberingen. Hetzelfde gebeurt bij het baseballstadion. Mensen willen zo graag een kaartje voor de wedstrijd krijgen dat ze het niet erg vinden om door de menigte heen en weer geduwd te worden. Dit zijn verschillende vormen van verzaking, maar zij hebben geen blijvende waarde.

Onze huidige verzaking is als die van het jongetje dat zijn knikkers weggeeft, wanneer hij er geen belangstelling meer voor heeft. Er waren eens twee broers. De ene was vijf jaar oud en de andere acht. De achtjarige gapte alle knikkers van zijn jongere broer en weigerde die terug te geven, hoeveel de jongere broer ook huilde. Iedere dag vochten ze om de knikkers. Dit ging een hele tijd door.

Op een ochtend verzamelde de oudere broer alle knikkers uit zijn la en gaf ze aan zijn jongere broer. De kleine jongen kon zijn ogen niet geloven. Hij dacht dat zijn broer gek geworden was. Waarom gaf hij die kostbare knikkers anders weg? Kwam het misschien doordat zijn broer van de ene dag op de andere vrijgevig was geworden? De simpele verklaring was dat hun vader de oudere jongen een fiets gegeven had, waardoor hij geen belangstelling meer voor de knikkers had. Hij gaf niets meer om de knikkers nu hij iets veel beters had.

Veel mensen hebben geen zin in verzaking wanneer dat het dienen van anderen, het doen van spirituele oefeningen of het opgeven van gehechtheid betekent. Maar die ene keer dat we naar Amma gaan, beoefenen we wel verzaking voor een hoger doel. Over de hele wereld wachten veel mensen die het gewoonlijk niet zonder slaap, voedsel en allerlei gemakken kunnen stellen, urenlang tijdens Amma's darshanprogramma's om een glimp van Haar goddelijke liefde te ervaren. Wanneer we in Amma's aanwezigheid zijn, verdwijnen al onze kleine zorgen en gehechtheden meestal vanzelf. Helaas kunnen we die geestesgesteldheid niet handhaven zodra we bij Amma weggaan.

Verzaking vereist vastberadenheid om de richting of het middelpunt van ons leven te veranderen van het wereldlijke naar het spirituele. We moeten ons van het doel bewust zijn en erop gericht zijn het doel te bereiken.

De grootheid van echte opoffering

De mate van onze verzaking zit niet in het geldbedrag dat we doneren noch in de waarde van de dingen waarvan we afstand doen. Het hangt af van onze houding en de context waarin we afstand doen. Er is een meeslepend verhaal in de Mahabharata dat de essentie van verzaking laat zien. Na de grote oorlog brachten de Pandava's een groot offer. Tijdens dat offer gaven ze koeien, goud, sieraden, geld en andere kostbaarheden uit liefdadigheid weg. Het offer duurde vele dagen en er werden zoveel rijkdommen en kostbaarheden verdeeld dat iedereen het prees als het grootste offer dat ooit was gebracht. Hoewel de Pandava's van nature deugdzaam waren, waren zij een beetje trots op hun eigen grootmoedigheid.

Op een dag tijdens het offer kwam er een mangoeste naar de offerplaats. Het was een vreemde mangoeste, want één helft was van goud terwijl de andere helft bruin was als bij een gewone mangoeste. Toen de Pandava's deze vreemde mangoeste zagen, werden ze nieuwsgierig.

Tot hun verbazing begon de mangoeste met een menselijke stem te spreken en zei: "De verdienste van het offer dat jullie verricht hebben is nog niet één procent van de verdiensten die het arme brahmanengezin verwierf, dat uit liefdadigheid slechts een kruimeltje eten gaf."

De Pandava's wilden meer over zijn opmerkingen weten en informeerden waarom zijn lichaam voor de helft van goud was. De mangoeste antwoordde: "Enkele jaren geleden was er een brahmanengezin in een land dat door hongersnood en droogte geteisterd werd. Er was vele jaren geen regen gevallen en alle gewassen droogden uit. De voedselvoorraad slonk en de mensen begonnen van honger om te komen. Er stierven iedere dag veel gezinnen. Dit brahmanengezin was erin geslaagd om een klein beetje tarwebloem te bewaren. Op het laatst was ook dat bijna op. Dus besloten zij een paar dagen te vasten en op de dag dat ze voelden dat ze van honger zouden omkomen, zouden ze het meel gebruiken om een chapatti te maken zodat ze weer een paar dagen konden overleven.

Ze hadden vele dagen gevast. Uiteindelijk kwam de dag waarop zij voelden dat ze zouden sterven als ze niets zouden eten. In dit gezin waren vier mensen: man, vrouw en hun zoon en schoondochter. Die dag besloten zij van het overblijvende meel een chapatti te maken, die ze in vieren zouden delen. Toen ze op het punt stonden te gaan eten, zagen ze een bedelaar voor hun huis staan. Hij zei: 'Ik heb dagenlang hongergeleden. Als jullie me nu niets te eten geven, sterf ik hier voor jullie huis.' De vader had erg met hem te doen. Hij zei: 'Ik ben bereid mijn deel weg te geven, zelfs als ik dan sterf. Ik vind dat niet erg. In ieder geval kan ik jou redden. Je kunt gerust mijn deel nemen.' De vader gaf zijn deel van de chapatti aan de bedelaar, die het naar binnen schrokte.

Wanneer we honger hebben en dan maar een beetje voedsel krijgen, versterkt dat onze honger. Dit gebeurde ook met de bedelaar. Hij had zo'n honger dat hij zei: 'Als je me niet nog een stuk geeft, ga ik zeker dood.'

Nu zei de vrouw: 'Wel, ik moet mijn man volgen, dus ik zal ook mijn deel geven.' Ze gaf haar deel aan de bedelaar, maar zijn honger was nog niet over. Nu was het de beurt van de zoon. De zoon gaf zijn deel ook weg. Nog steeds was de honger van de bedelaar niet over.

De vrouw van de zoon besloot toen: 'Iedereen heeft zijn deel weggegeven. Waarom zou ik dan het mijne opeten? Laat ik ook mijn deel geven.' Dus gaf zij haar deel aan de bedelaar. Hij at het op en ging weg.

Kort daarop kwam het hele gezin van de honger om. Nadat zij gestorven waren, kwam ik toevallig bij hun huis toen ik op zoek naar voedsel was. Ik vond hier en daar wat tarwebloem rondgestrooid. Toen ik over het tarwemeel rolde, bleef het aan één kant van mijn lichaam kleven en vanwege het geweldige offer van het gezin, veranderde die kant in goud. Vanaf die dag heb ik alle plaatsen bezocht waar mensen liefdadigheid beoefenen, maar ik heb geen plaats gevonden die de andere helft van mijn lichaam in goud kon veranderen. Ik had hoge verwachtingen dat de andere helft van mijn lichaam ook in goud zou veranderen door te rollen op deze heilige plaats waar dit grote offer verricht is. Mijn hoop is helaas niet uitgekomen."

Het brahmanengezin gaf geen groot bedrag aan liefdadigheid. Ieder gezinslid gaf alleen een stukje chapatti. Onder die omstandigheden was dat het grootste offer dat iemand kon brengen Wat onze positie, onze achtergrond of situatie in het leven ook mag zijn, als we verzaking kunnen beoefenen door iets op te geven wat we het meest waarderen, waar we aan gehecht zijn, dan is dat het grootste offer.

Hoofdstuk 14

Gods genade

De juiste inspanning brengt ons genade

De meeste mensen hebben veel plannen en ambities in het leven, maar alleen dat is niet genoeg. We hebben een concreet programma nodig om onze doelstellingen te verwezenlijken. Er zijn bepaalde elementen van wezenlijk belang om welk doel dan ook in het leven te bereiken. Amma zegt: "Wat onze doelstellingen en ambities ook mogen zijn, om te slagen hebben we drie dingen nodig: de juiste inspanning, dat we ons op de juiste tijd inspannen en Gods genade."

Inspanning alleen kan geen positief resultaat tot stand brengen. Gods genade moet er ook zijn. Tussen onze inspanning en het resultaat liggen vele factoren die het resultaat beïnvloeden, en veel van deze factoren hebben wij niet in de hand. Hoewel alle factoren gunstig moeten zijn als wij het gewenste resultaat willen verkrijgen, kunnen we de factoren die wij niet onder controle hebben, niet veranderen of beïnvloeden. Alleen Gods genade kan die factoren gunstig beïnvloeden en ervoor zorgen dat onze inspanningen positieve resultaten geven.

Genade is niet iets dat we op bevel krijgen. Amma zegt altijd dat we genade moeten verdienen, wat inhoudt dat er een bepaalde inspanning moet zijn. We moeten ons oprecht inspannen en geduldig op genade wachten.

Hierbij spelen Mahatma's en Satgurus een vitale rol. De genade die we van Mahatma's en Satgurus als Amma ontvangen, verschilt niet van Gods genade. Mahatma's en Satgurus zijn de belichaming van onvoorwaardelijke liefde en mededogen. Hun enige doel is ons te helpen uit te stijgen boven wereldse problemen en gebondenheid en ons naar God of de Waarheid te leiden.

Amma zegt dat de periode dat zulke Mahatma's en grote Meesters op aarde zijn, vergelijkbaar is met een seizoensopruiming. In bepaalde perioden van het jaar, bijvoorbeeld rond Kerstmis, Dipavali en Ramadan, zijn kleding, meubels en andere dingen tegen een gereduceerde prijs te koop. Als we deze dingen tijdens de uitverkoop aanschaffen, betalen we minder dan anders. Zo kan de periode waarin Mahatma's leven vergeleken worden met een uitverkoop van genade. Door hun genade kunnen we het verlangde resultaat met minder inspanning verkrijgen dan anders. Dit voordeel hebben we niet alleen bij het verwezenlijken van onze doeleinden, maar ook bij het overwinnen van moeilijke situaties.

Spiritualiteit beperkt zich niet alleen tot zitten mediteren. Het omvat ook de manier waarop we met anderen praten, hoe we ons tegenover anderen gedragen, enzovoort. Als we ons niet op de juiste manier inspannen zal het bidden van: "Geef mij genade, geef mij genade," geen resultaat opleveren.

Amma vertelt een heel grappig verhaal over gebrek aan inzet. Er was een arme man die iedere dag tot God bad. Op een dag kreeg hij een idee. Hij dacht: "Ik wil rijk worden. Als God mij zegent, zal ik zeker binnen een mum van tijd rijk worden. Dus waarom bid ik daar niet om?" Vanaf toen bad hij tot God: "O Heer, maak mij alstublieft rijk." Toen hij na een paar dagen geen verandering in zijn financiële situatie ontdekt had, dacht hij: "Misschien moet ik bidden om op een bepaalde manier geld te krijgen." In zijn stad hadden ze een maandelijkse loterij. Daarom bad hij: "O Heer, laat mij door Uw genade deze maand de eerste prijs in de loterij winnen." Toen de trekking bekend werd, won hij zelfs niet de laatste prijs, laat staan de eerste. Hij was nogal teleurgesteld, maar hij dacht: "De volgende maand is er weer een trekking, misschien win ik dan."

Toen de volgende trekking kwam, won hij niets. Hij raakte geïrriteerd, maar bleef bidden. Er gingen verscheidene maanden voorbij en hij had nog steeds niets gewonnen. Op een dag werd hij erg kwaad en begon tegen God te schreeuwen: "Heer, waarom luistert U niet naar mij? Kunt U mijn eenvoudige gebeden niet verhoren?"

Plotseling hoorde hij Gods stem: "Mijn zoon, natuurlijk ken ik je problemen en luister ik naar je gebeden en wil ik je heel graag helpen."

De man werd nog kwader. "Als dat zo is, waarom dan dit uitstel? Waarom kunt U mij de eerste prijs in de loterij niet laten winnen?"

God antwoordde: "Ik ben bereid je te helpen, mijn kind, maar wat kan ik doen als je niet eens een lot koopt?"

Als wij ook zo blijven bidden: "O Heer, schenk mij alstublieft Uw genade," zal dat niet werken. We bidden altijd om genade, maar we doen niet altijd de benodigde moeite. Zonder Gods genade heeft onze inspanning geen resultaat, maar zonder onze inspanning wordt Gods genade tegengehouden.

Gods genade of de genade van de Guru kan ook ons negatieve karma verlichten. Enkele brahmachari's gingen eens met Amma mee om een programma te verzorgen in Kottayam, een stad op enige afstand van de ashram. Op de terugweg bezochten ze een huis in een klein dorpje op verzoek van de toegewijden die daar woonden. Amma leidde een puja in hun huis en na de puja praatte Ze een tijdje met het gezin. Zij waren dolblij dat Amma hun huis bezocht. Op een gegeven moment trok Amma zich in zichzelf terug en het werd stil in de kamer. Plotseling stond Amma op en liep de achterdeur uit zonder een woord te zeggen. Het was al drie of vier uur 's nachts en pikdonker buiten. De heer des huizes haastte zich Haar een zaklantaarn te brengen om Haar pad te verlichten, maar tegen de tijd dat hij die bracht, liep Zij al buiten door de mangoboomgaard achter het huis. Omdat hij Haar niet wilde storen, volgde hij Haar op korte afstand en scheen met het licht op Haar voeten.

Amma keerde ongeveer tien minuten later naar het huis terug. Iedereen merkte meteen op dat een van Haar tenen bloedde. Ze moest Haar voet gesneden hebben toen Ze in het donker liep. Het gezin was erg van streek en ze deden alles wat ze konden om de wond goed te reinigen en te verbinden. Daarna gingen de brahmachari's met Amma terug naar de ashram.

Een paar maanden later kwam dit gezin Amma in de ashram opzoeken. Ze vertelden Amma dat het dorp waar zij woonden geplunderd was. Een misdadigersbende was van huis tot huis gegaan. Zij beroofden de bewoners, sloegen hen hard en vermoordden zelfs enkele bewoners die weerstand boden. Het huis van dit gezin werd beroofd, maar niemand in het huis raakte gewond. Het gezin wist dat het door Amma's genade kwam dat ze niet aangevallen waren en ze kwamen naar de ashram om Haar hun dankbaarheid te betonen. Toen ze Amma over dit voorval vertelden, hoorde ik Haar opmerking: "Ik heb al bloed in jullie huis laten vloeien. Daarom raakte daar niemand gewond." Amma legde verder niets uit, maar toen ik Haar dit hoorde zeggen, begreep ik dat het voorbestemd was dat er bloed in dat huis zou vloeien. Door de wond aan Haar voet te krijgen en in hun huis te bloeden had Amma het gezin tegen het kwaad beschermd dat voorbestemd was hen te overkomen.

Van egoïsme naar onbaatzuchtigheid

Het grote voordeel als we naar een Mahatma toe gaan is dat de grote Meesters hun genade naar ons laten stromen zonder eerst

naar onze verdiensten te vragen. Ze helpen ons ons doel te bereiken met minder inspanning dan anders nodig geweest zou zijn.

Amma geeft het voorbeeld van een zeilboot. Als we bij
gunstige wind in een zeilboot varen, hoeven we alleen het zeil te
hijsen om wind te vangen en zal de reis snel en gemakkelijk zijn.
We hoeven niet uit alle macht te roeien, omdat de wind de boot
vooruitduwt. Wanneer er een Mahatma zoals Amma onder ons
leeft, waait de wind van haar mededogen en genade voortdurend.
We moeten eenvoudig onze zeilen hijsen, d.w.z. ons hart openen,
om haar genade te ontvangen.

Amma zegt dat we deze genade kunnen verdienen door
vriendelijk en liefdevol te zijn en door anderen onbaatzuchtig te
dienen. Terwijl onze egoïstische activiteiten de stroom van genade
tegenhouden, openen onze onbaatzuchtige activiteiten de poorten
van Gods genade zodat die naar ons toe kan stromen.

Natuurlijk doen we allemaal ons uiterste best bij onze wereldse
bezigheden: een goede baan krijgen, geld verdienen, een hoge
status in de samenleving bereiken, maar deze inspanningen zijn
voornamelijk egoïstisch van aard. Meestal doen we niets onbaatzuchtig, en toch nemen we eindeloos veel van de natuur en de
samenleving. De harmonie tussen de mensen, dieren, planten en
natuurkrachten wordt door ons egoïsme verstoord. Ons egoïsme is
de enige dissonant in de grootse symfonie van het leven op aarde.

Iemand die voortdurend van de wereld neemt, leidt een zeer
egoïstisch leven. Zo iemand wordt door Heer Krishna in de
Bhagavad Gita een dief genoemd. Iemands egoïsme is schadelijk
voor de natuur en voor iedereen, inclusief hemzelf. Egoïsme is als
doorgaan met eten zonder je te ontlasten. Overvloedige rijkdom
kan iemands leven even goed aantasten als bittere armoede.

Men moet op zijn minst een beetje hulp geven aan anderen
en aan de natuur. We nemen zelden de moeite om ons hiervoor
in te spannen. We zeggen eenvoudig: "God zorgt er wel voor."

We willen niets van onszelf geven. Zolang we niets aan anderen willen geven, hinderen we de stroom van Gods genade naar ons.

Amma zegt dat als we vierentwintig uur per dag alles alleen voor onszelf doen, we op zijn minst moeten proberen wat tijd te besteden aan het bidden voor de vrede en het welzijn van andere mensen. Steeds wanneer we daartoe de gelegenheid hebben, is het goed om anderen fysiek, met onze talenten, financieel of op welke manier dan ook te helpen.

Amma heeft het vaak over inspanning en genade. Gods genade is de belangrijkste factor om de gewenste resultaten van onze inspanning te krijgen. Amma geeft het voorbeeld van twee kandidaten die op een sollicitatiegesprek voor dezelfde vacature verschijnen. Beiden hebben dezelfde kwalificaties en beiden beantwoorden de vragen tijdens het gesprek correct. Wie van hen zal geselecteerd worden? Er zal er slechts één gekozen worden, namelijk degene die de sympathie van de ondervrager weet te winnen. Wat helpt iemand deze welwillendheid in het hart van de ander op te wekken? Het is alleen Gods genade. Door deze genade zien we soms dat mensen die het niet goed gedaan hebben bij een sollicitatiegesprek, aangenomen worden, terwijl anderen die de vragen wel goed beantwoord hebben, niet gekozen worden.

In cricketwedstrijden zien we vaak dat de batsman zenuwachtig begint te worden, wanneer hij op het punt staat een century te scoren. In die situatie kunnen we soms zien dat zelfs de slechtste fielders een moeilijke bal van de opgooiende batsman weten te vangen, terwijl we andere keren kunnen zien dat zelfs goede fielders een eenvoudige bal niet weten te vangen. Hoe is dit te verklaren? Amma zegt dat het genade is die onze inspanning volledig maakt. We moeten inzien dat genade een element van vitaal belang in ons leven is.

Als we weten dat we Gods genade nodig hebben, dan is het ook belangrijk dat we onze activiteiten op de juiste tijd verrichten.

Stel dat je een zoon hebt die je erg dierbaar is. Je kunt het niet verdragen wanneer hij huilt of verdrietig is. Wanneer hij vier of vijf jaar oud is, moet je hem naar de kleuterschool sturen. Zoals je weet willen de meeste kinderen niet naar school. Veel kinderen huilen dagenlang totdat zij aan school gewend zijn. Dus jouw zoon huilt ook en je bent daardoor erg van streek omdat je het niet kunt verdragen hem te zien huilen. Maar zelfs dan denk je niet: "Misschien moet ik wachten totdat hij vijftien jaar is. Tegen die tijd zal hij weten waarom hij naar school moet gaan en dan zal hij niet huilen." Zou dat een wijs besluit zijn? Zal uitstel om naar school te gaan je kind op enige manier helpen? Niemand zal een kind pas naar de kleuterschool toe sturen als het al volwassen is. We sturen onze kinderen op vijf- of zesjarige leeftijd naar school, of ze huilen of niet. Want we weten uit ervaring dat het verdriet dat het kind nu ervaart, alleen voor zijn eigen bestwil is en dat het kind op de juiste leeftijd naar school moet gaan. Op dezelfde manier is er een passende tijd voor iedere inspanning die we in ons leven verrichten.

Als we zaden buiten het seizoen zaaien, bijvoorbeeld in de moessontijd, zal het moeilijk zijn een goede oogst te krijgen omdat alle zaden door de zware regen weggespoeld worden. Maar nogmaals, als Gods genade ontbreekt, zullen we niet het gewenste resultaat krijgen, zelfs als we alle vereiste moeite op de juiste tijd doen. We kunnen bijvoorbeeld het zaad op de juiste tijd zaaien, goed voor het gewas zorgen en precies de juiste hoeveelheid mest en water geven, maar als er een overstroming of cycloon in de oogsttijd komt, zal al onze inspanning vergeefs geweest zijn. Gods genade is dus de belangrijkste factor.

Meesters en Avatars

Wat is de beste tijd om een beroep op Gods genade te doen? De geschriften zeggen dat het is wanneer er een gerealiseerde Meester onder ons leeft. De Mahatma's zijn naar de wereld gekomen vanwege hun onbegrensde mededogen en alleen met de bedoeling ons te helpen.

Er is een verhaal waarin verteld wordt waarom Avatars naar deze wereld komen. Er reisde eens een groep mensen naar een bepaalde stad. Ze trokken door een dicht bos. Helaas duurde de reis langer dan verwacht en ze kwamen spoedig zonder voedsel te zitten. Twee of drie dagen liepen ze door zonder te eten. Uiteindelijk kwamen ze bij een hoge muur rond een omheind gebied. Ze wilden weten wat er achter de muur was, dus klom een van hen op de muur om te kijken, waarbij een ander hem hielp.

Toen hij over de muur heen keek, riep hij uit: "Jeminee!" en sprong naar de andere kant zonder iets te zeggen tegen de anderen die stonden te wachten om te horen wat hij gezien had. De anderen bleven wachten. Ze dachten dat hij wel terug zou komen, maar hij kwam niet terug.

Ze stuurden een tweede persoon. Die zei ook: "Jeminee!" sprong over de muur en kwam nooit meer terug. Daarom vroegen ze een derde om te gaan en hun te vertellen wat er aan de andere kant was. Ze smeekten hem om niet te doen wat de andere twee gedaan hadden. "Kom alsjeblieft terug en vertel ons wat daar is," zeiden ze. Toen hielpen ze hem op de muur te klimmen. Toen hij over de muur heen keek, glimlachte hij en zei: "O, het is ongelooflijk! Het is geweldig! Wacht even." Toen hij dit gezegd had, sprong hij eroverheen, maar net als de anderen voor hem, kwam ook hij niet terug. Hij dacht: "Waarom zou ik me haasten? Laat ik hier eerst een poosje van genieten."

Wat zij aan de andere kant van de muur vonden, waren prachtige fruitbomen, een heldere bron en heerlijk voedsel. Ze hadden zo'n honger dat ze gewoon naar de andere kant sprongen en zich volpropten tot ze zich niet meer konden bewegen. Hoe konden ze dus over de muur terugklimmen?

Voordat de vierde persoon over de muur klom, besloot hij dat hij zeker terug zou komen. Hij klom erover, at wat en kwam terug om de anderen over het heerlijke eten te vertellen. Hij hielp hen over de muur te klimmen zodat zij ook van het voedsel konden genieten.

Men zegt dat de gelukzaligheid van Godsextase zo groot is dat degenen die het genieten, nooit meer naar de wereld terug willen komen, net zoals de eerste drie personen die al het eten zagen en zich volpropten, nooit meer terug wilden komen. Iemand als Amma maakt een sankalpa: "Ik zal niet helemaal opgaan in die gelukzaligheid. Ik zal terugkomen. Ontelbare mensen in de wereld lijden en anderen zoeken de Waarheid. Ik moet hen helpen." Dus wanneer zij het lichaam verlaten, maken zij een sankalpa om terug te komen naar de wereld om anderen te helpen en hen naar die gelukzaligheid te leiden. Amma heeft vaak gezegd dat Ze bereid is voor Haar kinderen oneindig veel levens aan te nemen.

We moeten dus één belangrijk punt niet vergeten: wij worden vanwege ons karma geboren, maar de geboorte van een Avatar als Amma vindt alleen plaats door Haar onmetelijke compassie met ons.

Neem nu het verhaal van Dattan, de melaatse die in de begintijd naar de ashram kwam en die al eerder in dit boek genoemd is. Uit Haar grenzeloze mededogen likte Amma Dattans wonden tijdens de Devi Bhava darshans. Dit ging alle begrip te boven. Niemand kon zich zelfs maar voorstellen zoiets te doen. Men zegt dat het speeksel van een goddelijk wezen genezende kracht heeft. Als Amma gewild had, had Ze Haar speeksel met Haar handen op zijn wonden aan kunnen brengen, maar dat deed Ze niet. In plaats daarvan likte Ze zijn wonden. Niemand kon het aanzien.

Het was zo'n afschuwelijk gezicht. Sommige mensen die Amma dit zagen doen, vielen flauw in de tempel. Andere toegewijden liepen gewoon de tempel uit wanneer Amma Dattan darshan gaf. Veel mensen wilden Amma's darshan niet ontvangen nadat Ze Dattan darshan gegeven had, uit vrees voor besmetting met melaatsheid. Je kunt dit tafereel in een van de video's over Amma's leven zien. Je hebt waarschijnlijk nooit eerder gehoord van iemand die de wonden van een melaatse likt, zelfs niet in verhalen. Maar er is hier een levend voorbeeld voor ons.

Toen ik Amma vroeg: "Hoe kon U Dattans wonden likken? Was het niet walgelijk?" verbaasde Haar antwoord mij.

Ze zei: "Het was gewoon de spontane uitdrukking van Mijn mededogen met hem." Toen vroeg Amma mij: "Als je een ontstoken wond op je hand hebt, wat zou je dan doen? Zou je je hand afsnijden?" Ik zei van niet.

"Waarom niet?" vroeg Amma.

"Omdat het mijn hand is," zei ik. "Hoe zou ik mijn eigen hand af kunnen snijden? Ik zou proberen hem te genezen."

Toen zei Amma: "Op dezelfde manier verschil Ik niet van die melaatse. Ik ben hem. Hij is Mij. Met andere woorden: Ik ben in hem en hij is in Mij."

Daarom zegt men dat Mahatma's een kosmisch of universeel bewustzijn hebben. Toen Amma zei dat Ze niet van Dattan de melaatse verschilde, uitte Ze de hoogste waarheid. Een goddelijke persoon wordt gedefinieerd als iemand die zijn eigen Zelf in iedereen en iedereen in zijn eigen Zelf kan zien. Daarom kan Amma zo meedogend en liefdevol voor iedereen zijn.

Een meester is als de lente

Wanneer er een Meester als Amma onder ons leeft en zo gemakkelijk beschikbaar is, is het eenvoudig om met een beetje inspanning Haar genade te ontvangen. Amma zegt: "Als je tien stappen naar Mij toe zet, ben Ik bereid honderd stappen naar jou toe te zetten. Maar je moet op zijn minst die tien stappen zetten."

Als we iets zonder enige inspanning krijgen, kunnen we de waarde ervan niet beseffen. Het zal verspild worden als juwelen die we aan kleine kinderen geven. In Amma's ogen is iedereen gelijk. Als we een oprechte poging doen, zullen we zeker Haar genade ontvangen.

De geschriften zeggen: "brahmavid brahmaiva bhavati." Dit betekent: "Iemand die Brahman gerealiseerd heeft wordt Brahman." Dit is een van de mooiste uitspraken van de Upanishaden. Daarom zeggen we dat alles wat we van een gerealiseerd iemand ontvangen, in feite van God komt.

Aan de andere kant is alles wat van ons komt het product van onze voorkeur en afkeer, ons ego, enzovoort. We kunnen niet beweren dat het van God komt. De Mahatma's hebben geen ego. Zij zien zichzelf niet als beperkte individuen. Zij kunnen onmogelijk egoïstisch handelen.

Op het ogenblik zijn wij niet zover. We kunnen van onze eigen kinderen houden, maar we houden niet per se van de kinderen van de buren. We houden van onze familieleden, onze vrienden en onze landgenoten. Het zou moeilijk voor ons zijn om met dezelfde hartstocht en oprechtheid van anderen te houden. Maar de Mahatma's zijn altijd afgestemd op het Universele Bewustzijn en zij kunnen dat Bewustzijn in alles zien. Dit is volmaakt duidelijk in Amma's leven en in Haar woorden. Wanneer Amma darshan geeft, kunnen we zien dat ze geen onderscheid maakt tussen knap en lelijk, rijk en arm, Indiaas en westers. Wanneer Ze een gehandicapt of lijdend iemand ziet, kunnen we zien dat er meer van Haar liefde en compassie tot uitdrukking komt, maar dat betekent niet dat ze zulke mensen meer of minder acht dan anderen. Het toont alleen dat Ze iedereen geeft wat hij nodig heeft.

De grote Adi Shankaracharya zei dat zulke Meesters als het voorjaar zijn. In de winter wordt het erg koud, vooral in de noordelijke landen. De zon gaat vroeg onder en de nachten zijn lang. De bomen zien er doods uit nu al hun bladeren afgevallen zijn en de mensen zijn geneigd in hun huis te blijven. Zelfs de vogels zingen niet veel. In sommige delen van de wereld is de winter zo lang, dat de mensen erg depressief worden.

En dan komt na de winter de lente. Wanneer de lente komt, krijgt alles nieuw leven. Planten beginnen te groeien en bloeien. De bomen krijgen nieuwe, frisse bladeren en de vogels beginnen blij te zingen. De dagen worden langer. De mensen komen naar buiten en zijn actiever. Hun depressie verdwijnt.

De grote meesters zijn als het voorjaar omdat zij anderen vreugde schenken door hun aanwezigheid, genade, onvoorwaardelijke liefde en mededogen. Degenen die een tijd bij Amma geweest zijn, zullen het hiermee volkomen eens zijn. Er is nooit een saai moment rondom Amma. Veel mensen die met een zwaar hart naar Amma komen, gaan bij Haar weg met een gevoel van grote opluchting, voldoening en kracht. Zoals koelte de aard van water is en hitte de aard van vuur, is onvoorwaardelijke liefde en overstromend mededogen de aard van goddelijke wezens. Zij kunnen ook het vuur van de liefde en het mededogen ontsteken in het hart van degenen die met hen in contact komen. Zo wekken zij gevoelens van liefde, vreugde en vrolijkheid op in de mensen om hen heen.

De meeste mensen hebben het gevoel alsof ze opnieuw geboren worden, alsof het leven helemaal nieuw wordt wanneer ze bij Amma komen. Zij die naar Amma gekomen zijn en bij Amma gewoond hebben, zullen dit ongetwijfeld beamen. Het is zo heerlijk om in Amma's gezelschap te zijn. Het is een zeldzaam geluk.

Ook al voldoen we niet aan alle eisen voor goede spirituele zoekers, door Amma's mededogen krijgen we meer dan we verdienen.

Als Amma op verdiensten zou letten om ons te zegenen, dan zouden niet velen van ons Haar zegen ontvangen. Amma zegt dat als Ze sommige mensen van Haar liefde en zegen uit zou sluiten of degenen die niet goed en zuiver zijn, de rug zou toekeren, dat zou lijken op het bouwen van een superspecialistisch ziekenhuis waar dan een bord voor gezet wordt: "Zieke patiënten niet toegelaten!"

Hoewel velen van ons Amma's grootheid talloze malen ervaren hebben, zijn wij geneigd Haar naar onze beperkte, intellectuele maatstaven te beoordelen en te evalueren. Omdat Amma een menselijk lichaam heeft zoals wij, hebben wij een natuurlijke neiging om Haar als een gewoon iemand te zien. We kunnen prachtige verhalen en gebeurtenissen over Amma lezen, maar we kunnen niet begrijpen wie Zij werkelijk is.

Amma zegt dat een Mahatma als een geweldige ijsberg is. Alleen het topje van de ijsberg is voor ons boven het wateroppervlak zichtbaar. Wanneer iemand dit ziet, kan hij denken dat hij de geweldige omvang van de ijsberg gezien en begrepen heeft, maar hij heeft slechts een miniem deeltje gezien van de enorme ijsmassa die zich onder water bevindt. Op dezelfde manier kunnen wij slechts een oneindig klein deeltje van Amma's grootheid zien. Veel van Haar grootheid is voor ons verborgen.

Amma vertelt een toepasselijk verhaal. Er was eens een muis in een bos. Op een dag liep de muis als een bezetene rond op zoek naar iets. Toen hij rondholde kwam hij bij een vijver waar een enorme olifant zijn bad nam. Zodra de muis de olifant zag, stopte hij en schreeuwde: "Hé olifant, kom uit het water!" Eerst sloeg de olifant geen acht op de muis. Per slot van rekening is een olifant zo'n kolossaal dier en een muis is een nietig diertje. Dus de olifant deed alsof hij de muis niet hoorde, maar de muis was erg hardnekkig. Hij bleef schreeuwen: "Hé olifant, kom uit het water!

Kom uit het water!" Uiteindelijk kwam de olifant met tegenzin uit het water. Nauwelijks was de olifant uit het water, of de muis schreeuwde: "Dat is genoeg. Je kunt nu weer terug het water in!"

De olifant was erg geïrriteerd. Boos vroeg hij de muis: "Waarom heb je me dan gevraagd uit het water te komen?"

De muis antwoordde: "Ik ben mijn zwempak verloren en ik wilde kijken of jij het aan had."

De clou van het verhaal is dat wij Amma met ons beperkt intellect net zo min kunnen begrijpen als een olifant past in het zwempak van een muis. Onze intellectuele vermogens zijn nooit voldoende om te begrijpen hoe groot Amma is of wie Zij is. We moeten Amma niet onderschatten enkel omdat Ze een menselijk lichaam heeft en zo nederig is. Amma is niet beperkt tot het lichaam.

Een paar jaar geleden bezocht een groep toegewijden uit Chennai de ashram. Ik sprak met hen over Amma. Veel toegewijden in de groep vroegen zich af hoe Amma iedere dag aan zoveel mensen darshan kon geven. Ik zei hun dat Amma, hoewel Ze een menselijk lichaam heeft zoals wij, in feite boven het lichaam staat. Ik voegde daaraan toe dat Amma het menselijk lichaam gebruikt om met ons om te gaan. Een van de leden van de groep was het op dit punt niet met mij eens. Hij was helemaal niet overtuigd. Toen hij de kans kreeg met Amma te praten, vroeg hij: "Is het waar dat Mahatma's boven het lichaam staan?" Amma glimlachte en zei: "Ja, dat is waar," maar zelfs toen leek hij niet overtuigd.

Een tijdje later zaten de groep uit Tamil Nadu en enkele ashrambewoners rondom Amma en praatten met Haar. Plotseling riep deze man uit: "Waar is Amma? Wat is er met Amma gebeurd?"

We waren verbaasd omdat wij Amma duidelijk recht voor ons konden zien zitten. We dachten dat hij gek was. We vroegen hem: "Wat is er aan de hand? Waar heb je het over?"

Hij kon een tijdje niet spreken. Uiteindelijk was hij in staat om vol verwondering en verbazing uit te leggen dat Amma's lichaam plotseling voor zijn ogen verdwenen was en hij in plaats daarvan een massa stralend licht gezien had. Het licht werd steeds helderder en verblindde zijn ogen. Ten slotte vervaagde het licht en kwam Amma's vorm weer te voorschijn. Deze ervaring overtuigde de man, die sceptisch geweest was, ervan dat Amma niet het lichaam is.

Dit is de juiste tijd om ons in te spannen en te bidden en werken om Haar genade te krijgen. We moeten nú met onze spirituele oefeningen beginnen zonder onze tijd te verspillen. Iedere seconde die voorbij is, is voor altijd verloren. Geen enkel bedrag aan geld of hoeveelheid moeite kan die terugbrengen.

Ik heb een verhaal gehoord dat benadrukt hoe belangrijk het is dat wij onze inspanning niet uitstellen. Dit verhaal gaat over Karna, een koning die bekend stond om zijn vrijgevigheid. Omdat hij zo gul was, kon hij nooit nee zeggen tegen iemand die hem om iets kwam vragen. Op een nacht kwam er een oude man naar Karna's paleis om iets te vragen. Omdat Karna toen aan het eten was, lieten de wachten de oude man niet binnen. De oude man was koppig en weigerde te vertrekken, tenzij zij hem toestonden de koning te bezoeken. Hij zei: "Ik ken de koning. Als hij mij ziet, zal hij mij zeker helpen." Omdat er geen manier was om van de oude man af te komen, ging een van de wachters naar Karna en vertelde hem het nieuws.

Karna beval de wacht hem onmiddellijk te gaan halen. Karna beval een andere wacht alles wat de oude man wilde hebben, uit zijn schatkamer te halen. Toen de wacht met kostbare juwelen aankwam, nam Karna, die met zijn rechterhand zat te eten, ze met zijn linkerhand en gaf ze snel aan de oude man. Enkele ministers dineerden met de koning en toen zij Karna dit zagen doen, vroegen zij zich af: "Waarom handelt de koning op deze manier?"

Een van de ouderen onder hen sprak vrijuit: "Majesteit, wat doet u? Als u uit liefdadigheid geeft, moet u het toch met uw rechterhand geven. Bovendien is deze oude man een brahmaan."

In India is het de gewoonte de linkerhand niet te gebruiken om goede dingen te doen. Indiërs gebruiken doorgaans alleen de rechterhand (hoewel er linkshandige mensen zijn), vooral wanneer zij God iets aanbieden of iets uit liefdadigheid geven, en zeker als het een brahmaan betreft. Karna zei tegen de ministers: "Jullie weten dat de geest sluw is. Ik weet niet wat mijn geest het volgende moment zal denken. Nu vind ik dat ik hem moet helpen. Als ik één minuut wacht om mijn handen te wassen, probeert mijn geest mij misschien te misleiden door te zeggen: 'Waarom moet ik deze oude man op dit vreemde uur ontvangen of helpen? Laat hem wachten of op een andere dag terugkomen.' Daarom moet ik het niet uitstellen. Ik moet het nu meteen doen, omdat ik het volgende moment niet in mijn macht heb. Ik blaas misschien mijn laatste adem uit, of de andere man sterft misschien, mijn positie als koning kan verloren gaan, of hij kan van mening veranderen en weggaan. Er kan van alles gebeuren. Daarom heb ik het onmiddellijk gegeven."

Zo hebben ook wij onze geest niet onder controle. In plaats dat onze geest ons gehoorzaamt, gehoorzamen wij onze geest. Steeds wanneer je zin hebt iets goeds te doen, doe het dan onmiddellijk. Als je het uitstelt, gebeurt het misschien nooit. Je kunt slechte dingen uitstellen. Dat is geen enkel probleem. In dit verband vertelt Amma een grappig verhaal.

Er was eens een zeer intelligente aap die in een grote boom bij een tempel leefde. Er kwamen veel toegewijden naar de tempel en van 's morgens tot 's avonds zaten zij onder de boom en vastten als onderdeel van hun aanbidding. Nadat de aap hier een tijdje naar gekeken had, dacht hij: "Om God te behagen zit iedereen onder deze boom zonder te eten. Waarom kan ik dat ook niet doen?

Misschien zegent God mij en word ik beroemd als Hanuman, die zelfs door de mensen aanbeden wordt." Hij dacht er een paar dagen over na en besloot uiteindelijk zijn vasten op een gunstige dag te beginnen. De dag voor die gunstige dag herinnerde hij zichzelf eraan: "Morgen is het vastendag. Vergeet het niet!"

Toen de nacht naderde, werd hij een beetje bang. Hij dacht: "Ik heb nog nooit in mijn leven gevast. Ik ben eraan gewend vaak iets te eten, en morgen ga ik de hele dag vasten. Misschien word ik heel moe en duizelig. Misschien kan ik zelfs niet meer lopen. Helaas zijn er geen vruchten in deze boom en om fruit te krijgen moet ik ver weg gaan." Dus dacht hij: "Ik word misschien zo zwak van het vasten dat ik de fruitbomen niet kan bereiken zonder onderweg flauw te vallen. Misschien is het beter dat ik tijdens het vasten in de buurt van de fruitbomen blijf."

Dus ging hij onder een boom slapen die zeer veel vruchten had. Midden in de nacht schrok hij wakker. "Morgen is het mijn vastendag en zal ik erg moe zijn als het voorbij is. Wat moet ik als ik niet meer in de boom kan klimmen? Dit is echt een grote boom en wat moet ik als ik naar beneden val terwijl ik in de boom klim om het fruit te plukken, omdat ik echt moe en zwak kan zijn na mijn hele dag vasten? Ik kan maar beter naar boven klimmen en op een tak gaan zitten zodat ik niet ver hoef te gaan om wat fruit te bemachtigen."

Toen hij daar was, viel hij weer in slaap, maar opnieuw schrok hij wakker. "Wat moet ik als ik zelfs mijn hand niet meer uit kan steken? Ik kan nu beter vast wat fruit plukken en het in mijn schoot bewaren." Hij plukte wat fruit en legde het in zijn schoot, maar toen was de verleiding te groot. Hij dacht: "Nu is het pas dageraad. Tegen de avond zal ik door het vasten zo zwak zijn, dat ik het fruit niet in mijn mond zal kunnen stoppen en kauwen. Wat zou het jammer zijn om met rijp fruit in mijn schoot te sterven. Bovendien is de afstand tussen mijn schoot en mijn maag niet erg groot. Laat ik het dus maar in mijn maag bewaren in plaats van op mijn schoot. Misschien kan ik op de volgende gunstige dag vasten. Laat deze dag zoals de andere dagen voorbijgaan." En met deze woorden schrokte hij het fruit naar binnen.

Onnodig te zeggen dat hij nooit in staat was te vasten.

Laten wij niet als de aap in het verhaal zijn. We hebben allemaal veel geluk dat Amma bij ons is. Laten wij zonder uitstel alle moeite doen om vooruit te gaan op het spirituele pad. Door Amma's aanwezigheid zal onze beoefening snel vrucht dragen. Vanwege Haar nederigheid zal Amma niet tegen iedereen zeggen: "Ik ben hier. Als je ook maar een beetje moeite doet op de spirituele weg, zal ik voor snelle resultaten zorgen." In plaats daarvan geeft Ze ons indirect een hint. Ze zegt: "Graaf een put naast een rivier. Dan zul je snel water krijgen."

Hoofdstuk 15

Het zuiveren van de geest

Opoffering, liefdadigheid en boetedoening

De geschriften zeggen dat we om onze geest te zuiveren en een vruchtbaar leven te leiden iedere dag drie dingen moeten doen. Heer Krishna deelde die in de Bhagavad Gita in als yagna, danam en tapas. De eerste categorie is yagna, oftewel aanbidding zonder de verwachting van persoonlijk voordeel. De tweede is danam, liefdadigheid, wat het weggeven is van díe dingen waar onze geest het meest aan gehecht is. De derde is tapas, boetedoening, wat een bewuste en voortdurende inspanning is om spiritueel te groeien. Heer Krishna zegt ook dat deze handelingen verricht moeten worden zonder aan de resultaten gehecht te zijn.

Yagna betekent God vereren of tot Hem bidden uitsluitend uit dankbaarheid, zonder enige gunst te verwachten. Per slot van rekening hebben we ons leven aan God te danken. Amma zegt dat we God moeten aanbidden om onze dankbaarheid en verplichting uit te drukken. Dit kunnen we in verschillende vormen doen zoals het reciteren van de 108 of 1000 namen, het herhalen van een mantra, mediteren, bhajans zingen of het lezen van heilige teksten.

Ook kan iedere gezamenlijke onbaatzuchtige activiteit, hetzij dienstverlening hetzij aanbidding, yagna genoemd worden. In vroeger tijden verrichtten grote koningen en rishi's verschillende yagna's waarbij zij veel van hun rijkdom en wijsheid uit liefdadigheid weggaven. Wanneer Amma een groepspuja doet, is dat een moderne vorm van een yagna.

Iedere gezamenlijke dienstverlenende activiteit onder leiding van een Meester helpt ons ons ego te elimineren. Amma geeft een raak voorbeeld: stenen met scherpe kanten worden in een machine gedaan en draaien zo snel rond dat de scherpe kanten afgerond worden en de stenen glad en gepolijst worden. Op dezelfde manier geeft het werken in een ashram onze ego's veel gelegenheid om tegen elkaar te schuren en in dat proces gevormd en gepolijst te worden. Dat is het belang van het wonen in een ashram en het doen van seva in die omgeving, vooral als er een Meester aanwezig is.

De tweede categorie is liefdadigheid (danam). Als je je het kunt permitteren, kun je anderen financieel helpen. Als je bijvoorbeeld kinderen kent die door geldgebrek geen onderwijs kunnen volgen of als je wezen of arme mensen kent, kun je hen financieel helpen. Maar Amma zegt dat liefdadigheid niet in de vorm van geld gegeven hoeft te worden. Als je geen financiële hulp kunt geven, heb je misschien bekwaamheden of talenten die je kunt gebruiken om anderen te helpen. Als je lichamelijk sterk bent, kun je helpen in een tempel, kerk, ziekenhuis of bejaardentehuis. Volgens de geschriften is het schenken van wijsheid uit naastenliefde de hoogste vorm van liefdadigheid, omdat die wijsheid altijd bij de ontvanger blijft. Is het niet beter mensen te leren geld te verdienen in plaats van hun geld te geven? Liefdadigheid kan dus in de vorm zijn van het inzetten van onze bekwaamheden, talenten of lichamelijke kracht of het geven van geld of kennis.

Wat we geven is zeker van belang. Het moet van nut zijn voor de ontvanger. Het schenken van onbruikbare dingen uit naam van vrijgevigheid levert ons geen enkele verdienste op. De houding waarmee we geven is ook erg belangrijk. De geschriften zeggen: "Wanneer je iets aan anderen geeft, behoor je een bepaalde innerlijke houding te hebben. Allereerst moet je het verlangen hebben om nog meer te geven zonder iets terug te verwachten. Op de tweede plaats moet je voorzichtig zijn dat je niet egoïstisch of trots wordt omdat je geeft. Je moet met een gevoel van bescheidenheid geven, met de houding dat je gift maar schraal is en dat er anderen zijn die nog meer geven. Ten slotte moet je geven in de wetenschap dat je aan je eigen Zelf geeft, want er is slechts één allesdoordringend bewustzijn."

Wie is een beter voorbeeld van de kunst van het geven dan Amma? Amma zegt altijd dat Ze steeds meer mensen wil helpen. Amma is nooit trots op wat Ze doet, omdat wij voor Haar allemaal Haar kinderen zijn—en een echte moeder gaat er niet prat op dat ze haar kinderen helpt. Ze is alleen maar gelukkig dat Ze dat kan doen. In Amma zien we dus wat de meest ideale houding is om te geven.

Amma zegt dat liefdadigheid een manier is om onze dankbaarheid tegenover God uit te drukken. We mogen God dankbaar zijn dat Hij ons gelegenheden geeft Hem in verschillende vormen te dienen en we moeten niet trots zijn op onze vrijgevigheid. Als onze hulp niet gewaardeerd of geprezen wordt, moeten we niet denken dat de mensen ondankbaar zijn of dat ze ons niet de gepaste eer bewijzen. Zo'n houding zal onze spirituele groei niet bevorderen. Onze enige bedoeling moet zijn anderen zo veel mogelijk te helpen, of de ontvangers nu dankbaar lijken of niet.

De derde categorie is tapas ("boetedoening"). Vroeger deden mensen zware tapas, zoals uren of zelfs dagen achtereen op één been staan, vele dagen in de regen en in de zon zitten, op een bed van doornen zitten of dagenlang vasten. Deze ascese werd gedaan om occulte krachten te verwerven, lichamelijke beperkingen te overkomen, meester over de geest te worden of een visioen van God te krijgen. In deze tijd zijn de bovengenoemde soorten tapas ondenkbaar omdat niemand het temperament heeft om dat soort tapas te doen. Zelfs eenvoudige spirituele oefeningen als 's morgens en 's avonds regelmatig mediteren of iedere dag de duizend namen van de Goddelijke Moeder herhalen is een soort tapas vanwege het tempo van het moderne leven en onze afhankelijkheid van zoveel voorwerpen en apparaten.

Het woord tapas betekent letterlijk "warmte creëren." Spirituele oefeningen die warmte creëren door de wrijving van tegenovergestelde krachten in de geest, kunnen tapas genoemd worden. Naar iets goeds streven is ook tapas. Het cultiveren van goede gewoonten zoals het beheersen van kwaadheid, geduldig zijn, anderen niet beoordelen en geen aanmerkingen op anderen hebben, brengt veel innerlijke strijd met zich mee. Dit komt doordat we niet gewend zijn zulke positieve eigenschappen in de praktijk te brengen en we tegelijkertijd de negatieve eigenschappen zoveel hebben laten gedijen en groeien als zij willen. Nu we ze willen afleren, ontstaat er natuurlijk een groot gevecht.

Er was eens een man die de gewoonte had om zeven uur 's ochtends koffie te drinken en daarna te mediteren. Op een dag dacht zijn vrouw dat zij haar man zijn ochtendkoffie al gegeven had en zij ging dus aan de slag met haar andere huishoudelijke werk. De man bleef op zijn koffie wachten. Hij was nogal van slag. Hij stelde zijn meditatie uit en wachtte op zijn koffie tot halfacht, daarna tot acht uur en toen tot halfnegen, maar zijn vrouw bracht geen koffie. Uiteindelijk was het tijd om naar kantoor te gaan. Zo had hij dus zijn meditatie gemist. In plaats van te wachten totdat zijn vrouw hem zijn koffie bracht, had hij de koffie zelf kunnen zetten. Of waarom had hij niet kunnen mediteren en dan koffiedrinken? In plaats van op de koffie te wachten, had hij met zijn meditatie kunnen beginnen (maar dan had hij natuurlijk niet over koffie moeten mediteren.) Ik weet zeker dat iets doen wat anders dan normaal voor hem was (namelijk wachten totdat zijn vrouw hem bediende), echt een gevecht voor hem geweest zou zijn. Dat was een mooie kans om de spirit van tapas te beoefenen, maar hij miste die kans.

Of neem het douchen 's ochtends vroeg. Als we geen warm water hebben, is het tapas om 's morgens vroeg een douche te nemen, vooral in de winter. Door 's morgens een douche te nemen voelen we ons fris en schoon. Daarom is het goed te douchen voor onze ochtendmeditatie en andere spirituele oefeningen. Helaas zal onze geest, gedreven door onze luiheid en weerstand om vroeg op te staan, veel redenen aanvoeren om geen douche te nemen.

Amma zegt dat tapas kan beginnen met eenvoudige dingen als het doorbreken van de gewoonte koffie te drinken, het creëren van de gewoonte 's morgens een douche te nemen of wachten met eten totdat het vijftiende hoofdstuk van de *Bhagavad Gita* is gereciteerd. Tapas is een waardevol gereedschap dat we kunnen gebruiken om onze geest te temmen. Amma zegt dat we allemaal een bepaald soort tapas in ons leven moeten beoefenen, ook als we een gezin hebben. Wanneer een baby huilt en je weet niet waarom hij huilt, is het kalmeren van de baby een vorm van tapas.

Jullie hebben vast wel eens van de ayurvedische geneeskunde gehoord. Naast het medicijn zelf is ook de discipline die we moeten volgen nadat we het medicijn ingenomen hebben, erg belangrijk. We moeten bepaald voedsel vermijden, wil het ayurvedische medicijn het beoogde effect hebben. Soms hebben we een hekel aan de dieetvoorschriften die de dokter ons gegeven heeft, maar als we baat willen vinden bij het medicijn, moeten we het advies van de dokter opvolgen. Op dezelfde manier is het belangrijk dat we disciplines als opoffering, liefdadigheid en boetedoening beoefenen, als we echt volledig profijt van onze spirituele oefeningen willen hebben.

De waarde van geduld

Een paar jaar geleden kwam er een vrouw in België naar Amma. Ze had veel lichamelijke problemen en huilde terwijl ze in de darshanrij wachtte. Na de darshan vroeg Amma haar naast Haar te gaan zitten. Ik was toen toevallig degene die voor Amma vertaalde. Toen de vrouw na een tijdje naar huis wilde gaan, vroeg ze mij wat prasad aan Amma te vragen. Ik vroeg het Amma maar het was alsof Ze mij niet opmerkte of zelfs maar hoorde. Ik vroeg het Haar een tweede keer, maar Amma reageerde niet. Uiteindelijk raapte ik al mijn moed bijeen en vroeg het Haar een derde keer. "Amma, deze vrouw wil graag wat prasad van U." Amma vroeg mij mijn mond te houden.

Nu was de vrouw echt ongeduldig geworden. Ze leek geïrriteerd en zei: "Swami, geef mij alstublieft de prasad. Ik moet echt gaan." Maar ik had niet de moed het Amma opnieuw te vragen. De vrouw wachtte nog een paar minuten en vertrok toen zonder prasad.

Na een minuut of vijf wendde Amma zich tot mij en gaf mij de prasad (heilige as) voor die vrouw. Ik zei Amma dat ze al vertrokken was. Amma zei: "O, dit zou haar problemen opgelost hebben."

Ik vond het heel jammer, want als ze slechts vijf minuten langer gewacht had, zouden haar problemen opgelost zijn. Ze was zo ongeduldig. In de aanwezigheid van een Meester als Amma kunnen ongeduld en andere negatieve houdingen ons duur te staan komen. Gelukkig kwam de vrouw de volgende dag voor Devi Bhava terug. Ik ging onmiddellijk naar haar toe en zei tegen haar: "U had niet zo snel weg moeten gaan. Slechts vijf minuten nadat u weggegaan was, gaf Amma mij de prasad. Probeer de volgende keer dat u komt, geduldiger te zijn en meer tijd bij Amma door te brengen." Deze keer ontving zij de prasad van Amma. Toen ik deze vrouw het volgende jaar ontmoette, hoorde ik dat haar gezondheid verbeterd was.

Nadat we Amma ontmoet hebben en in Haar aanwezigheid geweest zijn, krijgen velen van ons een voorproefje van de kalme, rustige toestand die onze geest kan bereiken. Dit helpt ons de waarde van Zelfrealisatie te beseffen. Omdat we in deze vredige toestand willen blijven, zijn we geïnspireerd onze negatieve houdingen te overwinnen. Door goede eigenschappen als geduld, tolerantie en verdraagzaamheid te ontwikkelen wordt de geest kalm en zuiver. Deze zuiverheid van geest zal ons helpen diepe spirituele ervaringen te hebben en zal ons uiteindelijk op Zelfrealisatie voorbereiden.

Het aanbidden van de voeten van de Guru

Zoals wolken de zon verduisteren, verduistert het ego en andere negativiteit op dit ogenblik ons Zelf. Maar Amma kan ons zuiveren. Ze zuivert ons hart. Wanneer we ons zelf, dat onder het ego en gehechtheid bedolven is, aan Amma toevertrouwen, gaat het door de "Amma-zuiveraar" en komt het als zuiver Zelf naar ons terug. Wanneer mensen voor Amma buigen, raakt Ze gewoonlijk hun hoofd aan en zegent hen. Dit betekent dat wanneer we iets met nederigheid en liefde aan Haar lotusvoeten aanbieden, het als een zegen naar ons terugkomt. Het is een perfecte cirkel.

Veel lezers vragen zich misschien af waarom we de voeten van de Guru aanbidden. Sommigen kunnen zich afvragen waarom we het hoofd niet aanbidden. Is het hoofd niet het belangrijkste deel van het lichaam?

Het aanbidden van de voeten van de Guru is symbolisch voor het aanbidden van de hoogste kennis en de Waarheid, omdat de Meesters gevestigd zijn in Zelfkennis, de eeuwige Waarheid. Hun voeten stellen het fundament voor waarop zij staan of de grond waarin zij gevestigd zijn. Dit fundament is Atma Jnana oftewel Zelfkennis. Wanneer we aan Amma's voeten neerknielen, aanbidden we symbolisch Zelfkennis, de Waarheid die de hele schepping ondersteunt.

Wanneer we voor zulke grote Meesters staan, worden we stil van ontzag en bewondering. We voelen dat we volkomen onbelangrijk zijn. Het is hetzelfde als voor de grote Himalaya's staan. Wanneer we de hoogte van die bergen zien, worden we overweldigd. We worden stil en nederig.

Wanneer we aan de voeten van de Meester neerknielen, stelt dat onze nederigheid en overgave voor. Een oprechte houding van nederigheid en overgave kan de juiste gemoedsgesteldheid creëren om de genade en het onderricht van de Guru te ontvangen. Op zijn beurt vormt de Guru ons tot iemand als Hij. Dat is de grootheid van de Guru. In het wereldse leven wil niemand dat een ondergeschikte dezelfde status als hijzelf krijgt. Maar bij een Meester is dat anders. De Meester wil dat al Zijn leerlingen dezelfde status van Zelfrealisatie krijgen als Hij ervaart. Dit komt doordat de liefde van een Meester onbaatzuchtig is. De liefde van de Meester is niet gebaseerd op voorwaarden of geschiktheden van de leerling. Er is niets in de wereld wat met deze liefde vergeleken kan worden.

Dankbaarheid

Als toegewijden zijn we Amma dankbaar. Ze heeft ons leven dramatisch veranderd. Haar invloed reikt van de manier waarop we onze vrienden groeten en onze eetgewoonten tot aan de emotionele en spirituele groei die we ervaren. Wanneer we elkaar nu tegenkomen, zeggen we niet "hoi" of "hallo." We zeggen "Namah Shivaya." Deze vorm van begroeting heeft een duidelijke betekenis: "Ik buig voor de Gunstig Gezinde (in jou)." Dit te zeggen helpt ons om een en dezelfde God in ieder mens te zien. In ieder aspect van ons leven voelen we Amma's aanwezigheid en de veranderingen die Amma in ons heeft gecreeerd. Of we onze levensstijl nu wel of niet veranderd hebben, onze houdingen en ons perspectief op het leven zijn zeker sterk veranderd. Bovenal heeft Amma ons een glimp laten zien van ons eigen Zelf.

Hoewel Amma niet verwacht dat we Haar dankbaar zijn, zal dankbaarheid ons helpen ons op Haar af te stemmen en open te blijven staan voor Haar genade en zegen. Dankbaarheid betekent dat we ons bewust zijn van iedere vriendelijke daad, zowel van Amma als van de wereld.

Wanneer we iemand oprecht dankbaar zijn, wordt het ego kleiner. Men zegt dat dankbaarheid het middel is om de gunst van Gods genade en vergeving voor onszelf aan te trekken.

Wanneer we iemand dankbaar zijn, is het niet nodig datgene wat wij voor hem gedaan hebben te vergelijken met wat hij voor ons gedaan heeft. Als je eenmaal iets goeds gedaan hebt, vergeet het dan. Herinner je alleen de goede dingen die anderen voor jou gedaan hebben. Het ego kan zelfs binnensluipen wanneer we goede dingen doen. Daarom moeten we de goede dingen die wij voor anderen gedaan hebben buiten beschouwing laten, maar mogen we niet vergeten wat voor goede dingen wij van anderen gekregen hebben. Het uiteindelijke doel van alle spirituele oefeningen is de eliminering van het ego.

Ik herinner me een verhaal over een priester. Op een dag had hij bijzondere ervaring en werd gezegend met Gods genade. Toen hij die avond voor het altaar stond, bad hij tot God: "O Heer, ik ben U zeer dankbaar. Uw mededogen en genade zijn zo groot. Ik ben niets. Ik ben slechts een onbeduidend schepsel in Uw aanwezigheid."

Toen de priester zo bad, hoorde de oude huismeester zijn woorden. Hij begon ook luid te bidden: "O Heer, ik ben niets. Ik ben een onbeduidend schepsel over wie U zich ontfermd hebt."

Toen de priester dit hoorde, werd hij erg nijdig. Hij dacht: "Kijk eens wie er denkt dat hij ook onbeduidend en niets is! Hij is zo verwaand te denken dat hij net zo is als ik."

Het ego is zeer subtiel. Het laat ons pretenderen dat wij degene zijn met het kleinste ego ter wereld. Wat die priester voelde was geen dankbaarheid, het was alleen een masker voor zijn ego.

Er is een verhaal over een jongen die in een rivier viel en niet kon zwemmen. Hoewel hij tegen de sterke stroom opworstelde en de oever weer probeerde te bereiken, kwam hij niet veel vooruit en het leek erop dat hij zou verdrinken. Een man die zijn benarde toestand zag en een goede zwemmer was, sprong in het snelstromende water en redde de jongen. Toen hij weer veilig en gezond op de oever stond, drukte de jongen zijn oprechte dank uit met de woorden: "Heel hartelijk dank voor het redden van mijn leven."

"Je hoeft me niet te bedanken," antwoordde de man. "Zorg er alleen voor dat je leven de moeite waard was om te redden."

Zo wil Amma onze dankbetuigingen ook niet. Laten we in plaats daarvan onze dankbaarheid tegenover Amma uitdrukken in onze gedachten, woorden en daden. Alleen dan kunnen we Amma, in ieder geval tot op zekere hoogte, terugbetalen voor wat Ze voor ons doet en wat Ze ons gegeven heeft.

Hoofdstuk 16

Ze veegt de wereld schoon

Onze geest schoonvegen

Toen Amma op 29 augustus 2002 na Haar belangrijkste lezing op de Millennium Wereldvredeconferentie de Algemene Vergaderzaal van de Verenigde Naties verliet, gaf Ze de media de gelegenheid Haar tijdens een persconferentie vragen te stellen. Een verslaggever vroeg Haar wat Ze zou doen als Ze tot leider van de wereld gekozen werd. Amma zei: "Ik wil geen wereldleider zijn, maar ik wil graag veger zijn. Ik zou graag de geest van iedereen schoon willen vegen."

We denken misschien dat onze geest schoon is en dat Amma alleen de geest van andere mensen hoeft te vegen, maar alleen als we met moeilijke omstandigheden geconfronteerd worden, krijgen we de ware aard van onze geest te zien.

Amma vertelt een verhaal over een zeer succesrijke man. Naast geld en faam had hij veel vijanden die jaloers op zijn succes waren. Toen hij op een dag ging wandelen, beet de hond van de buren hem. Omdat het een huisdier was, dacht hij dat er geen gevaar voor hondsdolheid was en daarom zocht hij geen medische hulp. Een paar dagen later werd hij ziek en ging naar de dokter. De dokter zei: "Het is te laat voor u. De hond die u gebeten heeft, leed aan hondsdolheid en uw leven is in gevaar." Zodra de man dit hoorde, nam hij onmiddellijk zijn schrijfblok uit zijn koffertje en begon iets op te schrijven. Nu werd de dokter ongerust. Hij dacht dat hij de man niet had moeten vertellen dat zijn leven in gevaar was en in plaats daarvan had moeten proberen hem te troosten. De dokter dacht: "Hij maakt waarschijnlijk zijn testament." Om zijn patiënt wat op te vrolijken, zei hij: "Maak u geen zorgen. We hebben de nieuwste medicijnen. Ik zal proberen uw leven te redden. Je moet de hoop nooit opgeven. Het is niet nodig dat u nu meteen uw testament opmaakt."

De man keek de dokter aan en zei: "Dokter, ik ben niet zo'n dwaas dat ik mijn testament zou maken. U weet dat je, wanneer je door een dolle hond gebeten bent, een drager van die dodelijke ziekte kunt zijn."

"Nou en?" zei de dokter.

De man ging verder: "Ik maak een lijst van de mensen die ik wil bijten."

Als we volkomen schoon zijn, dan hoeft Amma onze geest niet schoon te vegen, maar de meesten van ons hebben Haar nederige dienst nodig.

De Meester voorziet de toekomst

Toen ik voor het eerst naar de ashram kwam, had ik mijn eigen plannen voor de toekomst: een baan met veel aanzien, met een rijk mooi meisje trouwen, een groot huis bouwen, enzovoort. Tijdens een bepaalde Devi Bhava in de begintijd wees Amma naar mij en zei tegen een andere toegewijde: "Ga naast die brahmachari zitten." Ik was verbaasd dat Amma mij brahmachari noemde, omdat ik er zelfs niet over gedroomd had brahmachari te worden. Ik dacht dat Amma toch niet zo alwetend was als de mensen beweerden. Ik dacht dat Amma het helemaal bij het verkeerde eind had met Haar voorspelling.

En toen willigde de bank waar ik werkte na drie jaar mijn verzoek in om naar mijn geboorteplaats overgeplaatst te worden. De voornaamste reden waarom ik naar Amma gekomen was, was om Haar zegen te krijgen voor een snelle overplaatsing naar mijn geboorteplaats. Toen ik het bericht van de overplaatsing ontvangen had, realiseerde ik me dat wat Amma gezegd had over dat ik brahmachari zou worden, waarschijnlijk ook uit zou komen.

Na de overplaatsing leek iedere dag op de bank mij wel jaren te duren. Ik vond dat ik daar niet kon werken. Ik kon me niet concentreren en maakte veel fouten in mijn boekhouding. Mijn meerderen vroegen zich af wat er met mij aan de hand was. Ik voelde een enorme leegte in mijn leven. Pas nu ik bij Amma weg was, realiseerde ik me de kracht van Haar onvoorwaardelijke liefde. Ik dacht dat ik een geestelijk wrak zou worden als ik Amma niet onmiddellijk kon zien. Dus verliet ik de bank en mijn geboorteplaats en haastte me naar de ashram zonder het zelfs mijn meerderen te vertellen of een verlofbrief in te dienen.

Amma gaf mij opdracht naar mijn werk terug te gaan en een overplaatsing te regelen naar een filiaal van de bank bij Amma's ashram in de buurt. Het zou nog een paar jaar duren voordat Amma mij toestemming gaf om mijn werk op te geven.

Ten slotte kwam ik weer terug naar de ashram door een overplaatsing naar een kleine stad dicht bij de ashram, Karunagappally genaamd. Toen ik in mijn geboorteplaats werkte, dachten mijn ouders dat ik tot bezinning gekomen was en dat ik spoedig voor eens en voor altijd de ashram en Amma zou vergeten. Toen ik een overplaatsing aanvroeg en weer naar de ashram ging, waren zij geschokt en kwaad. Opnieuw begonnen zij naar manieren te zoeken om mij terug naar huis te halen.

Mijn grootvader van moederskant kwam me opzoeken en verleidde me door me een splinternieuwe auto en een mooi huis aan te bieden, als ik terug naar huis kwam. Op de een of andere manier slaagde ik erin hem terug te sturen. Ik zei dat ik hem dankbaar was voor zijn royale aanbod en er diep over na zou denken.

Na een paar maanden kreeg ik een brief van thuis waarin stond dat mijn moeder ernstig ziek in het ziekenhuis lag en dat ik onmiddellijk thuis moest komen. Toen ik die brief las, was ik bezorgd. Ik ging dus met de brief naar Amma en vertaalde de inhoud. Amma luisterde geduldig, maar zei niets. Ik werd rusteloos en wilde dat Ze me een duidelijk antwoord gaf. Na een tijdje herinnerde ik Amma opnieuw aan de brief. Op een enigszins geërgerde toon vroeg Ze mij mijn mond te houden. Ik werd nog rustelozer en nog meer geïrriteerd. Ik dacht zelfs dat Amma een egoïstische bedoeling had en dat Ze me daarom geen antwoord gaf en me ook niet naar huis liet gaan.

Ik begreep toen niet dat de leerling, wanneer de Meester een vraag niet beantwoordt, die vraag los moet laten zonder er veel ophef over te maken. Ik besloot het Amma de volgende dag opnieuw te vragen. Toen ik Haar om een antwoord op de brief vroeg, werd Ze heel serieus en zei: "Ramakrishna, Ik zal je de waarheid vertellen, of je het nu leuk vindt of niet. Ik win er niets bij door je hier in de ashram te houden. Of je blijft of niet, maakt voor mij geen verschil.

Om te beginnen denk ik niet dat je moeder zo ziek is als jij denkt. Ze is beslist bedroefd dat jij in de ashram blijft. Alles zal in orde komen. Maar als je naar huis gaat, kom je hier misschien nooit meer terug. Als je nu naar huis gaat, bederf je ook de kans dat je ouders zich met spiritualiteit bezig gaan houden. Je kunt zelf beslissen wat je wilt doen. Ik vertel je alleen maar de consequenties."

Dat is het mooie bij Meesters. Ze zullen ons niet dwingen iets te doen. Ze zijn vol liefde. Liefde kan niet dwingen, noch kan liefde gewelddadig zijn. Liefde kan alleen maar zachtaardig en vriendelijk zijn. In de *Bhagavad Gita* geeft Heer Krishna op het slagveld de hele Gita van meer dan 700 verzen aan Arjuna. Nadat Krishna alle vragen van Arjuna uitgelegd en beantwoord heeft en zijn twijfels weggenomen heeft, zegt Hij tegen Arjuna: "Ik heb je verteld wat Ik je te vertellen heb. Nu kun je doen wat je wilt." ("*Yadecchasi tadha kuru.*")

Toen ik Amma's antwoord gehoord had, besloot ik niet naar huis te gaan, omdat ik niet bij Amma weg wilde en ook niet de oorzaak wilde zijn dat mijn ouders het spirituele pad niet opgingen. Zoals Amma voorspeld had, kwam thuis alles in orde. Er was geen ernstig probleem met de gezondheid van mijn moeder. Mijn ouders werden echter nog meer geërgerd en kwaad, omdat het hun toescheen dat ik besloten had niet thuis te komen, ook al hadden ze mij verteld dat mijn moeder ernstig ziek was.

Uiteindelijk dienden zij een klacht in bij de politie waarin zij zeiden dat ik psychische problemen had en dat ik met geweld in de ashram vastgehouden werd en uitgebuit werd. Er werden politieagenten gestuurd om de klacht te onderzoeken. Toen de dorpelingen een team politieagenten naar de ashram zagen gaan, verzamelden zij zich in de hoop op wat pikant, sensationeel nieuws. Ik ontdekte al snel dat de politie naar de ashram was gekomen om mij te zoeken. De chef van de politie stelde mij een paar vragen en vroeg me de volgende dag naar het politiebureau te komen.

Op het politiebureau werd er in de aanwezigheid van mijn vader een onderzoek ingesteld. Ik beantwoordde alle vragen van de politieagent tot zijn tevredenheid en overtuigde hem ervan dat ik uit eigen vrije wil in de ashram verbleef en niet door iemands dwang of door geweld. Ten slotte sloot hij het klachtendossier, zei tegen mijn vader dat alles goed met me ging en legde uit dat de politie me niet kon dwingen de ashram te verlaten.

Ik ging terug naar de ashram en legde alles aan Amma uit. Ik had met mijn vader te doen, maar ik was ook kwaad op hem omdat hij in de ashram een scène gemaakt had door de politie te laten komen. De dorpelingen waren al begonnen geruchten te verspreiden over de politie die de ashram bezocht. Ik vroeg Amma ervoor te zorgen dat mijn vader dit in de toekomst niet zou herhalen, maar Amma sprak alleen maar liefdevol over mijn ouders. Ze was helemaal niet kwaad op hen. Ze vroeg mij niet boos op mijn ouders te zijn. Ze zei mij dat mijn vader op een dag naar de ashram zou komen, een toegewijde zou worden en zijn laatste adem uit zou blazen met de goddelijke namen op zijn lippen.

Opnieuw betwijfelde ik Amma's woorden. Ik kon me niet voorstellen dat mijn vader naar de ashram zou komen, laat staan een toegewijde zou worden omdat hij en mijn moeder zo kwaad op Amma waren.

Een paar jaar later kwam mijn vader met een paar andere familieleden naar de bank waar ik werkte en liet mij weer een verzoek om overplaatsing aan de bankautoriteiten schrijven, zodat ik naar mijn geboorteplaats overgeplaatst zou worden. Omdat ik op de bank geen scène wilde maken met zoveel klanten erbij, ondertekende ik de brief en dacht dat ik mijn verzoek om overplaatsing wel kon annuleren als mijn vader eenmaal weg was. Dus diende ik die avond een andere brief in waarin ik verzocht de eerdere aanvraag als geannuleerd te beschouwen.

Ik ging terug naar de ashram en vertelde Amma wat er bij de bank gebeurd was. Amma betwijfelde of de autoriteiten mijn tweede brief (het verzoek om mijn overplaatsingsverzoek te annuleren) in overweging zouden nemen. Amma adviseerde me dus om nog een brief af te geven om er zeker van te zijn dat mijn overplaatsingsverzoek geannuleerd zou worden. Ik zei Amma dat het niet nodig was, omdat ik zo'n brief al afgegeven had. Ik wilde niet de ene brief na de andere blijven overhandigen. Maar spoedig betaalde ik er de prijs voor dat ik Amma's woorden licht opgevat had en niet gedaan had wat Zij me opgedragen had. Binnen een paar maanden kwam mijn overplaatsingsopdracht en droeg men mij op om met onmiddellijke ingang op het nieuwe filiaal te gaan werken. Op de een of andere manier had mijn vader een snelle overplaatsing voor mij weten te regelen. Later vertelde Amma mij dat mijn brief waarin ik om annulering van mijn overplaatsing vroeg, de autoriteiten niet bereikt had en dat Ze daarom wilde dat ik nog een brief stuurde.

Ik was opnieuw geërgerd en kwaad op mijn vader, maar Amma zei dat kwaad worden op mijn vader nergens op sloeg omdat het mijn eigen fout was. Ik moest mijn fout toegeven, maar ik herinnerde Amma eraan dat mijn vader nog niet naar de ashram gekomen was en een toegewijde van Haar was geworden, zoals Ze een paar jaar geleden voorspeld had. Als dat het geval geweest zou zijn, dan zou dit probleem zich niet voorgedaan hebben. Amma zei dat hij beslist naar de ashram zou komen en dat ik geduld moest hebben.

Ik wilde onmiddellijk ontslag nemen bij de bank omdat ik niet naar het nieuwe filiaal wilde gaan. Amma drong eropaan dat ik een lang verlof nam in plaats van ontslag. Pas na enige tijd stond Ze mij toe ontslag te nemen. Uiteindelijk kwam het probleem van de overplaatsing voorgoed tot een einde.

Op een dag, bijna acht jaar nadat Amma gezegd had dat mijn vader naar de ashram zou komen, kwam hij tot mijn verrassing Amma opzoeken. Na zijn eerste darshan bij Amma, veranderde hij volledig. Hij begon de ashram frequent te bezoeken en ontving mantra-initiatie van Amma. Zo kwam het uit wat Amma over hem gezegd had.

Over een Mahatma die de waarheid over de toekomst kent, zegt Amma: "Wat een Mahatma zegt kan wel of niet waar zijn op het moment dat hij het zegt, maar het zal waar worden omdat Mahatma's in de Waarheid gevestigd zijn." Mahatma's spreken niet alleen de waarheid, de waarheid volgt hun woorden.

Op een dag kwam mijn vader naar de ashram om Amma's zegen tijdens Devi Bhava te krijgen. Na zijn darshan verliet hij het podium en zat in de zaal Amma's 108 namen te herhalen. Toen hij de tempel uitging, voelde hij zich duizelig en ging weer zitten. Hij vroeg om water, dronk het op en blies binnen een paar minuten kalm zijn laatste adem uit. De toegewijde die hem het water gegeven had, vertelde me later dat mijn vader Amma's naam herhaalde. Hij hield ook Amma's prasad in zijn hand. Wat Amma over hem gezegd had, kwam dus letterlijk uit. Later bevestigde Amma dat hij Amma's mantra herhaald had toen hij stierf. Ze zei dat hij niet opnieuw geboren hoefde te worden. Hij was in Haar opgegaan. Hoewel ik bedroefd was toen ik zijn dood vernam, was ik blij dat hij gestorven was terwijl hij Amma's naam herhaalde en dat hij niet opnieuw geboren hoefde te worden.

Na een paar jaar kwam mijn moeder ook naar de ashram en nu is ze een ashrambewoonster. Ze zegt dat ze erg gelukkig is dat ze bij Amma is en dat ze zich geen zorgen over haar kinderen, kleinkinderen en andere familieleden hoeft te maken, omdat zij allemaal toegewijden van Amma zijn geworden. Ze weet dat Amma voor hen zal zorgen.

Ashramleven

Over het algemeen vindt men het niet juist dat iemand die nog jong is, het spirituele pad opgaat. De mensen denken gewoonlijk dat je pas aan het spirituele leven of ashramleven moet beginnen na je pensionering of in een later stadium van je leven. Deze opvatting is onjuist. De geschriften zeggen dat je, als je niet door het wereldse leven aangetrokken wordt en een spirituele geneigdheid voelt, zelfs op jonge leeftijd het spirituele pad op kunt gaan. Belangrijker dan iemands leeftijd is zijn gebrek aan belangstelling voor wereldse zaken en prestaties en een serieus verlangen naar de Waarheid. Na zijn pensionering is iemand lichamelijk misschien niet in staat zich aan het spirituele leven aan te passen. Op die leeftijd kan het te moeilijk zijn om in een juiste houding te zitten om te mediteren of de energie te vinden om anderen te dienen.

Wanneer jonge mannen en vrouwen besluiten zich bij Amma's ashram in India aan te sluiten, ervaren zij soms tegenwerking van hun familie. De familiebanden in India zijn over het algemeen veel hechter dan die in het Westen. Terwijl jonge mensen in westerse landen vaak rond de leeftijd van achttien uit huis gaan, wonen kinderen in India gewoonlijk bij hun ouders totdat zij trouwen. Het is niet ongebruikelijk om een ongehuwde veertigjarige nog thuis te zien wonen. Veel echtparen blijven, zelfs nadat zij getrouwd zijn, bij de ouders van de man wonen.

Een van de belangrijkste redenen dat mijn ouders niet wilden dat ik in de ashram ging wonen, was, afgezien van hun liefde en gehechtheid aan mij, het feit dat ik de oudste zoon was. In de Indiase traditie deelt de oudste zoon gewoonlijk met de vader de verantwoordelijkheid voor het gezin. Wanneer de vader of moeder sterft, is het gebruikelijk dat de oudste zoon de begrafenisrituelen en de periodieke rituelen voor de voorouders uitvoert. Bovendien had ik nog twee ongehuwde zussen. Mijn ouders maakten zich zorgen dat er zich niemand aan zou melden om met hen te trouwen als ze wisten dat de oudste zoon monnik was geworden. Natuurlijk hebben veel mensen respect voor monniken, maar ze willen vaak niet dat iemand uit hun eigen familie monnik wordt. Veel mensen denken dat als iemand op jonge leeftijd monnik wordt, er iets mis moet zijn met hem of met het gezin waaruit hij komt.

Stel dat iemand trouwt. Hij of zij zorgt dan misschien voor een gezin van vier of vijf. Maar als iemand zich bij de ashram aansluit, kan hij een veel grotere groep mensen dienen. Amma geeft het voorbeeld van een kokosnoot. Als we een kokosnoot voor een maaltijd gebruiken, is die misschien genoeg voor een paar mensen. Maar als diezelfde kokosnoot gebruikt wordt om daaruit een kokospalm te laten groeien, krijgen we veel kokosnoten die voor veel meer mensen van nut zijn. Van deze kokosnoten kunnen opnieuw kokospalmen gekweekt worden, wat een nog grotere opbrengst geeft.

Wanneer mannen en vrouwen in de ashram gaan wonen om brahmachari's of brahmacharini's te worden, groeit hun liefde. Amma's levende voorbeeld inspireert hen om steeds onbaatzuchtiger te worden. In een ashram verblijven, vooral bij een grote Meester als Amma, heeft zeker een positief effect. Mensen die daar gaan wonen krijgen discipline en cultiveren veel goede eigenschappen. Als ouders echt geïnteresseerd zijn in het geluk en het karakter van hun kinderen, er is geen reden hen ervan te weerhouden in Amma's ashram te gaan wonen. De ashram leert niets wat schadelijk is. In feite ondergaan veel mensen die daar komen een verandering en beginnen een deugdzaam leven te leiden, wat ze anders misschien niet gedaan zouden hebben. Op deze manier worden veel mensen die anders een probleem voor hun ouders en de samenleving hadden kunnen zijn, door Amma op het juiste spoor gezet.

In mijn geval kwamen mijn ouders naar Amma, omdat ik in de ashram verbleef in plaats van terug naar huis en mijn familie te gaan. Ze vonden beslist veel baat bij hun ontmoetingen met Amma, ook al waren zij in het begin bedroefd en boos. Zij zouden deze voordelen niet ervaren hebben, als ik weer naar huis gegaan was en bij hen gebleven was.

Veel mensen vragen de brahmachari's of het juist is om in de ashram te gaan wonen zonder voor hun ouders te zorgen. Amma zegt tegen de brahmachari's: "Als er niemand is om voor je ouders te zorgen, kan de ashram goed voor ze zorgen. Breng ze maar hierheen." Zelfs als volwassen kinderen bij hun ouders blijven, hoeveel zorgen er dan goed voor hun ouders als ze ouder worden, vooral als de kinderen eenmaal getrouwd zijn? Ook gaan veel volwassen kinderen in India voor werk naar het buitenland. Ze zoeken hun ouders misschien maar één keer in een paar jaar op, maar hun ouders zien daarin niets verkeerds.

Amma weet dat ouders door hun gehechtheid aan hun kinderen en de verwachtingen die ze van hen hebben, er niet altijd de logica van inzien dat hun kinderen in de ashram gaan wonen. Ze zien er het mogelijke nut niet van in, niet alleen voor hun kinderen, maar ook voor de samenleving als geheel. Sommigen zullen aanvoeren dat jonge mannen en vrouwen door zich bij de ashram aan te sluiten zich niet aan hun dharma tegenover hun familie en de samenleving houden. Maar zulke mensen zien over het hoofd dat spirituele aspiranten ook hun dharma hebben en dat dit dharma soms hoger of belangrijker is dan een ander dharma, omdat het tot een leven van dienstbaarheid en spirituele oefening leidt, wat uiteindelijk voor de hele wereld van nut is.

Stel dat iemand in het leger zit en er plotseling een oorlog uitbreekt. Hoe liefdevol hij tegenover zijn vrouw en kinderen ook mag zijn, hij zal ze moeten verlaten om in de oorlog te gaan vechten, omdat dat zijn dharma is. Misschien moet hij zelfs zijn leven opofferen als de situatie dat vereist. In zo'n situatie is zijn plicht tegenover zijn land belangrijker dan zijn verplichtingen tegenover zijn familie. Dus afhankelijk van de situatie wordt het ene dharma belangrijker dan het andere.

Natuurlijk is het spirituele leven niet alleen voor brahmachari's en brahmacharini's. Er leven ook veel mensen in gezinsverband in Amritapuri. Echtgenoten, echtgenotes en kinderen wijden hun leven aan spirituele oefening en dienstverlening aan de wereld. Er zijn ook veel mensen die niet fulltime in de ashram kunnen wonen, maar er zoveel mogelijk tijd doorbrengen. En er zijn over de hele wereld toegewijden van Amma, die Amma in hun eigen gemeenschap dienen in ashrams, centra en satsanggroepen en die iedere handeling proberen om te zetten in verering van Amma. Door financiële bijdragen en hard werken steunen Amma's gehuwde kinderen in de wereld de ashram en veel van Haar charitatieve activiteiten. Amma zegt dat Haar kinderen met een gezin, die veel verantwoordelijkheden hebben en niet veel tijd bij Haar door kunnen brengen, soms echt van Haar aanwezigheid in zichzelf genieten, omdat hun hart vol verlangen is en hun gedachten altijd naar Haar uitgaan.

Of iemand nu brahmachari is of een gezin heeft, zolang hij het oprechte verlangen heeft het doel te bereiken en een Satguru als Amma als gids heeft, kan hij Zelfrealisatie bereiken. Veel oude heiligen en wijzen hadden ook een gezin. Het is aan ieder van ons, waar we ook zijn en wat we ook doen, om vooruit te gaan op het scherp van de snede.

Een gezegende kans

Ik wil dat mijn leven als een wierookstokje is,
dat de wereld geur geeft terwijl het opbrandt.
Ik wil mijn laatste adem uitblazen, terwijl ik
iemands tranen afveeg
en hem op mijn schouder troost.

Amma

Amma leeft helemaal, dag en nacht, voor Haar kinderen. Ze wil al Haar tijd met ons en voor ons doorbrengen. In de vijfentwintig jaar dat ik nu bij Amma ben, kan ik de dagen waarop Zij geen darshan gegeven heeft, op mijn vingers tellen. Ze reist de hele wereld rond en neemt toch nooit een vrije dag en heeft nooit de luxe van sightseeing of vermaak.

Amma slaapt op zijn hoogst een of twee uur per nacht, waar ter wereld Ze ook is. Vaak slaapt Ze helemaal niet. Wanneer Ze geen darshan geeft, schenkt Ze aandacht aan de behoeften van het steeds groeiende netwerk van Haar charitatieve instellingen en andere instituten, heeft ontmoetingen met regeringsfunctionarissen en andere hoogwaardigheidsbekleders die om Haar audiëntie vragen, leidt Haar kinderen iedere avond bij het zingen van bhajans en adviseert de meer dan tweeduizend ashrambewoners bij hun spirituele vooruitgang en persoonlijke problemen. Zelfs hierna is Haar dag niet voorbij. Iedere nacht besteedt ze urenlang aan het lezen van brieven van Haar toegewijden. Toen een verslaggever in New York City Amma vroeg wat het geheim was dat Ze niet moe werd, zelfs niet na vele uren darshan geven aan toegewijden, zei Ze: "Ik ben verbonden met de eeuwige bron van energie en niet met een batterij die zijn kracht verliest iedere keer dat hij gebruikt wordt."

Amma zegt dat ze de pijn en het lijden van iedereen in de wereld wil verlichten. Maar omdat het voor Haar fysiek niet mogelijk is iedereen op deze planeet te helpen en te troosten, wil Ze dat wij allemaal Haar handen worden die zich uitstrekken naar de mensen in nood. Amma wil dat ieder kind van Haar een andere Amma wordt, die het licht van onvoorwaardelijke liefde en mededogen over de hele wereld verspreidt. Ze zegt dat Ze wil dat wij zo groeien dat zelfs de wind die ons lichaam aanraakt voor anderen weldadig zal zijn. Ieder moment van Haar leven is aan dit doel gewijd.

Als Amma's kinderen zijn wij gezegend dat we tijdgenoten van Haar zijn en vertrouwen in Haar hebben. Het is onze verantwoordelijkheid en vreugde dat vertrouwen op iedere mogelijke manier sterker te maken. Denk voortdurend terug aan de reeks positieve ervaringen die jij en anderen met Amma gehad hebben om je vertrouwen in Haar te versterken. Iedere ervaring vormt een andere boodschap voor ons leven.

Amma's eenvoud en nederigheid camoufleren Haar grootheid. Haar zuivere liefde maakt dat we ons zo op ons gemak en zo vertrouwd bij Haar voelen dat we Haar als een gewoon iemand zien. Af en toe herinneren we ons in een flits Haar grootheid. Andere keren moeten we nadenken en mediteren over Haar goddelijkheid. Anders kunnen Haar moederlijke liefde en de zorg en zorgzaamheid die Ze ten toon spreidt, ons gemakkelijk meeslepen. We hebben deze liefde en affectie nodig voor onze spirituele groei, maar als we erdoor meegesleept worden, bestaat de kans dat Haar grootheid ons ontgaat, zoals bij Arjuna die Heer Krishna lange tijd eenvoudig als zijn vriend zag. Voor wereldse ogen lijkt Amma niets anders dan een liefdevol mens. Amma gebruikt dit uiterlijk om Haar grootheid te verbergen. Ook al handelt Amma alsof Ze zich van veel zaken niet bewust is, Ze weet alles. Amma heeft dit bij veel gelegenheden bewezen. In werkelijkheid is Ze de incarnatie van Parashakti, de Hoogste Kracht, de Goddelijke Moeder van het Universum.

Laten we proberen deze prachtige gelegenheid ten volle te benutten. Of we het doel van Zelfrealisatie nu wel of niet in dit leven bereiken, de spirituele groei die we doormaken, zal blijvend zijn. Mocht het zo zijn dat we het doel niet in dit leven bereiken, dan kunnen we in ons volgend leven beginnen bij waar we nu opgehouden zijn. We hoeven niet helemaal opnieuw te beginnen. Laten we dus vol liefde en verlangen aan Amma denken en in onze spirituele oefeningen volharden met geduld, enthousiasme en optimistisch vertrouwen. Op deze manier kunnen we altijd Amma's aanwezigheid voelen, of we nu fysiek dicht bij Haar zijn of ver weg, en uiteindelijk in Haar lotusvoeten opgaan.

Om Amriteshwaryai Namah

Woordenlijst

adharma – onrechtvaardigheid; het tegenovergestelde van dharma

adhi bhautikam – verstoringen die van de wereld om ons heen komen

adhi daivikam – verstoringen die door natuurkrachten veroorzaakt worden

adhyatmikam – verstoringen die van binnen uit komen

advaita – de filosofie van non-dualiteit

ahamkara – ego of "het besef van een bestaan dat gescheiden is van de rest van het universum"

Arjuna – de derde van de vijf Pandava-broers; een groot boogschutter en een held uit de Mahabharata. Krishna spreekt tot Arjuna in de Bhagavad Gita.

artta – mensen die lijden

artharthi – mensen die rijkdom zoeken of proberen hun verlangens te vervullen

asana –yogahouding

Atman – het Zelf of Bewustzijn

Atma jnana – kennis van het Zelf

AUM – ook "Om." Volgens de vedische geschriften is dit de oerklank in het universum. Alle andere klanken komen uit Om voort en lossen weer in Om op.

avadhuta – een heilige wiens gedrag niet strookt met de sociale normen

ayurveda – de oude Indiase geneeskunde

Bhagavad Gita – "Lied van de Heer." Bhagavad = van de Heer; Gita = lied; het onderwijs dat Heer Krishna aan Arjuna bij het begin van de Mahabharata-oorlog op het slagveld van Kurukshetra gaf. Het is een praktische gids voor het dagelijks leven en bevat de essentie van de vedische wijsheid.

Bhagavatam – een heilig geschrift dat de tien incarnaties van Heer Vishnu beschrijft, vooral Krishna en Zijn kinderstreken. Het vindt devotie de belangrijkste weg naar eenheid met God.

bhajan – devotioneel lied

bhakti – spirituele devotie en liefde

bhava – goddelijke stemming of houding (zie Devi Bhava)

bhiksha – aalmoezen

Bhishma – grootvader van de Pandava's and Kaurava's. Hoewel hij in de Mahabharata-oorlog aan de kant van de Kaurava's vocht, was hij een voorvechter van dharma en sympathiseerde hij met de zegevierende Pandava's. Na Krishna is hij de belangrijkste persoon in de Mahabharata.

bhoga – zintuiglijk genot

brahmachari – een mannelijke celibataire leerling die spirituele discipline betracht en gewoonlijk door een spirituele meester opgeleid wordt. Brahmacharini is het vrouwelijke equivalent.

Brahmasthanamtempel – deze tempels zijn uit Amma's goddelijke intuïtie ontstaan en zijn de eerste die meerdere godheden op één beeld tonen. Het beeld heeft vier kanten die Ganesha, Shiva, Devi en Rahu laten zien. Dit benadrukt de inherente eenheid die aan de vele aspecten van God ten grondslag ligt. Er zijn zestien van zulke tempels in heel India en een in Mauritius.

Brindavan – plaats waar Heer Krishna als kind woonde en waar veel van Zijn lila (goddelijk spel) plaatsvond.

chapatti – plat, rond broodje

danam – vrijgevigheid, liefdadigheid

darshan – een audiëntie bij of een visioen van God of een heilige

Devi – Godin, de Goddelijke Moeder

Devi Bhava – "de goddelijke stemming van Devi;" de toestand waarin Amma Haar eenheid en identiteit met de Goddelijke Moeder laat zien.

dharma – in het Sanskriet betekent dharma "dat wat (de schepping) ondersteunt." Het wordt meestal gebruikt om dat aan te duiden wat verantwoordelijk is voor de harmonie in het universum. Andere betekenissen zijn o.a.: rechtvaardigheid, plicht, verantwoordelijkheid.

Dipavali – "lichtfeest" ook Diwali genoemd. Viert vooral Rama's thuiskomst in Ayodhya na veertien jaar ballingschap, maar heeft ook andere associaties. In sommige delen van India is het een viering ter ere van Lakshmi, Sarasvati en Durga. Het stelt de overwinning van het licht over de duisternis voor.

gopi –koeienhoedsters en melkmeisjes die in Brindavan woonden. Zij waren Krishna's intiemste toegewijden en stonden bekend om hun zeer hoge devotie voor de Heer. Zij zijn een voorbeeld van zeer intense liefde voor God.

Guha – de bootman die Rama over de Ganga zette

Haridwar – heilig pelgrimsoord aan de voet van de Himalaya's

Janaka – koning in het oude India; stond erom bekend dat hij gerealiseerd was en toch nooit zijn wereldse plicht van het besturen van het koninkrijk verwaarloosde.

japa – herhaling van een mantra

jijnasu – iemand die oprecht geïnteresseerd is in kennis, vooral in die van de Waarheid of God

jnana danam –uit liefdadigheid kennis geven

jnani – iemand die God of het Zelf gerealiseerd heeft, iemand die de Waarheid kent.

Kalari – de kleine tempel waar Amma in de begintijd van de ashram Krishna Bhava en Devi Bhava darshan gaf en waar nog steeds dagelijks puja's gedaan worden.

karma – handeling of daad; ook de ketting van effecten die door onze activiteiten veroorzaakt wordt.

Karna – koning uit de Mahabharata die als een van de vrijgevigste mensen in de geschiedenis beschouwd wordt

Katha Upanishad – een van de achttien belangrijkste Upanisha-den, waarin een jongen naar Yama, de Heer van de dood, reist. Yama beantwoordt de vragen van de jongen over het Zelf.

Kaurava's – De honderd kinderen van Dhritarashtra en Gandhari, van wie de kwaadaardige Duryodhana de oudste was. The Kaurava's waren de vijanden van hun neven, de deugdzame Pandava's, met wie zij in de Mahabharata-oorlog vochten.

Krishna – de belangrijkste incarnatie van Vishnu. Hij werd in een koninklijk gezin geboren, maar groeide bij pleegouders op en leefde als jonge koeienherder in Brindavan waar zijn toegewijde kameraden, de gopi's en gopa's, van hem hielden en hem aanbaden. Krishna werd later heerser over Dvaraka. Hij was een vriend en adviseur van Zijn neven, de Pandava's, vooral van Arjuna, wiens wagenmenner hij was in de Mahabharata-oorlog en aan wie Hij Zijn onderricht als de Bhagavad Gita bekend maakte.

lila – goddelijk spel

Mahabharata – een van de twee grote Indiase historische epen, de andere is de Ramayana. Het is een grote verhandeling over dharma en spiritualiteit. Het verhaal gaat voornamelijk over het conflict tussen de Pandava's en Kaurava's en de grote oorlog bij Kurukshetra. Het bevat 100.000 verzen en is daarom het langste epos ter wereld. Het is geschreven ongeveer 3.200 v.C. door de heilige Vyasa.

maitri – vriendelijkheid tegenover alle wezens

mamakara – gehechtheid, het besef van eigendom of "van mij zijn."

Mata Amritanandamayi Devi – Amma's officiële naam, die "Moeder van Onsterfelijke Gelukzaligheid" betekent.

moksha – uiteindelijke spirituele bevrijding

mon – Malayalam voor "zoon." Amma fluistert dit vaak tijdens de darshan in het oor van Haar mannelijke kinderen. Mol betekent "dochter".

Mount Kailas – berg in de Himalaya's, een van de meest heilige pelgrimsoorden; wordt traditioneel als de verblijfplaats van Shiva beschouwd.

mudra –gebaar met spirituele betekenis, die vaak door de handen uitgedrukt wordt

Namadev – een vurige toegewijde van de Heer die de grote hoogten van Godrealisatie bereikte

Om Amriteshwaryai Namah – mantra die betekent "wij groeten de onsterfelijke Godin"

Om Namah Shivaya –mantra die betekent "ik buig voor degene die altijd gunstig gezind is"

Pandava's – de vijf broers, Yudhishthira, Bhima, Arjuna, Nakula and Sahadeva, die de zonen van koning Pandu en de helden van het Mahabharata waren

pappadam – dun, rond, plat en knapperig stukje brood in olie gebakken

paramartika satta – de absolute realiteit

Parashakti – de Hoogste Macht

Parvati – echtgenote van Heer Shiva

Patanjali – oude Indiase heilige, vooral bekend om zijn Yoga Sutra's

prarabdha – het resultaat van handelingen uit vorige levens dat men voorbestemd is in dit leven te ervaren.

prasad – gezegende gift van een heilige of tempel, vaak in de vorm van voedsel

pratabhasika satta – schijnbare realiteit

puja – rituele of ceremoniële aanbidding

Rama – de goddelijke held uit het epos Ramayana; een incarnatie van Vishnu. Hij wordt als het ideaal van dharma en deugd beschouwd.

rishi's – gerealiseerde zieners die de Hoogste Waarheid ervoeren en deze uitdrukten in de Veda's

sadhana – spirituele oefening

samadhi – eenheid met God, een transcendente toestand waarin men ieder besef van individualiteit verliest.

sanatana dharma – "eeuwige dharma," de traditionele naam voor hindoeïsme

sankalpa – goddelijk besluit

sannyasi – een monnik die een formele gelofte van verzaking (sannyasa) heeft afgelegd. Een sannyasi draagt traditioneel een okerkleurig kleed dat het verbranden van alle verlangens symboliseert. Het vrouwelijke equivalent is een sannyasini.

satguru – een gerealiseerde spirituele meester

satsang – sat = waarheid; sanga = omgang met. In het gezelschap van Mahatma's zijn; ook luisteren naar een spirituele lezing of discussie

seva – onbaatzuchtige dienstverlening gewijd aan God

shanti – vrede, rust

Sita – Rama's heilige echtgenote. In India wordt ze als het ideaal van vrouwelijkheid beschouwd.

Srimad Bhagavatam – Zie Bhagavatam. Srimad betekent "gunstig"

Sudama – vrome brahmaan en jeugdvriend van Krishna

Sudhamani – Amma's oorspronkelijke naam die "zuiver juweel" betekent.

tabla – kleine Indiase trommel

tantra – een systeem van aanbidding om de zegen van een hogere macht te krijgen. De nadruk ligt meer op mudra's dan op mantra's.

tapas – ascese, boetedoening

Tiruvannamalai – stad aan de voet van de heilige Arunachala-heuvel in de Zuid-Indiase staat Tamil Nadu, waar de bekende heilige Ramana Maharshi woonde.

Tulsidas – Indiase dichter en heilige, bekend om zijn compositie van de Ramayana in het Hindi

udarah – edel, nobel

Upanishad – het laatste deel van de Veda's dat over de filosofie van non-dualiteit gaat

vasana – latente neigingen of subtiele verlangens in onze geest die zich als activiteit en gewoontes manifesteren.

vedisch – betrekking hebbend op de Veda's

vyavaharika satta – relatieve werkelijkheid

yagna – aanbidding zonder persoonlijk voordeel te verwachten

Yagnyavalkya – een groot heilige die als de belangrijkste leraar in de Veda's en Upanishaden optreedt. Hij was de Guru van koning Janaka.

Yashoda – pleegmoeder van Krishna

yoga – "vereniging," eenheid met het hoogste wezen. Een veelomvattende term, die ook naar de verschillende methoden verwijst waarmee men eenheid met God kan bereiken. Een weg naar Zelfrealisatie

yogi – iemand die de uiteindelijke toestand van Yoga bereikt heeft.

www.ingramcontent.com/pod-product-compliance
Lightning Source LLC
LaVergne TN
LVHW051544080426
835510LV00020B/2852